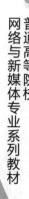

普通高等院校网络与新媒体专业系列教材

Short
Video
Planning:
A Practical Guide

短视频策划实务

张 健 曹云龙 编著

清华大学出版社
北京

内 容 简 介

随着网络基础设施发展逐渐成熟，短视频以"覆盖面广、到达率高、渗透度高"的特点日益成为广大用户在现实生活中"触手可及"的媒介。短视频正在持续深化用户的场景联结，在更深的层面，承载着社会、文化及经济等各项功能，深度融入用户的数字化生活，其内容层面的价值导向、意义的重要性日益凸显。

本书认为，"策划"是短视频创作中最重要的一环。从宏观上讲，短视频规模化、规范化、类型化、品牌化的多元发展图景，既呈现了短视频的发展趋势，又涵盖了短视频策划实践的方法论。在短视频创作实践中，对短视频类型的"识同与辨异"，发现创作中的"规律性"，有助于创作者深刻把握短视频策划的特性，提高短视频创作水平。

本书从理论阐释与实践分析两个方面来探讨短视频策划，内容涉及短视频的发展历程、内容特性、形式风格、发布运营、未来发展等多个层面，涵盖从短视频策划选题到内容创作与传播的全流程，注重结合典型案例，分享技巧和经验。

本书可供普通高等院校网络与新媒体专业及广播电视、传媒艺术等相关专业的本科生或研究生教学使用，也可供业界及社会人士阅读。

本书精选了大量短视频案例，读者可扫描每章内容中的二维码获取；同时提供课件，读者可扫描封底二维码获取。

本书封面贴有清华大学出版社防伪标签，无标签者不得销售。

版权所有，侵权必究。举报：010-62782989，beiqinquan@tup.tsinghua.edu.cn。

图书在版编目(CIP)数据

短视频策划实务 / 张健，曹云龙编著. -- 北京：
清华大学出版社，2024.10. --（普通高等院校网络与
新媒体专业系列教材）. -- ISBN 978-7-302-67415-3

Ⅰ．F713.365.2
中国国家版本馆CIP数据核字第2024NL0178号

责任编辑：施　猛　王　欢
封面设计：常雪影
版式设计：方加青
责任校对：马遥遥
责任印制：宋　林

出版发行：清华大学出版社
　　　　网　　　址：https://www.tup.com.cn, https://www.wqxuetang.com
　　　　地　　　址：北京清华大学学研大厦A座　　邮　编：100084
　　　　社　总　机：010-83470000　　　　　　　邮　购：010-62786544
　　　　投稿与读者服务：010-62776969, c-service@tup.tsinghua.edu.cn
　　　　质　量　反　馈：010-62772015, zhiliang@tup.tsinghua.edu.cn
印 装 者：三河市龙大印装有限公司
经　　销：全国新华书店
开　　本：185mm×260mm　　印　张：14.75　　字　数：306千字
版　　次：2024年10月第1版　　印　次：2024年10月第1次印刷
定　　价：59.00元

产品编号：099858-01

普通高等院校网络与新媒体专业系列教材编委会

主编 | 王国燕

编委
(按照姓氏拼音排序)

曹云龙	江苏师范大学
陈 强	西安交通大学
崔小春	苏州大学
丁文祎	苏州大学
杜志红	苏州大学
方付建	中南民族大学
龚明辉	苏州大学
金心怡	苏州大学
匡文波	中国人民大学
刘英杰	苏州大学
罗 茜	苏州大学
曲 慧	北京师范大学
王 静	苏州大学
许静波	苏州大学
许书源	苏州大学
于莉莉	苏州大学
喻国明	北京师范大学
曾庆江	苏州大学
张 健	苏州大学
张 可	苏州大学
张燕翔	中国科学技术大学
周荣庭	中国科学技术大学
周 慎	中国科学技术大学

序　言

当今世界，媒介融合趋势日益凸显，移动互联网的快速普及和智能媒体技术的高速迭代，特别是生成式人工智能(artificial intelligence generated content，AIGC)推动着传媒行业快速发展，传媒格局正在发生深刻的变革，催生了新的媒体产业形态和职业需求。面对这一高速腾飞的时代，传统的人文学科与新兴的技术领域在"新文科"的框架下实现了跨界融合，使得面向智能传播时代的网络与新媒体专业人才尤为稀缺，特别是在"新文科"建设和"人工智能+传媒"的教育背景下，数字智能技术的飞速发展使得社会对网络与新媒体专业人才的需求呈现几何级增长。

教育部于2012年在本科专业目录中增设了网络与新媒体专业，并从2013年开始每年批准30余所高校设立网络与新媒体专业，招生人数和市场需求在急速增长，但网络与新媒体专业的教材建设却相对滞后，教材市场面临巨大的市场需求和严重的供应短缺，亟需体系完备的网络与新媒体专业教材。2022年春天，受清华大学出版社的热情邀约，苏州大学传媒学院联合中国科学技术大学、西安交通大学、中国人民大学、北京师范大学等多所网络与新媒体专业实力雄厚的兄弟院校，由这些学校中教学经验丰富的一线学者共同组成系列教材编写团队，旨在开发一套系统、全面、实用的教材，为全国高等院校网络与新媒体专业人才培养提供系统化的教学范本和完善的知识体系。

苏州大学于2014年经教育部批准设立网络与新媒体专业，是设置网络与新媒体专业较早的高校。自网络与新媒体专业设立至今，苏州大学持续优化本科生培养方案和课程体系，已经培养了多届优秀的网络与新媒体专业毕业生。

截至2024年初，"普通高等院校网络与新媒体专业系列教材"已签约确认列选22本教材。本系列教材主要分为三个模块，包括教育部网络与新媒体专业建设指南中的绝大多数课程，全面介绍了网络与新媒体领域的核心理论、数字技术和媒体技能。模块一是专业理论课程群，包括新媒体导论、融合新闻学、网络传播学概论、网络舆情概论、传播心理学等课程，这一模块将帮助学生建立起对网络与新媒体专业的基本认知，了解新媒体与传播、社会、心理等领域的关系。模块二是数字技术课程群，包括数据可视化、大数据分析基础、虚拟现实技术及应用、数字影像非线性编辑等课程，这一模块将帮助学生掌握必备的数据挖掘、数据处理分析以及可视化实现与制作的技术。模块三是媒体技能课程群，包括网络直播艺术、新媒体广告、新媒体产品设计、微电影剧本创作、短视频策划实务等课程，这一模块着重培养学生在新媒体环境下的媒介内容创作能力。

本系列教材凝聚了众多网络与新媒体领域专家学者的智慧与心血，注重理论与实践相结合、教育与应用并重、系统知识与课后习题相呼应，是兼具前瞻性、系统性、知识性和实操性的教学范本。同时，我们充分借鉴了国内外网络与新媒体专业教学实践的先进经验，确保内容的时效性。作为一套面向未来的系列教材，本系列教材不仅注重向学生传授专业知识，更注重培养学生的创新思维和专业实践能力。我们深切希望，通过对本系列教材的学习，学生能够深入理解网络与新媒体的本质与发展规律，熟练掌握相关技术与工具，具备扎实的专业素养和专业技能，在未来的媒体岗位工作中能熟练运用专业技能，提升创新能力，为社会做出贡献。

最后，感谢所有为本系列教材付出辛勤劳动和智慧的专家学者，感谢清华大学出版社的大力支持。希望本系列教材能够为广大传媒学子的学习与成长提供有力的支持，日后能成为普通高等院校网络与新媒体专业的重要教学参考资料，为培养中国高素质网络与新媒体专业人才贡献一份绵薄之力！

2024年5月10日于苏州

前　言

党的二十大报告指出："全面建设社会主义现代化国家，必须坚持中国特色社会主义文化发展道路，增强文化自信，围绕举旗帜、聚民心、育新人、兴文化、展形象建设社会主义文化强国，发展面向现代化、面向世界、面向未来的，民族的科学的大众的社会主义文化，激发全民族文化创新创造活力，增强实现中华民族伟大复兴的精神力量。"党的二十大报告中的新观点、新论断、新思想为新时期推进文化自信自强，铸就社会主义文化新辉煌，推动理论创新、实践创新提供了科学指引。

在媒介化社会中，短视频领域已经形成规模化、规范化、类型化、品牌化的发展格局，作为一种媒介产品，短视频也已经成为凝聚社会主义意识形态、践行社会主义核心价值观、增强中华文明传播力和影响力的重要载体。党的二十大报告指出："加强全媒体传播体系建设，塑造主流舆论新格局。健全网络综合治理体系，推动形成良好网络生态。"如今，短视频行业进入饱和存量竞争阶段，在优胜劣汰的规则激励以及短视频行业的政策引领下，创作者越发重视体现内容特征，遵循潜在的创作规律，换言之，当下的短视频创作者已经意识到"策划"的重要性。然而，传统的广播电视策划理论及实践方法无法完全适用于短视频策划与创作，因而，梳理短视频的发展历程，找准短视频的特性，系统地对短视频进行类型划分，进而按不同的短视频类别展开策划探讨，是本书的重中之重。

一、本书的内容与结构

从现有关于"短视频策划"的研究来看，作为一门发展中的学科，由于研究对象不同、研究侧重点不同、学科范畴划分不同，短视频策划存在不同的研究范式，其知识体系还不够成熟。本书第一章概要介绍了短视频的定义、特征、发展历程、分类，阐述了短视频策划的内涵、特征及策划者的基本素养，试图对"策划"这一流程性的创意过程进行"纵向"梳理，通过对短视频策划的流程分析，形成对短视频策划"纵切面"的"经线"维度。本书第二章至第九章按照"时政类短视频策划""资讯类短视频策划""微纪录片类短视频策划""网红IP类短视频策划""草根恶搞类短视频策划""创意剪辑类短视频策划""技能分享类短视频策划""剧情类短视频策划"的顺序,依据短视频类型独立成章,对每个短视频类型的策划流程进行详细说明,形成本书结构体系的"纬线"维度。短视频策划的"经线"维度与"纬线"维度,共同组成了纵横交错的"经""纬"网格模块化知识结构体系。

二、本书的特色

本书的特色主要体现在以下三个方面。

一是围绕短视频策划实务的相关理论与实践经验,建构了"全流程""多类型"相互交织的结构体系。各章节内容设计联系紧密,各知识模块独立成章,为读者梳理了清晰的脉络。

二是区别于深奥的纯粹理论分析和通俗的案例分享读物,本书围绕"实务"内容,注重理论与实践的充分结合,各章节内容以理论分析为指导,充分结合大量案例,以期为读者提供更为生动、丰富的学习体验。

三是遵循"实用性"的原则,内容设计以解决短视频策划的具体问题为目标。诚然,"短视频策划实务"这一专题研究的是"怎么办"的问题,然而,在思考"怎么办"之前,我们应细究"是什么"及"为什么"等认知层面的问题,获得科学的指引,从而解答"怎么办"这类实践操作层面的问题。本书内容涉及短视频行业发展的历史背景与未来发展趋势,短视频的内容、形式特性及定位,短视频策划的经验、规律、理念、方法等宏观认知层面的问题,以及短视频策划各个环节的艺术技巧、风格手法等微观操作层面的问题,旨在以更为全面、立体的视角来阐释短视频策划知识。

三、本书的使用说明

本书广泛涉及网络与新媒体、广播电视艺术、戏剧与影视学、新闻与传播学、文化产业管理等方面的内容,教材设计面向更为开放的融合口径,因而,教师在采用本书开展教学时,可以将自己的相关知识背景与课程教学目的相结合,也可以在教学过程中进行必要的知识更新和补充,以及采取更具灵活性的教学方法。

本书的编写目的与相关课程的教学目的是让学生掌握短视频策划的理念、方法与技巧,本书内容既包含短视频策划的共性问题,也包含短视频区别于其他媒介产品以及不同类别短视频所存在的个性化问题。因而,建议教师在讲解理论知识的基础上,重点关注对短视频策划的个性化问题的探讨与研究。本书挑选了大量的案例分析资料,供教师在日常教学中交流使用,然而,教材的编写,尤其是案例的选取只能面向"过去时",尽管本书在选取案例时尽量追求典型性、时效性、广泛性,但短视频行业发展突飞猛进,更新速度可谓日新月异,书中的案例仅用于说明共性问题。教师在教学过程中,可针对一些新现象更新、补充一些新案例,以开放式口径不断为课程教学的案例"扩容"。

此外，本书没有提供相应的复习研讨题目，这给授课教师留下了较大的自由处置空间。教师可以根据教学需要和学生面对的各种问题，有针对性地布置一些研究题目，也可以把这些题目作为课后作业，还可以就此展开课堂讨论。

作者在编写本书过程中，参阅了大量资料，在此向相关作者表示诚挚的谢意！由于作者水平有限，书中难免有疏漏和不妥之处，欢迎广大读者批评指正。反馈邮箱：shim@tup.tsinghua.edu.cn。

2023年9月

张健、曹云龙

目 录

绪论 花样"视"界——多元发展图景中的短视频策划 ……………………… 001
 第一节 短视频发展的规模化格局 ……………………………………… 001
 第二节 短视频生态的规范化纠偏 ……………………………………… 004
 第三节 短视频存量竞争的类型化突围 ………………………………… 011
 第四节 短视频未来的品牌化展望 ……………………………………… 014

第一章 短视频策划概要 …………………………………………………… 020
 第一节 短视频概述 ……………………………………………………… 021
 第二节 短视频的分类 …………………………………………………… 026
 第三节 短视频策划的内涵 ……………………………………………… 030
 第四节 短视频策划的要点 ……………………………………………… 032
 第五节 短视频策划者的基本素养 ……………………………………… 034
 第六节 短视频策划的特征 ……………………………………………… 036

第二章 时政类短视频策划 ………………………………………………… 041
 第一节 时政类短视频概述 ……………………………………………… 043
 第二节 时政类短视频的选题策划 ……………………………………… 047
 第三节 时政类短视频的类型策划 ……………………………………… 050
 第四节 时政类短视频的叙事策划 ……………………………………… 055
 第五节 时政类短视频的发布策划 ……………………………………… 058

第三章 资讯类短视频策划 ………………………………………………… 063
 第一节 资讯类短视频的发展历程 ……………………………………… 064
 第二节 资讯类短视频的内涵 …………………………………………… 066

第三节　资讯类短视频的类型与特征 068
　　第四节　资讯类短视频的选题策划 072
　　第五节　资讯类短视频的叙事策划 078
　　第六节　资讯类短视频的发布策划 082

第四章　微纪录片类短视频策划 087
　　第一节　微纪录片类短视频概述 088
　　第二节　微纪录片类短视频的用户策划 093
　　第三节　微纪录片类短视频的选题策划 096
　　第四节　微纪录片类短视频的叙事策划 100
　　第五节　微纪录片类短视频的风格策划 102
　　第六节　微纪录片类短视频的发布策划 105

第五章　网红IP类短视频策划 108
　　第一节　网红IP类短视频的概念与风格特征 109
　　第二节　网红IP类短视频的类型与用户策划 111
　　第三节　网红IP类短视频的选题策划 118
　　第四节　网红IP类短视频的风格策划 120
　　第五节　网红IP类短视频的发布策划 123
　　第六节　网红IP类短视频的效果反馈策划 126

第六章　草根恶搞类短视频策划 128
　　第一节　草根恶搞类短视频概述 129
　　第二节　草根恶搞类短视频的特征 132
　　第三节　草根恶搞类短视频的类型 139
　　第四节　草根恶搞类短视频的内容策划 143
　　第五节　草根恶搞类短视频的发布策划 146

第七章　创意剪辑类短视频策划 149
　　第一节　创意剪辑类短视频概述 150
　　第二节　创意剪辑类短视频的类型与用户策划 153
　　第三节　创意剪辑类短视频的选题策划 156
　　第四节　创意剪辑类短视频的叙事策划 160
　　第五节　创意剪辑类短视频的风格策划 163
　　第六节　创意剪辑类短视频的发布策划 164
　　第七节　创意剪辑类短视频的效果反馈策划 167

第八章　技能分享类短视频策划 ··· 169
第一节　技能分享类短视频概述 ··· 170
第二节　技能分享类短视频的类型 ··· 173
第三节　技能分享类短视频的市场分析 ··· 178
第四节　技能分享类短视频的系统策划 ··· 181
第五节　技能分享类短视频的发布策划 ··· 184

第九章　剧情类短视频策划 ··· 188
第一节　剧情类短视频概述 ··· 189
第二节　剧情类短视频的类型与定位 ··· 192
第三节　剧情类短视频的选题策划 ··· 201
第四节　剧情类短视频的叙事策划 ··· 207
第五节　剧情类短视频的风格策划 ··· 209
第六节　剧情类短视频的发布策划 ··· 211
第七节　剧情类短视频的效果反馈策划 ··· 214

参考文献 ··· 216
后记 ··· 220

绪论　花样"视"界
——多元发展图景中的短视频策划

近年来，短视频的发展可谓日新月异。央视频原创大型融媒体节目《中国短视频大会》以"花young"为核心概念词，设置短视频同台竞技的八大内容垂类赛道。用"花young"这一核心词概括短视频极为贴切，"花"突出了短视频类目花样纷繁，"young"突出了短视频这一新生媒介产物的发展活力及内容呈现的年轻态。为此，本书也借用这一核心概念，用"花样'视'界"来概括短视频规模化、规范化、类型化、品牌化的多元发展图景，并以此为现实语境来探究"短视频策划"的具体问题。

第一节　短视频发展的规模化格局

随着智能手机和Wi-Fi网络的普及，以及短视频行业发展所需的硬件设施的完善，中国短视频行业获得了高速发展，诞生了"抖音""快手"等拥有数亿量级用户的短视频平台。

根据"2022年中国短视频平台TOP20"月活用户数据，抖音、快手、微信视频号等短视频平台居于第一梯队，这些"头部平台"以累计75%的渗透率在用户规模方面占据优势[1]。在短视频影响力逐渐扩大、商业价值日益凸显之际，众多社交媒体平台如小红书、微博等也纷纷进入短视频赛道，为短视频行业注入了新的发展动力[2]。从数据上看，短视频平台第二梯队包括新浪微博、小红书、西瓜视频、哔哩哔哩等平台。在发展的过程中，随着短视频行业竞争日趋激烈，第二梯队和第三梯队更迭的周期短、频率快（见图0-1）。为此，各大平台不断优化内容，拓展功能领域，抢夺用户的注意力资源。在政策引导、技术加持与大型资本加码的综合作用下，短视频行业在经历蓄势期、转型期、爆发期后，已经进入成熟发展期，其内容生态逐渐成熟，发展规模趋于稳定，规模化格局逐渐形成。如今，短视频行业的"尾部平台"面临严峻的生存考验，短视频行业准入门槛相较于初创时期提高很多。

---

[1] 数据来源于艾媒咨询(iiMedia Research)发布的《2023年中国短视频行业市场运行状况监测报告》。
[2] 胡正荣，黄楚新.中国新媒体发展报告(2023)[M].北京：社会科学文献出版社，2023：122.

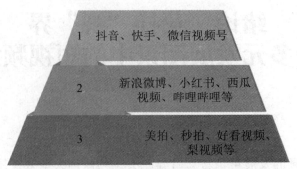

图0-1 短视频平台发展格局的"三个梯队"①

一、短视频发展规模

从短视频的用户规模来看,中国互联网络信息中心(CNNIC)发布的第52次《中国互联网络发展状况统计报告》显示,截至2023年6月,我国网民规模达10.79亿人,较2022年12月增长1109万人,短视频用户规模保持稳定增长的态势。从短视频的用户使用率来看,截至2023年6月,我国网络视频用户规模达10.44亿人。其中,短视频用户规模为10.26亿人,较2022年12月增长1454万人,占网民整体的95.2%②。预计未来几年,我国短视频用户规模将进一步扩大,用户使用率将再度提高。从短视频的市场规模来看,中国网络视听节目服务协会的统计数据显示,2021年泛网络视听领域产业的市场规模为7472.7亿元,较2020年增长24.3%。其中,短视频领域市场规模达2051.3亿元,占整体市场的34.53%。2022年中国短视频市场规模进入平稳增长阶段,当年的市场规模达3765.2亿元,同比增长了83.6%③。近年来,短视频平台内容生态逐渐拓展外延,不断在商业模式上进行创新探索,开辟新的变现渠道,通过多维场景融入助推"短视频+"跨界发展,推动短视频市场的进一步扩大。根据中国网络视听节目服务协会等机构的预测,预计未来几年内,我国短视频行业市场规模将会迅速发展到"万亿"级别。

二、短视频发展现状

在现实生活中,短视频作为"触手可及"的媒介选项,近乎无处不在、无时不有。从短视频用户使用场景的构成比例(见图0-2)来看,选择"睡前"观看短视频的用户占比超六成,选择"午休时"观看短视频的用户占比超四成,选择"排队或等候时""乘

---

① 根据艾媒咨询(iiMedia Research)《2023年中国短视频行业市场运行状况监测报告》"2022年中国短视频平台TOP20"资料整理。
② 第52次《中国互联网络发展状况统计报告》[EB/OL]. https://www.cnnic.net.cn/n4/2023/0828/c88-10829.html,2023-08-28.
③ 数据来源于中国网络视听节目服务协会、艾媒咨询(iiMedia Research)发布的《2023年中国短视频行业市场运行状况监测报告》。

坐交通工具时""吃饭用餐时""上卫生间时"观看短视频的用户占比均接近四成①。短视频持续渗透到用户的生活场景之中，黏合起用户起床、出行、排队、吃饭、上卫生间、睡前等碎片化时间，已成为用户生活中不可或缺的媒介形式。

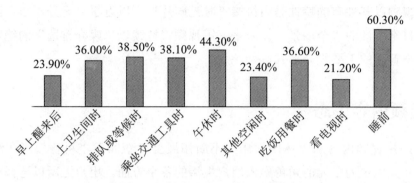

图0-2　短视频用户使用场景的构成比例②

根据中国广视索福瑞媒介研究机构(CSM)发布的《2022年短视频用户价值研究报告》，在预设场景"周末闲暇时光，如果只能接触一种娱乐形式"下，选择将看短视频作为"唯一"休闲娱乐方式的网民占比达42.6%(见表0-1)。至此，短视频已经连续5年居"网民唯一休闲媒介"首位③。

表0-1　在预设场景下网民的唯一媒介选择比例

媒介形式	用户占比	媒介形式	用户占比
看短视频	42.6%	看网络直播	6.1%
看网络长视频	21.5%	看纸质书	3.6%
玩网络游戏	7.9%	看电子书	3.2%
听网络音频	6.7%	看动漫	1.0%
看电视	6.2%	听广播	0.9%

注：本表所谓预设场景，是指"周末闲暇时光，如果只能接触一种娱乐形式"。

此外，中国互联网络信息中心(CNNIC)公开资料显示，在网络娱乐类应用中，选择观看短视频的网民占比居于首位，占整体网民的95.2%，远高于选择网络直播(71%)、网络游戏(51%)、网络文学(49%)的比例④。在老年群体第一次接触网络的动机选项中，31.3%的老年网民表示第一次上网会选择观看短视频。短视频有效拉动新网民"入网"的比例居于首位，高于使用即时通信或聊天工具(21.5%)、看网络新闻(8.2%)的比例⑤。

---

① 数据来源于中国广视索福瑞媒介研究机构(CSM)发布的《2022年短视频用户价值研究报告》。
② 笔者根据中国广视索福瑞媒介研究机构(CSM)发布的《2022年短视频用户价值研究报告》整理。
③ 数据来源于中国广视索福瑞媒介研究机构(CSM)发布的《2022年短视频用户价值研究报告》。
④ 第52次《中国互联网络发展状况统计报告》[EB/OL]. https://www.cnnic.net.cn/n4/2023/0828/c88-10829.html，2023-08-28.
⑤ 第49次《中国互联网络发展状况统计报告》[EB/OL]. https://www.cnnic.net.cn/n4/2022/0401/c88-1131.html，2022-02-25.

在短视频、长视频、网络音频、网络直播等应用的用户中,每天都会看或听相关内容的深度用户占比分别达54.8%、26.8%、22.1%和16.7%[①]。可见,短视频已经成为网民网络娱乐媒介的首选项,有效拉动了"银发"群体"入网",推动用户从年轻化逐渐走向全民化。短视频以其独有的特性强力拼接"时光碎片",以近乎"无处不在"的态势,串联起用户日常生活的"全场景"。未来,短视频将持续以"媒介首选"的绝对优势,成为深度用户首选的主要媒介形式。

三、短视频内容生态

近年来,短视频内容从"休闲娱乐"不断拓展至"新闻""科普""在线教育"等领域,短视频以更为多元的角色融入用户生活的各个方面。用户之所以选择观看短视频,主要是因为短视频内容能够满足其如下动机:放松休闲;获取知识;增长见识,开阔视野;填补空余时间;获取新闻资讯,了解时事;学习实用技能;获取生活实用信息;寻求情感慰藉;向他人转发或分享有趣的内容;寻找聊天话题;陪家人和身边的人看;关注明星、达人;工作或学习需要;获得积分或现金奖励等。这些动机指向用户生活中的娱乐需求、知识需求、情感需求等多个方面。近年来,"放松休闲""获取知识"仍是短视频用户的主要诉求,而"寻求情感慰藉"的诉求日益凸显,用户互动及创作活跃度攀升,越来越多的用户关注短视频内容的陪伴感与社交化。时下,用户观看短视频的动机不断变化,他们开始在内容多元垂直化的短视频中寻找到更多可能,如学习前沿知识或技能、种草购物、获取经济收益等。这些需求在不同程度上承载了用户对短视频内容生态的服务性支持、社会化连接、价值感认同的附加期许。

短视频是一种"覆盖面广、到达率高、渗透度深"的媒介形式,已经成为媒介社会中黏合碎片化时间的传播力量,在过去几年里,短视频逐渐建立起行业新秩序,并形成良好的发展生态,随着其边界的不断拓宽和深度的持续延展,短视频在社会生活与产业结构中发挥着越来越重要的连接赋能作用,它所承载的信息传播与服务、文化传播、娱乐与经济等多元化功能逐渐凸显。对于短视频的专业实践者,抑或兴趣爱好者而言,短视频策划已成为各个创作环节中最为重要的一环。规模化的发展格局、媒介首选的优势地位及在时空场景和多元内容方面的全覆盖态势,既是短视频的动向发展趋势,也是短视频策划实践的方法论。

第二节 短视频生态的规范化纠偏

短视频行业发展势头迅猛,在发展规模日益壮大的同时,其发展秩序也在各种机遇

[①] 第50次《中国互联网络发展状况统计报告》[EB/OL]. https://www.cnnic.net.cn/n4/2022/0914/c88-10226.html,2022-08-31.

与挑战的合力作用下逐渐优化。短视频行业的有序发展离不开政治、经济、社会、技术等宏观发展环境的支持，也离不开相关规制的引导和约束。

一、短视频发展的宏观环境

短视频作为网络社会的新生事物，其出现与发展得益于整个社会宏观环境所提供的条件支撑。因而，我们在讨论短视频策划的时候，短视频赖以生存的宏观环境自然是需要考量的重要层面。本节，我们将借助PEST(political、economic、social、technological)分析模型，从短视频发展的宏观环境所包含的"政治""经济""社会"和"技术"四个层面展开分析，更为明晰地总结短视频发展的生态环境，从而为短视频策划提供参考。

1. 政治环境

我国社会和谐、稳定，在各个领域取得了巨大的成就。随着国民经济迅速增长，综合国力不断跃上新的台阶，这些外部因素都为网络文化的发展提供了稳定的政治环境。具言之，政治环境为短视频行业的良性发展提供了制度、法律法规等策略指引和政策保障。例如，近年来，为了规范互联网行业视听节目创作及网络信息传播的秩序，国家广播电视总局、文化和旅游部、工业和信息化部等多个职能部门陆续出台、颁布了一系列管理规定办法(见表0-2)，这些管理规定将"网络视频"正式纳入国家法律法规的监督和保障体系中；又如，国家广播电视总局推行"信息网络传播视听节目许可证"，明确了短视频业务的属性归类。将网络视听内容生产纳入规范化管理，不仅可以在一定程度上鼓励原创网络文化产品的开发，促进网络视频行业的良性发展，还可以进一步推动网络影音娱乐等数字文化内容消费，同时，这也为短视频行业的发展明确了目标与方向。

表0-2 短视频行业规范发展相关文件[①]

年份	文件名称	发布机构	主要内容
2004年	《互联网等信息网络传播视听节目管理办法》	国家广播电影电视总局(现为国家广播电视总局)	规范信息网络传播视听节目秩序，加强监督管理，将网络视频正式纳入法律法规监督和保障体系
2008年	《互联网视听节目服务管理规定》	国家广播电影电视总局(现为国家广播电视总局)、信息产业部(现为工业和信息化部)	规定互联网视听节目服务，应取得广播电影电视主管部门颁发的"信息网络传播视听节目许可证"
2012年	《文化部"十二五"时期文化产业倍增计划》	文化部(现为文化和旅游部)	提出要大力开发互联网、移动终端等载体的网络文化产品，促进网络影音娱乐等数字文化内容消费

① 笔者根据国家广播电视总局、文化和旅游部等部门发布的文件整理。

(续表)

年份	文件名称	发布机构	主要内容
2017年	《关于调整〈互联网视听节目服务业务分类目录(试行)〉的通告》	国家新闻出版广电总局(现为国家广播电视总局)	明确短视频业务属于第三类互联网视听节目服务
2021年	《广播电视和网络视听"十四五"发展规划》	国家广播电视总局	明确"十四五"期间发展目标与方向,提供诸多机遇。在网络基建、内容制作等七个方面给出详细要求及发展路径
2021年	《广播电视和网络视听"十四五"科技发展规划》	国家广播电视总局	以"科技创新驱动广播电视和网络视听高质量创新性发展"为核心,明确指导思想、基本原则、发展目标、主要任务和保障措施

表0-2中列出的这些文件的颁布与实施从"政策法规""行业标准""内容建设""行业秩序"等多个维度,强化了对短视频领域的专业指导。随着政治环境的不断优化与完善,短视频行业逐渐从"野蛮生长"走向"有序发展"。作为网络文化的一种新型内容载体,短视频在政策的大力扶持下蓬勃发展。

2. 经济环境

短视频的出现与整个新媒体网络经济的发展有着密切的关系。当下,我国经济保持高速增长,这种稳定有利的经济环境使得互联网产业整体发展处于世界领先水平。一方面,经济的迅速发展提高了网民用户的生活品质,在物质生活丰富发达的时代,人们的精神文化需求逐渐增加,对"注重个性的释放,追求自身的愉悦"的精神需求越发重视,在文化娱乐方面的消费支出稳步增长,人们对包括短视频在内的网络文化的消费需求不断升级。短视频的出现契合了当下社会发展的快节奏、大众碎片化阅读习惯的形成和对休闲娱乐的需求。另一方面,资本进入短视频市场加快了短视频变现的步伐。近年来,资本对于短视频发展的推动作用明显,短视频创业融资规模逐渐壮大。

根据"艾媒全球投融资数据监测系统"的数据,在短视频行业发展的早期(2015—2017年),我国短视频行业处于"风口期",行业投融资数量大幅增加。但是,早期新兴短视频企业的投资者相对保守,融资金额相对较低。在2018年以后,短视频行业进入快速发展期,融资规模开始不断扩大。

近年来,各大机构对短视频行业的投融资力度不断加大,其中以腾讯为首。腾讯对短视频行业全面布局,从投资快手、梨视频等,到发展微视、微信视频号等自有平台,其对短视频市场的占有率持续上升[①]。资本对短视频行业的青睐在一定程度上促使短视频内容生产和平台发展质量的提升。因此,客观而言,资本的涌入不仅有助于短视频内容的优化,也促进了整个短视频产业的发展。

---

① 数据来源于艾媒咨询(iiMedia Research)发布的《2023年中国短视频行业市场运行状况监测报告》。

3. 社会环境

美国学者尼古拉斯·米尔佐夫在《视觉文化导论》中这样说道："现代生活就发生在屏幕之上。"①如今，我们正处于图像生产、流通和消费快速扩张的时代，短视频的"短时长"和"碎片化内容"满足了网络用户的消费需求，因此，短视频市场日益繁荣。相较于文字来说，短视频融合了图文、音视频等多种媒介符号形式，超越了静态图像的单一感官体验，其形式冲击和感官体验可以为用户提供更为直接且感性的视听快感。

在互联网这一公共领域中，内容生产更加强调用户参与及"双向互动"。比较而言，以往传受双方的地位已被颠覆，互联网用户更倾向于主动获取自己偏好的内容信息。在新媒体时代，每个人都是网络中的一个"点"，都可以通过网络传播信息，这大大增加了用户对网络新媒体的参与度。一方面，在短视频发展的早期阶段，用户生产内容(user generated content，UGC)模式允许更多的人通过生产网络内容发泄情绪和表达内心想法，以此满足他们的休闲娱乐和情感释放的需求。另一方面，视频制作和传播技术的进步降低了短视频制作的门槛。短视频以其成本低、制作快、传播准的优势吸引了越来越多的用户加入短视频的内容生产之中。

近年来，短视频在深度媒体融合的环境中逐渐凸显其社会价值，其内容边界和深度不断被拓展，在连接和赋能社会生活和产业结构方面发挥着越来越重要的作用。当前，以"短视频+"为逻辑的合作模式越发广泛，在技术、形式和内容上日益融合，并逐渐构建出行业新生态。其中，"短视频+直播"模式不仅是短视频平台的发力点，也是近年来各类主流媒体布局的重点领域②。此外，"短视频+乡村振兴""短视频+运动健身""短视频+知识普惠""短视频+文化旅游"等，在社会民生各方面逐步探索出"短视频+"的跨界融合新举措，有效撬动了短视频的传播和互动优势，在助力推进乡村振兴、弘扬健康生活理念、普及科学文化知识及技能、推广文旅产品等方面发挥了不可替代的作用。

4. 技术环境

据工信部统计，截至2022年底，我国100Mbps及以上接入率(用户占比)达到93.9%。我国成为世界上第一个基于独立组网模式建设5G网络的国家，同时对核心技术的掌握程度也显著提高，建成开通5G基站231.2万个，占全球60%以上。人工智能、大数据等高科技创新能力位居世界前列③。随着宽带、智能手机的普及，可穿戴设备、移动通信网络等硬件基础设施也在不断完善和建设中。移动互联网具有不受地域和时间限制的自然属性，在继承互联网开放共享优势的同时，逐渐推动了短视频用户规模的增长。

如今，短视频算法、图像监测技术、大数据统计等软件技术广泛应用于短视频平

---

① 米尔佐夫. 视觉文化导论[M]. 倪伟，译. 南京：江苏人民出版社，2006：1.
② 胡正荣，黄楚新. 中国新媒体发展报告(2023)[M]. 北京：社会科学文献出版社，2023：18.
③ 2022年通信业统计公报[EB/OL]. https://www.gov.cn/xinwen/2023-02/02/content_5739680.htm，2023-01-19.

台的用户推荐、内容推荐等方面，通过推荐、分类、标签化将短视频精准推送给目标用户，从而提高观看率和用户转化率，这也为短视频的创作与传播精准赋能。例如，短视频算法经历了多次迭代升级，人均播放时长、人均播放次数、点击通过率、用户转化率、完播率等各项指标不断优化，并取得了较大进步。通过大数据分析，对用户的观看行为，如用户的观看时长、观看频率等进行分析，了解用户的兴趣爱好和需求，进行用户画像，从而改善短视频的内容匹配精准度，提高短视频用户的满意度和忠诚度。然而，在短视频算法的应用过程中，需要关注数据的质量和隐私保护问题。

技术创新赋能短视频生产管理效能及用户体验提升，助力开辟虚拟现实细分领域新赛道。在5G时代，技术的创新迭代将进一步应用于短视频产业各环节，AI、VR、AR等技术的成熟与普及将推动短视频应用场景多元化，持续创新短视频的内容表达和互动形式设计，不断优化用户的视听交互体验。人工智能将持续升级短视频的算法推送，区块链技术也将推进短视频的版权保护模式创新。值得关注的是，短视频运用虚拟数字化技术，探索元宇宙等应用场景，开辟了虚拟现实细分领域新赛道，同时创造出更加先进的用户沟通方式，为内容创新与社交传播开拓新空间。

随着软件技术的快速发展，短视频制作的移动硬件也在不断更新迭代，使得视频在移动端的拍摄和处理变得越来越容易。经过十多年的发展，时下的智能手机已经进入配备千万像素传感器、2K屏幕和光学防抖的时代。一些以拍照著称的机型甚至拥有专业数码相机的硬件技术配置，用户通过手机摄制"大片"俨然成为可能。此外，一些专业级的视频剪辑软件也逐渐推出手机版，剪辑功能齐全且操作更加简单，能够满足新手用户的低门槛准入需求。

二、短视频发展的规制与优化

随着短视频行业的高速发展，一系列失序乱象也随之出现。

(1) 在商业利益促使下，短视频内容着眼于造舆论、蹭热点，甚至出现弄虚作假、颠倒是非等乱象。一些短视频平台将"流量"置于首位，专注于"如何吸引观众的注意力"，而忽视了对管理模式的创新和内容质量的提高。监管的疏忽进一步加剧了不良信息的传播，使得不实信息误导公众，从而引发一系列道德不端问题。此外，在流量与资本的驱使下，一些短视频平台、短视频制作者、网络用户逐渐沦为数据的"囚徒"，这种依赖于"受众商品化"逻辑进行的受众数据计算与研判，过度强调人的商品属性，却忽视了其社会属性与能动性。

(2) 短视频平台基于用户兴趣、位置信息等多维精准算法，为其提供个性化内容推送。但是，如果长此以往，推送的内容将变得单一和固化，这会导致用户对视频产品的兴趣越来越低。用户的注意力长期沉浸在单一的信息中，也会不自觉地陷入"信息茧房"，对现实世界的理解也会变得片面、单调，随着时间的推移，甚至可能产生疏远社会和弱化社会群体等负面影响。单向的"精算推送"简单而霸道,剥夺了网络用户的选择权,除了会引发上述负面影响,还可能引发用户对个人隐私保护的担忧。

(3) 短视频"唯流量论"引起的泛娱乐化快餐文化消费,也存在内容浅薄、审美庸俗的问题。当海量的碎片信息取代了深度阅读,人们思考的空间将被剥夺,沉浸在社交娱乐工具的泡沫中,逐渐失去认真思考和理性判断的能力。短视频的"泛娱乐化"也在一定程度上影响并致使人们价值观功利化和审美趣味庸俗化。短视频的娱乐功能被过度放大,而媒体更为重要的社会功能,如环境监测、社会协调、文化传承和舆论引导等功能却被严重弱化。此外,一些"意见领袖",如"网红"和短视频主播等缺乏自我约束,将个人错位的世界观和价值观传递给用户,这些都会对社会产生负面影响。

针对这些失序乱象,近年来,短视频的发展进入盘整期,开启了规范化、健康化深入发展的新阶段,行业监管与管理规范不断升级,各类整治行动陆续开展。国家持续从强化治理、规范创新、技术升级、联合共治等多个角度入手,加强相关行业的监管,出台了一系列政策、法规(见表0-3),涵盖短视频的内容管理、平台治理、从业人员、服务算法、账号管理、广告及税收、语言文字、反食品浪费等领域和环节。

2019年1月9日,《网络短视频平台管理规范》发布,该文件规定了网络平台开展短视频服务时,应当根据其业务规模,建立一支政治素质高、业务能力强的内容审核队伍,审核员应接受省级以上广播电视管理部门组织的培训,审核员人数应与上传播放的短视频数量相匹配。原则上,审核员人数应至少为该平台每天新播放短视频数量的千分之一。同日,中国网络视听节目服务协会在其官方网站上发布了《网络短视频平台内容审核标准细则》。该文件规定,网络播放的短视频节目包含标题、名称、评论、弹幕、表情包等,其语言、表演、字幕、背景信息中不得出现"分裂国家""宣扬不良、消极颓废的人生观、世界观和价值观""歪曲贬低民族优秀文化传统""美化反面和负面人物形象""不利于未成年人健康成长""其他违反国家有关规定、社会道德规范"等21项具体内容。

2021年12月15日,中国网络视听节目服务协会发布《网络短视频平台内容审核标准细则》(以下简称《细则》),对2019版原有的21项、100条标准进行了更新与完善。针对社会各界高度关注的泛娱乐、低俗媚俗等新问题及新表现,泛娱乐化导致的舆论生态恶化、利用未成年人制作不良节目、非法传播广播电视和网络视听节目片段,以及未经授权引进和播放海外节目等问题,新版《细则》为各短视频平台的一线审核人员提供了更具体、更明确的工作指引。新版《细则》规定,短视频节目等不得出现"展示'饭圈'乱象和不良粉丝文化,鼓吹炒作流量、畸形审美、狂热追星、粉丝非理性发声和应援、明星丑闻""未经授权自行剪切、改编电影、电视剧、网络影视剧等各类视听节目及片段"等内容。

表0-3 网络短视频行业规范治理相关文件一览表[①]

年份	文件名称	发布机构	主要内容
2019年	《网络短视频平台管理规范》	中国网络视听节目服务协会	规定平台上播出的短视频均应经内容审核后方可播出，包括节目的标题、简介、弹幕、评论等内容
2019年	《网络短视频平台内容审核标准细则》(2019)	中国网络视听节目服务协会	对开展短视频服务的网络平台以及网络短视频内容审核的标准进行规范，共包括21项、100条标准
2021年	《网络短视频平台内容审核标准细则》(2021)	中国网络视听节目服务协会	对2019版《细则》进行了全面修订，对原有的21项、100条标准进行了更新与完善

2019年以来，国家互联网信息办公室(以下简称国家网信办)等部门累计清理违法和不良信息200多亿条、账号近14亿个，赢得了广大网民的肯定支持[②]。这些数量庞大的违规账号，产出数量惊人的违规信息和不实信息，不仅成为干扰网民的"噪声"，阻碍了真正有用和权威的信息触达网民，甚至可能造成社会舆论的偏差。近年来，我国行政机关采取"约谈""平台下架"等一系列措施与行动，对短视频行业开展专项整治，同时，国家网信办协同有关部门集中开展了"清朗"系列专项行动，治理网络信息及短视频平台等乱象。

2022年，国家网信办针对短视频和网络直播领域存在的问题从严整治，并明确了"信息内容违规，平台是第一责任人"这一基本原则。2023年，国务院新闻办公室举行新闻发布会，公布了"清朗"系列专项行动有关情况。其中，整治短视频信息内容导向不良问题仍然是专项行动的重中之重，国家网信办将从严整治内容导向不良的短视频，着力解决平台审核宽松、推荐算法不科学、流量分配机制不合理等突出问题，推动形成短视频良性竞争机制，让符合内容导向要求、符合公序良俗原则、符合网民兴趣爱好的优质短视频更容易获得流量支持和展示机会，从而更好地满足人民群众分享生活、获取信息、休闲娱乐等需求[③]。

诚然，短视频领域相关的行政规制还有很多有待完善的地方，规制的优化还存在很大的提升空间，但正是由于这些优化扶持、监管政策逐步健全，在一定程度上促使短视频行业在面临问题和挑战时，能够充分发挥优势，保持健康、有序的发展态势。这些政策法规与短视频行业发展的政治、经济、社会、技术等宏观环境共同构成了短视频内容生产的现实语境。在短视频创作的具体环节中，"策划"既是对现实语境的恰当呼应，也是对短视频内容"失序乱象"的有力纠偏。

近几年，在优化与规制的合力影响下，短视频平台内容生产日趋成熟，作为"清朗"网络空间建设的重要组成部分，短视频在内容品质建设上取得了明显进展。中国广视索福瑞媒介研究机构(CSM)的调查显示，用户对短视频的整体内容评价从2018年的

[①] 笔者根据中国网络视听节目服务协会公开发布的文件整理。
[②] "净网·2022"集中整治！清理违法和不良信息200多亿条！[EB/OL]. https://m.thepaper.cn/baijiahao_19614244, 2022-08-25.
[③] 金歆. 今年"清朗"系列专项行动聚焦九方面(权威发布)[N]. 人民日报, 2023-03-29(2).

"刚到及格线"升至如今的"良好线",同时涌现出大量符合大众审美需求、兼具思想性及艺术性的精品内容和正能量内容[①]。值得关注的是,媒体融合发展提速,主流媒体坚持移动端创新,加速布局短视频,担纲主旋律、主流价值传播,用户对主流媒体短视频的"健康与正能量"评价连续5年霸榜,主流媒体成为短视频健康生态建设当仁不让的主流力量。从近几年的短视频用户观看动机及用户评价的变化不难看出,受众逐渐摆脱对娱乐碎片的初级层次需求,正在向更高层次需求迈进。我国短视频生态发展也逐渐走出"野蛮生长"的草莽初创阶段,通过规范化、标准化的优化与规制,从"荒芜之地"走向"百花争艳"的大花园。

第三节 短视频存量竞争的类型化突围

如果说规模化发展为短视频行业打开了"饱和存量"的发展篇章,规范化发展则为短视频行业清理出一条"竞争赛道"。短视频发展的下一步目标是在存量竞争的时代,不断垂直细分,实现"类型化"突围,让短视频的"大花园"百花盛开、群芳争艳。

一、短视频类型学

短视频的类型划分难以参照文学、电影、广播电视节目等类型划分的理念与方法,由于短视频内容包罗万象,涉及领域众多,其呈现的类型形态具有强烈的不确定性[②]。庞杂的内容带给研究者的挑战是如何将难以计数、即时生成、动态演进的短视频静止化。短视频的类型化实践既要涵盖若干类型短视频各自的个性,同时还要涵盖若干类型短视频总体的共性。运用类型学方法要达到两个认知目标,即识同与辨异。"识同"主导"向上的抽象化","辨异"主导"向下的具体化",这两个向度又分别构成了分类的两种方式,"向上的抽象化"构成"归类"(归纳类型),"向下的具体化"构成"划类"(划分类型)[③]。

识同与辨异工作是在短视频行业中完成的。艾瑞咨询根据时长对短视频进行分类:时长为15秒及以下的短视频,通常为用户生成内容(user generated content,UGC),多为普通用户的自我表达,代表平台有美拍、抖音等;时长为1分钟左右的短视频,侧重故事或情节的展示,内容表达相对完整,代表平台有快手等;时长为2~5分钟的短视频,通常为专业生产内容(professional generated content,PGC),有完整且专业的编排和加工剪辑,内容维度丰富,侧重媒体属性,代表平台有梨视频、西瓜视频等。百家号

---

① 数据来源于中国广视索福瑞媒介研究机构(CSM)《2022年短视频用户价值研究报告》。
② 王国平. 中国微影视美学地图:短视频、微电影、形象片、快闪、MV之发明与创意[M]. 上海:文汇出版社,2020:8.
③ 王汶成. 文学话语类型学研究论纲[J]. 中国文学批评,2016(3):46-59+126.

的一位UP主将短视频按照内容划分为新闻、才艺、技能分享、思想分享、娱乐及"晒脸"(展示容貌)六大类[①]。而学界对短视频的分类方式稍有不同。部分研究者主张依据传统视频的分类方式，直接按照视频内容进行分类，比如，将短视频分为纪录类短视频、采访类短视频、影视类短视频、音乐类短视频、解说类短视频等。也有部分研究者出于研究"平台责任和短视频著作权侵权问题"的需要，主张以短视频创作手段进行分类，将短视频分为原创类短视频、搬运类短视频、剪辑类短视频、评论类短视频、翻拍类短视频[②]。此外，还有一些研究者根据平台页面上的板块和内容进行类型细分，根据板块可将短视频细分为音乐类、搞笑类、游戏类、生活服务类、时尚简讯类、萌宠类；根据内容可将短视频细分为温情纪录片类、网红IP延伸类、草根趣味类、幽默短剧类等类型[③]。短视频类型的划分标准不一，分类结果也各式各样，但正是对类型认知的逐渐清晰，使短视频创作在自觉归类的类型实践中，逐渐在规范化、类型化方面趋向成熟。

二、短视频衍生中的动态类型实验

短视频的类型划分是从"识同与辨异"的视角来考察短视频内容生产的，以便本书与读者在知识与模块上建立对话的基本框架。在具体的创作实践中，短视频往往呈现出融合、多元的类型样态，我们自然不应"刻舟求剑"，固化对短视频类型的认知，而是应当不断创新短视频的内容与形式，并对其进行垂直细分，使短视频在动态衍生中逐渐释放品质创新的活力。不管是根据分类标准形成的既定类型划分，还是在动态衍生过程中进行的类型融合实验，短视频对内容的本质要求基本是确定的。换言之，在类型划分的"静"与"动"之间，我们需要寻求一个短视频类型化相对"规律性"的固定参考，即短视频用户的内容需求。

近年来，短视频内容生产逐渐趋向规范化，平台对短视频内容策划的重视，也卓有成效地提升了短视频的内容水平，从而提升了用户对短视频的整体评价。从用户对短视频的内容偏好来看，"形式新颖，有趣好看""令人感到放松愉快""内容实用，对生活有帮助""反映社会热点，话题性强"是用户对短视频内容认同比例最高的评价项(见图0-3)。这些内容诉求与我们上文划定的短视频类型属性几乎吻合。在短视频内容创新层面，仅有12.5%的短视频用户认为"能看到不同的内容"，更多用户还是期待能够在平台上看到"新""不同""更为丰富"的内容。虽然近几年短视频小众垂类偏好内容持续增加，但短视频的同质化问题仍然需要进一步解决。从短视频的内容实用性来看，泛知识类短视频仍为用户"刚需"，比如技能技巧、财经资讯、健康养生、自然地理、历史人文、知识科普、数码科技等垂类实用性、技能性、知识性内容持续升温。

[①] 张健. 短视频类型创作导论[M]. 苏州：苏州大学出版社，2021：9.
[②] 余祺，王巽. 原创类网络短视频的"独创性"认定[J]. 法制与社会，2020(23)：190-192.
[③] 司若，许婉钰，刘鸿彦. 短视频产业研究[M]. 北京：中国传媒大学出版社，2018：110-111.

七成以上的短视频用户认为,通过短视频能够及时获取"更多重大及热点事件内容"。在新闻资讯类短视频中,"突发事件"居于用户最感兴趣的新闻内容首位,资讯传播力进一步释放①。此外,随着互联网信息的整顿和短视频行业的日趋规范,近年来短视频"内容真实"的用户评价逐渐提升,而个人秀、幽默搞笑等泛娱乐偏好内容,在近5年的调查中占比持续下降。

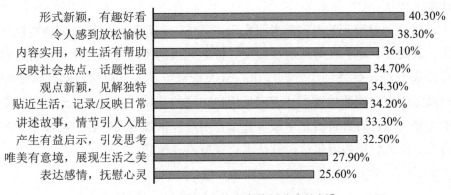

图0-3　短视频用户的内容偏好分布比例②

三、短视频平台的差异化认知

短视频平台主要分为两类:一是独立型平台,这类平台以短视频业务为核心,衍生"短视频+"业务,如抖音、快手、西瓜视频等;二是综合型平台,这类平台具有内嵌短视频功能,包括社交平台、新闻资讯平台、传统视频平台、电商平台等,如微信视频号、微博视频号等。在众多短视频平台中,抖音、快手、微信视频号、央视频等头部短视频平台用户占有率高达74.9%。今日头条、央视新闻、腾讯新闻跻身"用户最经常使用平台"前五位,成为用户观看短视频的主要平台。

在长期的内容分类与偏好选择中,用户对经常使用的短视频平台形成了各具特点的品牌化认知。比如,抖音在"创新活力""热点及时"方面获得的认同度更高,其以"内容丰富""社交广泛"的优势,成为37.4%的短视频用户选择的短视频平台。而基于熟人圈子建设的微信视频号,通过"群流量+朋友圈流量"实现了私域流量拉动公域流量,从而推动用户使用率的快速增长。同时,平台"积极向上"的内容也赢得了用户的广泛认可和肯定。快手与微信视频号的用户认知体现出趋同性。作为中央广播电视总台旗下独立短视频客户端,央视频依托多元内容创新及其社交板块"央友圈"的强互动传播,有效提升了用户活跃度,用户使用率及最经常使用占比均位于短视频独立客户端前列。用户对央视频平台内容"有内涵、有深度"的认知得以延续,同时认为其"内容

---

① 数据来源于中国广视索福瑞媒介研究机构(CSM)发布的《2022年短视频用户价值研究报告》。
② 笔者根据中国广视索福瑞媒介研究机构(CSM)《2022年短视频用户价值研究报告》资料整理。

丰富"和"实惠有用"。用户对于独立短视频客户端也存在一些差异化的期待，比如，用户希望抖音能够提供更多重大报道、热点事件内容，快手能够提供更多轻松娱乐的内容，微信视频号能够提供更多政务信息和政策解读，央视频能够提供更多典型事迹、模范人物报道及公益服务相关内容。因此，用户对平台内容属性的细分，也大致形成了在抖音追"热点"、在快手享"娱乐"、在微信视频号学"政策"、在央视频看"模范"的平台认知[①]。

当下，用户对短视频的内容需求不止于丰富性、新颖性，他们更期待短视频内容实现深度性、真实性、原创性等深层次转变。持续升级的用户需求将激发优质内容创作，推动内容生态升级，促使创作者创作出符合大众审美、兼具思想性和艺术性的优质内容，撬动精品化内容破圈传播，从而满足用户更高的期待。短视频平台仍将高度注重平台内容的策划，通过内容价值竞争吸引并留存用户，搭建多元内容生态，不断拓宽内容和服务边界，扩大优质内容供给，打造重点领域内容精品。

第四节　短视频未来的品牌化展望

2023年7月14日，由中央广播电视总台、中共浙江省委宣传部和杭州市人民政府共同推出，央视创造传媒制作的融媒体节目《中国短视频大会》在中央广播电视总台央视财经频道、央视频、央视网同步播出(见图0-4)。节目以"短视频里看中国"为主题，设置视界、动漫、美食、剧作、探索、运动、律动、时尚八大垂类内容赛道，注重短视频内容在思想、艺术、技术等方面的创新融合。节目集结了短视频各垂类内容的优质创作者，由业界、学界、产业界等代表组成评审团，对创作者产出的作品进行多维度评判，强化了节目的专业性与权威性。在节目中，创作者呈现了大量兼具故事性、镜头感以及正面价值的作品，足以说明当下的"短视频"不是只有"即食快餐"，也能"营养丰富"；不是只有"粗制滥造"，也能"精细高端"；不是只有"流量至上"，也能"韵味无穷"。

图0-4　中国短视频大会定档海报

---

① 数据来源于中国广视索福瑞媒介研究机构(CSM)发布的《2022年短视频用户价值研究报告》。

《中国短视频大会》凭借媒体资源以及主流媒体的影响力，给当下中国庞大的短视频创作者集群提供了一个更为广阔、专业化、高水准的国家级展示和交流平台。同时，《中国短视频大会》广泛联动社会优秀创作者，强化社会价值引领，激发奋斗精神，助推短视频创作从"高原"向"高峰"迈进，从而助力短视频的品牌化发展。

　　当下，短视频迎来了品牌化发展的时代，在充满机遇与挑战的环境中，平台和短视频内容生产者都应充分认识到内容生态建设的重要性。品牌化发展必然要求短视频内容精耕细作，因此，平台和生产者必须在规模化、规范化、类型化发展的基础上，注重在存量竞争中明确品牌化的内容定位、完善品牌要素、优化品牌传播策略。在各个生产环节中，平台和内容生产者应重视策划，以获取更为长久有效的内容"吸引力"，不断寻求短视频品牌化发展的实践经验与本质规律，着力打造具有影响力、竞争力的短视频品牌。

　　20世纪50年代早期，大卫·奥格威就曾推广"品牌形象"的概念。品牌形象由复杂的象征要素、符号系统构成，它是在长期的过程中，从受众对产品的质量、价格及服务等诸多认知中逐渐形成的。大卫·奥格威认为，品牌形象注重的是为产品树立明确突出的个性，除了产品本身所具有的有形特性之外，产品的"无形特性"也是一项重要的资产[1]。依据品牌形象建设的框架与方法，系统、高效地推进短视频产品的品牌化进程，至少应做好以下三个方面工作。

一、寻求短视频品牌策划定位

　　按照品牌建设的规律，短视频品牌策划的首要环节应是确立清晰的品牌定位，即厘定目标用户群体，确定与用户之间建立的关联路径，明确品牌能够为用户提供的独特价值，进而对短视频的内容、主题、形式与风格等展开策划与设计，力求目标用户群体对品牌形成独特的印象，即树立品牌形象。例如，"抖音"短视频以"记录美好生活"为品牌定位，力图让每一个人看见并连接更大的世界，鼓励表达、沟通和记录，激发创造，丰富人们的精神世界，让现实生活更美好。又如，"让用户做主角"是快手一贯秉承的理念，快手用实际行动去践行"每个人都值得被记录"的品牌理念。

　　除了专业短视频平台注重品牌定位、精心打造品牌名片之外，一些自媒体短视频账号及短视频内容生产者也清晰地认识到品牌定位的重要性，并逐渐确立短视频内容生产的品牌定位。近年来，涌现出一大批优质内容，也形成了短视频品牌(见表0-4)。例如，毕业于中国传媒大学的"90后"女生都靓和其团队围绕"满足年轻人的阅读需求"策划生产了多元化的品牌短视频内容。"都靓读书"的抖音短视频内容侧重以轻松的方式输出一些泛文化知识点；"都靓Amber"的抖音短视频内容侧重于以Vlog的形式分享生活

---

[1] 大卫·奥格威. 一个广告人的自白[M]. 林桦，译. 北京：中国物价出版社，2003：114-117.

方式与感悟;"都靓1001页"的抖音短视频内容则聚焦传统文化,探究诗词、诗人背后的故事,其品牌短视频栏目包括"学点文史"(截至2023年10月30日,更新至20集,平台播放量5793.6万)、"都靓诗游天下"(截至2023年10月30日,更新至12集,平台播放量3814.4万)、"都靓讲唐诗"(截至2023年10月30日,更新至11集,平台播放量3638.3万)、"都靓讲宋词"(截至2023年10月30日,更新至10集,平台播放量3345.4万)。截至2023年10月30日,都靓短视频平台粉丝量超过3600万,短视频全网播放量超30亿,都靓正以"阅读"为"桥梁",通过短视频让数以万计的年轻人爱上阅读,成为更好的自己。再如,由中国烹饪界资深大师郑秀生(大爷)、孙立新(二伯)等人组成的中国厨师组合"老饭骨"利用新媒体抖音平台,传承中华美食,拥抱年轻受众。"老饭骨"秉承"爱美食,做美食,阖家享美食"的精神内涵,鼓励年轻人回归家庭,在快节奏的当下,静下心,跟家人、好友一起探寻幸福生活的真谛。"老饭骨"已经成为优质美食自媒体,其短视频品牌包括"了不起的中式面点"(截至2023年10月30日,更新至15集,平台播放量1.7亿)、"老饭骨是一条路"(截至2023年10月30日,更新至17集,平台播放量7516万)、"老饭骨年夜饭大硬菜合辑"(截至2023年10月30日,更新至24集,平台播放量6920.5万)。

表0-4 短视频平台(账号)品牌一览表

平台(账号)	品牌定位	品牌阐释
抖音	记录美好生活	抖音让每一个人看见并连接更大的世界,鼓励表达、沟通和记录,激发创造,丰富人们的精神世界,让现实生活更美好
快手	拥抱每一种生活	快手是一款国民级短视频App。在快手,了解真实的世界,认识有趣的人,也可以记录真实而有趣的自己。快手,拥抱每一种生活
梨视频	有故事的短视频	讲述中国故事的短视频平台,记录人间百态故事,由深具媒体背景的专业团队和遍布全球的拍客网络共同创造。温暖的人,温暖的事,来源于遍布全球的75 000拍客的镜头
都靓的1001页	让每本好书,照亮它的读者;让每个读者,遇见他的好书	携手作家名人、图书知识达人、出版机构,通过短视频和直播,分享新书和好书,让更多的阅读爱好者选好书、读好书
老饭骨	传承中华美食,拥抱年轻受众	弘扬"爱美食,做美食,阖家享美食"的精神内涵,鼓励年轻人回归家庭,在快节奏的当下,静下心,跟家人、好友、爱人一起探寻幸福生活的真谛

定位是短视频品牌化的第一步。至于如何定位,就需要平台将自身资源、发展愿景与宏观环境、竞争态势、用户需求等因素结合起来加以评析。短视频的品牌定位通常有两个路径:一是从产品视角出发,主要是发挥自身内容生产优势,打造差异化、精品化的产品;二是从用户视角出发,即从洞察与满足用户多元需求出发,设计产品的独特功能并凸显其价值。

二、完善短视频品牌符号体系

短视频品牌定位策划主要解决"做什么"与"为谁做"的问题，短视频搭载的产品形象和对用户的服务承诺还需要在传播实践中通过一系列相对稳定的符号体系进行表征和体现，以帮助用户对特定品牌及其定位形成有效的感知、积极的体验与广泛的认同。也就是说，传统短视频品牌构建在定位的基础上，需要展开对品牌要素的系统性策划与设计。参照企业形象识别系统理论，并结合短视频生产的实际情况，短视频品牌策划的符号体系大致包含理念要素、视觉要素与行为要素三个维度。

下面以中央广播电视总台《新闻联播》栏目官方抖音号发布的短视频节目"主播说联播"为例，来阐释短视频品牌的符号体系(见表0-5)。在短视频品牌的符号体系中，"理念要素"主要包括品牌观念与核心话语、核心业务与功能话语等，"主播说联播"的品牌观念为"用年轻人喜爱的表达方式传递主流声音"，每一期的短视频节目都以"主播说联播，今天我来说"的核心提示功能话语作为品牌标志性描述；"视觉要素"主要体现为能够表征产品核心价值、核心业务的专属品牌符号，"主播说联播"沿用"母体"《新闻联播》品牌主视觉及"新闻蓝"视觉表征；"行为要素"则包括标志性产品服务及其创新、标志性个人与团队、经典品牌事件、品牌风格与气质、品牌世系，品牌标准故事与足以辨识的竞争优势等方面，"主播说联播"以主持人"脱口秀"的形式讲新闻、评时事，并将其作为创新品牌标志，以《新闻联播》主持人团队作为其标志性创作主体，以《新闻联播》"抖"起来、上热搜为品牌转型事件，以"观点权威性，话语年轻化，主持生动化"作为短视频独特的品牌风格，以"母体"《新闻联播》节目为品牌世系的"前身"，以"观点的权威性与主播符号的唯一性"作为该品牌节目差异化竞争的独特优势。

表0-5 "主播说联播"的短视频品牌的符号体系[①]

品牌要素	"主播说联播"
品牌观念与核心话语	用年轻人喜爱的表达方式传递主流声音
核心业务与功能话语	"主播说联播，今天我来说"
专属品牌符号	《新闻联播》品牌主视觉及"新闻蓝"
标志性产品服务及其创新	主持人以"脱口秀"形式讲新闻、评时事
标志性个人与团队	《新闻联播》主持人团队
经典品牌事件	《新闻联播》"抖"起来，上热搜
品牌风格与气质	观点权威性，话语年轻化，主持生动化
品牌世系	脱胎于《新闻联播》，中央广播电视总台新闻新媒体中心打造
品牌标准故事	《新闻联播》从权威、严肃走向网络，"短视频化"转型
足以辨识的竞争优势	观点的权威性与主播符号的唯一性

又如，有学者开展了一项调查，旨在了解用户对"抖音短视频"的印象。受访对象

---

① 笔者自行整理。

中，有73.04%的用户对"抖音，记录美好生活"印象较深。可见，抖音简单明了的品牌广告语已经引起用户的广泛关注，给用户留下了较为深刻的印象[①]。我们需要看到，在短视频竞争日趋激烈的情形下，仅仅依靠优质内容难以形成并长期保持自身产品的品牌价值与独特优势。短视频产品运营应切实增强自身的品牌运作意识，推进对品牌要素的全局规划，有针对性地挖掘和强化品牌特色，提高品牌的辨识度、知名度和认同度，同时以此规避竞争带来的品牌被模糊、被泛化的风险。

三、拓展短视频品牌传播口径

品牌定位与品牌要素是短视频品牌最核心、最本质、最突出的内容，但这不是品牌建设的终点，短视频的品牌建设还需要通过有计划的、系统的、有策略的话语建构与传播，在用户端形成用户可感、可知乃至认可、认同的品牌形象。对于短视频产品而言，品牌传播策划可以从平台建设、品牌活动等方面综合考虑。在平台建设方面，平台不仅要关注移动社交时代需求，还要平衡运用多种内容投放方式。在移动社交时代，若要扩大短视频的传播力和影响力，必须注重对社交平台的应用与开发。除了可以将社交平台作为分发内容的渠道加以利用，更重要的还是要把握并基于不同社交平台的特性及其用户的特点制作、分发与之匹配的短视频内容。换言之，短视频产品的传播只有顺应社交媒体发展的趋势，贯彻社交思维和个性化服务理念，才能够最大程度地发挥渠道优势，达成更好的传播效果。

在品牌活动方面，平台应以吸引用户参与为目标，逐步丰富品牌活动的层次与形式。

如今，一些短视频平台组织的品牌活动主要以发起线上视频征集评选、线下举办专业论坛等方式进行。比如，《新京报》旗下的"我们"视频在劳动节、国庆节等节日联合腾讯新闻、快手举办"我的工作我骄傲""我和我的祖国"等视频征集活动；抖音短视频平台举办"抖音寻人""抖in City城市美好生活节"活动；快手举办"快手带你见世面"线下互动以及联合甘肃省文旅厅推出"兰州耶生活"主题文旅推介活动等。这些活动依托线上积累的品牌影响力，不断进行创新内容策划，通过线上线下联动、产品延伸来满足用户更多的需求。但总体来说，这些品牌活动的形式和手段还较为常规，仍有很大的提升空间。对于短视频的品牌运营者而言，应在品牌活动方面主动创新，秉持激励参与、互动共享、借人借势的思路，通过有效的创意设计组织真正能够吸引公众自发参与，并使之对产品品牌及其价值理念产生深度认知与共鸣的多样化品牌活动，多维度提升品牌知名度和品牌价值的美誉度。

本书主要围绕短视频策划展开讨论，在回答"当下，为什么把短视频策划看得如此

---

① 赵世超.抖音短视频品牌传播策略研究[D].保定：河北大学，2019：42.

重要"这一问题时，试图从以下四个方面给出答案。

(1) 随着短视频的飞速发展，它已经成为广大用户的"媒介首选"，在现实生活场景中，短视频近乎"无时、无处"不在，并以"簇拥"之势实现了超大规模的用户覆盖，也形成了短视频发展用户和市场的规模化格局，短视频内容生产的重要性及短视频策划的意义不言而喻。

(2) 短视频行业发展的宏观环境不断变化，带来的发展机遇与挑战也与时俱进，短视频内容生产应准确把握生存语境，面对短视频行业高速发展所带来的一系列失序乱象，应"趋利避害"，使其不再"野蛮生长"，走出"荒芜之地"，这既涉及短视频策划需要参透的要义，也涉及短视频策划需要解决的难题。

(3) 当短视频行业发展进入"百花争艳"的"存量时代"，短视频策划应瞄准内容的垂直细分，以此形成的类型化发展之路将成为突破重围的可能路径。

(4) 在充满机遇与挑战的环境中，平台应明确品牌内容定位，完善品牌要素，优化品牌传播策略，在各个生产环节中通过策划增强内容"吸引力"，为短视频品牌化发展提供可持续力量，不断生产优质短视频内容，持续构建短视频的优良内容生态，从而促进短视频行业的高质量发展。

第一章　短视频策划概要

案例1-1　娱乐短视频《海草舞》

娱乐短视频《海草舞》(见图1-1)最初流行于抖音平台，它的背景音乐源于《社会摇》原创作者萧全的新专辑《海草舞》。短视频中的歌词"像一棵海草，海草随波飘摇，海草，海草，浪花里舞蹈"朗朗上口，音乐节奏和舞蹈动作"魔性"而充满活力。2018年3月，该短视频火遍全平台，引发网友模仿。在抖音平台上，标签为"#海草舞"的挑战吸引了将近10万人参与。

图 1-1　娱乐短视频《海草舞》央视版

随着该短视频在网络平台上的爆火，大到2018年的央视中秋晚会，小到幼儿园的舞蹈教学，都掀起了《海草舞》的热潮，各大综艺节目频繁出现《海草舞》的背景音乐及舞蹈挑战。对于网友的再创作，萧全坦言很有趣："以前是我们(歌手)唱什么就是什么，现在音乐已经变成了全民化的东西。我们做的只是抛砖引玉，观众加入他们的创意，变化出更多的作品。"

案例1-2　旅游宣传短视频《丁真的世界》

由"甘孜文旅"推出的旅游宣传短视频《丁真的世界》(见图1-2)于2020年11月25日正式上线。该短视频以来自四川省甘孜州理塘县的年轻藏族男孩丁真的视角展开讲述。视频中，丁真肤色黝黑、眼神清澈，脸上带着阳光般的微笑。这位透露着原生态气息的帅气大男孩走在雪山的脚下，奔跑在草原的高地上，牵着白马徜徉在纯净的理塘美景当中。他的质朴和理塘的气质完美融合，将理塘的美景推向世人的眼前。

图1-2　旅游宣传短视频《丁真的世界》

《丁真的世界》一经发布，立刻在网络上走红，丁真也成为2020年的"新晋顶流"。一时间，"丁真""理塘"搜索量猛增，四川旅游景点的关注度大幅提升。丁真的爆火也得到了主流媒体和官方的认可。2021年3月，该片入选国家广电总局公布的"2020年第四季度优秀网络视听作品推选活动优秀作品目录"。

案例1-3　知识类短视频《都靓读书》之"散落人间的中国式浪漫"

短视频中的短发女生名叫都靓(见图1-3)，她毕业于中国传媒大学，现任职掌阅科技，担任内容营销负责人。2019年起，都靓进入大众视野，在互联网平台发布读书分享视频，被网友所熟知，成为泛知识领域的红人。短视频中的她坐在椅子上，手里拿着一本书，随和地分享自己的见解。截至2023年10月，"都靓"系列内容的浏览量累计超过36亿次。

2021年12月5日，都靓读书发布短视频——散落人间的中国式浪漫，分享了"袁隆平去世时医院门口万人相送""充满父爱的女儿红""汶川地震素全法师连破三戒拯救上千人"等故事，优雅又充满意蕴的话语概括了故事的核心价值与思想，深受网友喜爱。

图1-3　知识类短视频《散落人间的中国式浪漫》

从草莽初创时期，娱乐类短视频的偶然"爆火"以及"爆火"后网友自发的"迷因"复制，到短视频发展成为"基础应用"，形成"短视频+"思路，官方创作文旅宣传，再到专业人才、商业资本的大量涌入，短视频开启了更为多元的发展空间。短视频已经成为社会大众熟知的概念，并在其短暂的发展历史中逐渐优化，趋向成熟。

第一节　短视频概述

一、短视频的定义

关于短视频的定义，学界和业界有着各种各样的表述。在定义短视频之前，我们有必要先明确视频时长究竟多长，才能称之为"短视频"。戴景丽在《微视频的内容定位与盈利模式》一文中提出"微"的概念，此处的"微"指的是"微视频"的时间长度[①]。张斌在2015年出版的《新媒体微视频》一书中指出"'新媒体微视频'微时(30～300秒)、微周期制作(1～7天)和微规模投资等特征"[②]。中国互联网协会副理事长张力军认为，微视频指"播放时长介于3～5分钟的视频"[③]。上述这些观点虽然存在差异，但是都指向了短视频的一个突出特征，即"时长短"。然而，随着业界媒介融合加

---

① 戴景丽. 微视频的内容定位与盈利模式[D]. 上海：上海师范大学，2013：7.
② 张斌. 新媒体微视频[M]. 北京：中华工商联合出版社，2015：2.
③ 张力军. 微视频更适合三网融合[EB/OL]. http://tv.sohu.com/20100729/n273930210.shtml，2010-07-29.

深，以视频时长作为界定标准存在极大的弹性空间。快手CEO宿华曾经表示："短视频应该多长，最后还是应该由市场和用户说了算。"业界人士认为，针对不同的短视频平台、不同的呈现内容，时长标准自然也不一样。微博的秒拍时长一般控制在15秒以内，快手、微信视频号认为短视频时长在1分钟左右为宜，但今日头条、哔哩哔哩等平台认为短视频时长应为4～5分钟。以上业界对短视频时长的认知，多是通过定位目标受众后，进行无数次测试和分析而总结出来的结果。围绕短视频时长的问题，也有一些机构通过对13万条短视频的观察与分析，得出这样一个答案：获得百万以上播放量的视频平均时长为238.4秒，因而，其得出的结论是短视频主流时长为4分钟[①]。上海艾瑞市场咨询有限公司在2018年发布的《2017年中国短视频行业研究报告》中指出，短视频的播放时长在5分钟以内，明确划定了短视频的时长界限。这一定义逐渐被学界和行业所接受，在后来关于短视频的研究分析报告中，多采用此定义。

艾瑞咨询对于短视频的定义中除了提到短视频的时长以秒计数以外，还指出短视频是融合了文字、语音和视频，可以在视频网站或者社交平台上实时分享和无缝对接的一种新型视频形式。李彪等认为，"短视频是在各个互联网新媒体平台上播放，是继文字、图片和传统视频之后新兴的一种互联网内容传播方式"[②]。的确，短视频以互联网新媒体为传播渠道，也限定了信息传播的媒介和途径。互联网内容的形式通常可以根据信息的类型划分为文字、图片、音频和视频四种，因而，从短视频的形式及传播特性来说，短视频是借助传统互联网和移动互联网进行传播的音、视频内容。

短视频的内容新奇、丰富，涵盖社会生活的方方面面，比如生活技能分享、情景短剧、街头采访、幽默搞怪、网红IP、时尚潮流、社会热点、创意剪辑等[③]，以及旅游推荐、电商购物、知识分享、新闻资讯、娱乐搞笑等[④]。由于短视频多样化的内容追求以及个性化的"话语系统"，很难将内容作为其定义的基本要素，一般可以将其作为短视频类型划分的参考依据。

此外，还有一些定义突出了短视频的"社交属性"。短视频多在专业的短视频平台或者社交媒体平台中发布，供用户利用碎片化时间参与社交互动，与电视剧、电影等动辄半小时到数小时的时长相比，短视频更能满足现代人"碎片化"的休闲与社交需求。张梓轩等人认为"短视频社交应用在互联网用户之间，实现了将视频作为语言载体即拍即发、对话互动，为用户提供了一种集生产与共享于一体的社交新形式"[⑤]。易观分析在其发布的《中国短视频市场专题研究报告》中也强调了短视频分享、互动的特性[⑥]。短视频是互联网内容生产的一种新兴方式，所以它自带社交分享的属性。这些论述对短

[①] 我们分析了13万条短视频，发现了这10大趋势[EB/OL]. https://www.sohu.com/a/302270170_100181266, 2019-03-19.
[②] 李彪, 吕澜希. 短视频策划、拍摄、制作与运营[M]. 北京: 清华大学出版社, 2021: 2.
[③] 李彪, 吕澜希. 短视频策划、拍摄、制作与运营[M]. 北京: 清华大学出版社, 2021: 4-8.
[④] 梁艳春, 等. 视频创推员实务——短视频策划与制作[M]. 福州: 福建美术出版社, 2021: 5-9.
[⑤] 张梓轩, 王海, 徐丹. "移动短视频社交应用"的兴起及趋势[J]. 中国记者, 2014(2): 107-109.
[⑥] 易观分析. 中国短视频市场专题研究报告2016[EB/OL]. https://www.analysys.cn/article/detail/1000134/, 2016-07-01.

视频的定义补充了其"社交"的特点，短视频也成为了一种更灵活、更自由的移动社交视听新媒体。

总的来说，短视频是指以网络新媒体为主要传播渠道，时长在5分钟以内，融合文字、图片、音频和视频等视听形式，可以实时分享、具有社交属性的一种新兴的内容传播载体。

二、短视频的特征

1. 时长较短

短视频相较于其他内容表现形式(特别是长视频)，其时长一般在15秒到5分钟之间，其内容更加倾向于"轻量化"表达，短小精悍。一般而言，优质的短视频在前几秒就会抓住用户的注意力。在内容布局上，短视频通常以明快的节奏，呈现更为紧凑、充实的内容，在最短的时间内，有效地完成信息传递，为用户做好"时间压缩"的工作，方便用户直观地接收信息，符合用户"碎片化"的休闲消费习惯。

2. 内容个性化

作为一种崭新的网络内容表现形式，短视频在内容上具有独特的个性化特点。短视频的内容题材丰富多样，包括传统文化、知识科普、幽默搞笑、时尚潮流、社会热点、创意剪辑等。无论是知识性内容还是娱乐性内容，短视频作为网络文化产物，其显著特征就是注重表达的"个性化"，越来越多的人愿意在互联网平台上分享具有独特风格特征的内容，而优质的短视频也因为个性化的人物设定、风格呈现在众多短视频中脱颖而出，形成个性化印象标签与专属品牌。

3. 视听性

短视频在表达形式上区别于文字、图片、音频等单一的呈现形式，形成了具有融合色彩的"视听性"。短视频能够以最快的方式传达出更多、更直观、更立体的信息，视听结合的表现形式极为丰富，非常符合当前受众对于"视听消费"的内容需求。

4. 互动性

与传统长视频相比，短视频突破了信息单线传播的限制，互动性成为手机短视频应用的显著特点。在"传—受"双向交互中，用户实现了视频信息的共享。短视频因其内容和形式多样、制作门槛低、传播场景覆盖面广泛，更符合用户的媒介使用习惯。同时，短视频应用程序的点赞、评论、回复和转发等功能，也日益凸显了短视频的社交分享功能，用户参与到内容生产和传播的各个方面，他们既可以是短视频的生产者，也可以是短视频的消费者。

三、短视频的发展历程

事实上,短视频并不是"本土"产品,2010年10月,专门从事视频共享应用的Viddy公司在美国成立,随后,该公司于2011年4月正式推出"全球首款短视频应用"——移动短视频社交应用程序Viddy,发布之初,这款产品只提供即时拍摄、视频内容的快速生产和分享等基础功能。随后,Keek、Cinemagram、Vine、Mixbit等应用程序相继上线,国外短视频行业进入了发展的初始阶段。

几乎与国外同步,21世纪初,中国短视频行业蓄势起步。近几年,随着网络通信技术的快速发展和智能手机的逐渐普及,短视频行业实现了高速发展,并诞生了如抖音、快手等拥有数亿量级用户的平台,在移动互联网时代建立起强大的影响力。近年来,随着短视频行业政策引导规范化,活跃用户规模发展趋于稳定,内容生态逐渐成熟,短视频行业经历了萌芽积蓄期、探索发展期、全面爆发期后,在逐渐优化调整的过程中进入了成熟发展的前期。

1. 萌芽积蓄期

2004—2006年,乐视网、土豆网、优酷网先后上线。2011年前后,爱奇艺、腾讯视频陆续上线,在一定程度上培养了观众的视听消费习惯,包括短视频在内的视频浏览成为大众网络文化一种新兴的形式。2010—2011年,微电影《老男孩》《父亲》获得了热烈反响,在火爆现象的背后,网络文化产品对"微"的概念逐渐明晰,这也对"短视频"的类型衍生起到启蒙的作用。随后,移动通信网络逐渐普及,网络速度和信息传输质量等方面获得了提升,智能手机用户行为习惯迅速养成,为短视频的发展奠定了技术基础。

"GIF快手"诞生于2011年3月,它是一款用于创建和共享GIF图片的移动应用程序。2012年11月,快手转型为短视频平台,用户可以在该平台上记录和分享自己的日常生活。然而,此时的快手短视频平台还停留在拍摄和制作短视频的工具型软件阶段,大多数用户在平台上只是进行视频剪辑和编辑等操作。而在此时,短视频创作的大门已经为用户敞开,在早期的UGC(user generated content,用户生成内容)生产模式中,用户能够主动萌发意识,通过拍摄视频并制作成短视频内容上传到视频网站进行分享互动,这种低门槛、高参与度的网络互动打破了传统媒体的垄断,为传播带来新的变革。这一时期,短视频仍处于蓄势发展阶段,其草莽初创的内容质量较低,短视频平台、软件的用户群体并未形成规模,关注短视频的人也相对较少。

2. 探索发展期

自2013年以来,短视频进入了探索发展期。以美拍、腾讯微视、秒拍、小咖秀为代表的短视频平台逐渐进入公众视线,并被大量网络用户所接受。这些短视频平台通常与一些社交平台相结合,通过视觉特效对短视频进行美化包装,用户可以通过社交平台将短视频分享给好友,因此受到了一定数量网络用户的喜爱。例如,秒拍就被内嵌至新浪微博，上传至新浪微博的所有短视频都将通过秒拍平台进行播放。由于新浪微博具备巨大的用户流量，秒拍也附带吸引了大量用户的关注和使用，同时产生了大量的创作型短视频内容。

在探索发展期，短视频发展的重要特征是"4G商用"，移动网络的传输速率有了质的飞跃，用户可以通过手机、平板电脑等移动客户端观看和编辑短视频，所有这些都为短视频的应用和发展提供了技术支持。同时，在内容创作方面，一大批专业影视制作者也加入了短视频内容创作者的行列，从而提升了短视频内容的质量和专业性，他们创作出一批质量较高且传播较广的短视频。探索发展期的短视频，在技术、硬件和内容创作者的支持下，被广大网络用户所认可，并表现出极强的社交性和移动性，其中一些优质内容甚至提高了短视频在互联网各种内容形式中的地位。

这一时期的移动短视频拥有独立于视频网络的传播自主权，通过与社交媒体及视频网站的协同合作，具备了内容自主生产、独立传播信息、单独舆论空间的基础条件。随着行业资本的逐渐涌入，各大企业和平台纷纷推出移动短视频应用，竞相争夺市场份额。以百度、阿里巴巴和腾讯为首的众多互联网巨头受到短视频市场巨大的发展空间和红利的吸引，通过收购、创建和合并等商业手段，加速其在短视频领域的布局，甚至连电视、报纸等传统媒体都纷纷开始在短视频领域中竞逐争夺，大量资金的不断涌入也为短视频行业的未来发展奠定了坚实的经济基础。技术成本的降低，以及专业资源和资本的加持，促使短视频行业加速进入全面爆发期。

3. 全面爆发期

2017年，移动短视频行业进入了全面爆发期。在中国移动互联网用户全年增长率逐月递减的趋势下，移动短视频应用的用户规模却实现了翻倍增长，短视频使用比率也超过了长视频，实现了逆增长。

(1) 平台数量爆发式增长，互联网公司纷纷推出移动短视频产品，除了快手、美拍等较早进入移动短视频领域并占有一定市场份额的应用外，今日头条也推出了抖音、火山小视频等不同定位、针对不同群体的产品，腾讯旗下的微视、字节跳动旗下的西瓜视频、360旗下的快视频、百度旗下的好看视频，以及自主创业推出逗拍、开拍等多种多样的移动短视频产品，都在积极抢占市场，培育用户黏性。

(2) 用户规模迅速扩大。抖音在不到一年的时间内，用户数量突破10亿，甚至形成了全民刷抖音的局面。

(3) 各种短视频内容不断涌现，产生了很多内容垂直细分领域。许多短视频平台都对短视频内容进行了垂直领域的划分，例如搞笑、音乐、舞蹈、萌宠、美食、时尚和游戏等，旨在通过不同内容的特点，吸引不同的用户。

(4) 短视频平台领域的竞争格局逐渐明朗，全面爆发期的短视频行业发展呈现"两超多强"(抖音、快手两大短视频平台占据大部分市场份额，西瓜视频、美拍、秒拍等多个短视频平台占据少量市场份额)的态势。

随着短视频的平台格局、用户规模、内容质量、资源力量等方面不断发展,"海草舞""学猫叫"等短视频火遍大街小巷,网络热点频频爆出,但在行业"热"现象的背后,也出现了针对一系列问题的"冷"思考。2018年7月,国家相关部门出台政策,对短视频行业进行监管与约束,相关政策的实施使短视频行业逐渐进入优化成熟期。

4. 优化成熟期

这一时期的短视频内容细分化趋势明显,商业变现模式趋于稳定成熟,各种政策法规和监管机制逐步完善,短视频的发展也逐渐优化,具体体现在以下几个方面。

(1) 短视频已逐渐成为其他行业的基础网络应用。例如,短视频为新闻报道提供了大量信息,改变了新闻的叙事风格,拓宽了新闻的报道渠道,创新了新闻的传播方式。短视频已成为电商平台的"新标配",各大电商平台不断拓展短视频业务,通过短视频将产品展示得淋漓尽致,促进了转化效率的提高。同时,短视频也成为文化旅游产业发展的新动力,近年来,短视频带火了大量的旅游景点,成为旅游业的重要营销工具。作为主流网络应用,短视频平台通过内容支撑、流量倾斜、品牌营销等方式,赋能农村经济发展。

(2) 短视频内容进一步垂直细分,内容更加丰富且优质。短视频行业本质上是一个内容驱动的行业,优质的内容是短视频平台成功的关键。随着资本的注入和专业团队的加入,短视频内容越来越丰富多样。

有的短视频创作者将生活中发生的趣事稍做加工,突出笑点,收获大量粉丝;有的短视频创作者运用自己的专业技巧,使用不同的剪辑特效,制作炫酷的短视频内容,吸引粉丝关注;有的短视频创作者制作情景剧,在几分钟内向观众讲述故事,内容主题既可以是亲情、友情、爱情,也可以是人生哲理,尽管时长比电影和电视剧短,但其内容优质、制作精良,能够在众多短视频内容中吸引观众的关注。

(3) 短视频商业模式和技术手段日益成熟。如今,"短视频+直播""短视频+电商""短视频+社交"等模式纷纷涌现。未来,"短视频+"模式将成为常态,商业模式的发展也将更加多样化。5G技术的发展及普及将大幅度提高移动通信速率,有利于更多的内容生产者进行创作,加快了短视频的传播速度。同时,增强现实(AR)、虚拟现实(VR)和人工智能(AI)等技术的开发和应用,也将改善用户体验,拓展短视频行业的发展空间。

第二节 短视频的分类

短视频平台大致可以分为两类:一是独立平台,以短视频业务为核心,并衍生"短视频+"业务,如抖音、快手、西瓜视频等;二是综合平台,即综合平台内嵌短视频功能，包括社交平台(如微信视频号、微博视频号等)、新闻资讯平台(如我们视频、青蜂侠、梨视频、沸点视频等)、传统视频平台(如爱奇艺、腾讯视频、搜狐视频、优酷视频、哔哩哔哩等)、电商垂直平台(如淘宝网、京东商城、拼多多等)。

一、根据内容制作方法分类

根据短视频内容制作方法，可以将短视频分为用户生成内容(user generated content，UGC)、专业生成内容(professional generated content，PGC)和专业用户生成内容(professional generated content + user generated content，PUGC)。

1. 用户生成内容

用户生成内容是指普通在线用户在互联网平台上分享其原创内容并与观众交流和互动的传播模式，比如快手、火山小视频、抖音、美拍等平台都采用用户生成内容的生产模式。其中，快手作为用户生成内容模式的代表平台，已成为中国最大的移动短视频应用平台之一。

2. 专业生成内容

相较于用户生成内容，专业生成内容更加专业化，尽管用户生成内容贡献了80%以上的视频内容，但专业生成内容凭借其高质量的IP内容获得了80%以上的播放量。专业生成内容模式的内容生产主体多为专业的内容生产者或专业的内容生产群体，他们在短视频内容的选题、策划、拍摄、剪辑等方面更加专业。采用专业生成内容生产模式的平台大多是聚合类的短视频平台，以优酷视频和西瓜视频为代表。

3. 专业用户生成内容

专业用户生成内容是一种将用户制作内容与专业制作内容相结合的内容制作模式。该模式融合了用户生成内容和专业生成内容的优势和特点，同时也具有用户生成内容的广度和专业生成内容的专业性。作为专业用户生成内容类型平台的代表，梨视频"专业编辑+全球拍客网络"的创新生产方式是一种典型的新型内容制作模式，它强调平台与拍客之间的协作共生关系，提高拍客的专业水平，增强其内容的话语权，确保平台内容的专业性、原创性和可持续性。

二、根据内容主题分类

根据短视频内容主题，可以将短视频分为娱乐解压类、生活服务类、知识技能类、时政资讯类、创意剪辑类等。

1. 娱乐解压类

在众多的短视频类别中，娱乐解压类短视频的数量最多、传播范围最广。具体而言，娱乐解压类短视频分为以下几种类型。

(1) 情景短剧类。这类短视频以创意故事为主要内容，在各个短视频平台具有超高的点击量和浏览量。

(2) 搞笑类。这类短视频为人们提供了娱乐谈资，丰富了人们的生活，缓解了人们的压力。

(3) 温暖治愈类。这类短视频具有强大的治愈力，能够温暖和治愈他人。这类短视频之所以受到用户的欢迎，是因为快节奏的工作和生活给人们带来了巨大的压力，人们需要一些温暖治愈的东西来抚慰心灵、缓解压力、振奋精神、治愈自己。

(4) 萌宠类。这类短视频在短视频平台占据较大比重，主要展示小动物可爱的外表以及搞笑的表情或动作，备受用户欢迎。

(5) 才艺展示类(见图1-4)。这类短视频创作者通过展示自己的才艺，如唱歌、跳舞、画画、书法、做手工、演奏乐器等，收获了大量粉丝的关注和喜爱。

图1-4 "不齐舞团"才艺短视频

2. 生活服务类

生活服务类短视频以生活技能分享、经历记录为创作素材，这类短视频传播范围广、素材多，内容贴近生活、接地气，并且容易上手操作，因此受到创作者和用户的欢迎。这类短视频主要分为以下几种类型。

(1) 美食分享类。这类短视频在短视频平台非常受欢迎，主要展示色香味俱全的美食及做法，受到很多用户的青睐。

(2) 美容美妆类。这类短视频容易制造网红。视频中展示的美容美妆方法与技巧，能够迎合爱美人士的需求。

(3) 旅行旅游类(见图1-5)。这类短视频内容包括旅行见闻分享、旅行攻略指南、旅行美景展示等，受到大量粉丝的关注和点赞。

(4) 街头采访类。这类短视频具有超强的话题性，而且制作非常简单，颇受广大都市年轻群体的欢迎。

图1-5 "房琪kiki"旅游打卡短视频

3. 知识技能类

知识技能类短视频主要向用户分享一些知识和技能，这类短视频的实用性和实操性极强，深受用户喜爱。知识技能类短视频因为兼具知识的专业性和实用性，非常适合在短视频平台传播，且受众面非常广泛，传播效果极佳。这类短视频主要分为以下几种类型。

(1) 科学知识类。这类短视频的内容范围非常广泛，包括自然科学知识(数理化学科等)、各种科学技术知识(工程学、航天技术等)及科幻探索类科学知识等。

(2) 人文知识类。这类短视频的内容范围广泛，包括文学、历史、哲学、心理学、法律(见图1-6)、艺术、美学等。

图1-6 "李叔凡 律师"法律知识科普短视频

(3) 读书书评类。这类短视频的内容以图书内容解读为主。用户通过这些解读，可以大体了解一本书的内容和价值，有利于用户选择适合自己的图书。

(4) 技能分享类。这类短视频包罗万象，如书法、绘画、摄影、口才、计算机软件操作方法、修车等，任何一技之长都可以成为这类短视频的内容素材。

(5) 影视科普类。这类短视频的内容主要包括影视剧的幕后信息补充、影视行业分析、专业拉片、影视理论科普等。

(6) 艺术教学类。这类短视频的内容主要包括各类艺术学科的教学，如声乐、乐器、舞蹈等理论知识和技巧的讲解。

(7) 体育教学类。这类短视频的内容主要包括各类体育项目的教学，如足球、篮球、排球、羽毛球、台球、象棋、围棋等知识的讲解。

(8) 健康科普类。这类短视频的内容主要包括中医养生、食疗、疾病预防、健康护理、急救常识、营养科普、心理疏导、情绪调节等。

(9) 种植养殖类。这类短视频的内容主要包括农耕、养殖技术等知识的讲解。

4. 时政资讯类

这类短视频通常是传统新闻媒体中的新闻消息的新型表达方式，内容包括国际国内时政热点新闻资讯、对进展性新闻的追踪报道、对"旧闻"的深度挖掘和系列报道、财经、体育等专业资讯信息报道。这类短视频主要分为以下几种类型。

(1) 时政新闻类。这类短视频为用户提供资讯信息服务，这些信息通常会成为大众日常生活的行动指引。社会环境日新月异，用户需要的资讯也必然随着社会变化而更新，这就要求短视频提供的信息具有专业性、时效性和贴近性等特点。

(2) 财经资讯类。这类短视频的内容主要包括商业资讯、商业人物、商业故事、投资理财知识等，创作者主要来自证券、保险、银行、公募及私募等行业。

(3) 体育资讯类(见图1-7)。这类短视频将"体育文化"作为内容的核心主题,主要发布体育赛事资讯,传播体育文化。

图1-7 《潇湘晨报》亚运报道短视频

5. 创意剪辑类

短视频是一种视听性的文化休闲方式,创意剪辑不仅能够让短视频更加生动有趣,也能够让短视频具有显著的形式风格特征。创意剪辑类短视频通过快速的跳切节奏、特效剪辑、创意素材拼贴等形式,带给用户一种全新的视听体验与感受。创意剪辑类短视频主要分为以下几种类型。

(1) 影视剪辑类(见图1-8)。这里的影视剪辑可以是一部影片的混剪,也可以是多部影片的混剪。影视剪辑类短视频所要表达的主题往往能引发大部分观众的共鸣和深思。在制作这类短视频时,创作者需要对影片有深刻的理解,并在后期处理时添加视频特效,以便更好地引起观众的情绪共鸣。

图1-8 "毒舌电影"影视推荐短视频

(2) 创意Vlog类。创意Vlog类短视频内容主要源于创作者生活中的所见、所闻和所想,创作者一般以创意片段为基本素材,通过后期加工,以轻快、自然的剪辑手法将创意内容展现出来。

由此可见,根据不同的标准,短视频有着各种各样的分类方法。综合学界和市场调查人士的观点,笔者延续《短视频类型创作导论》一书中提出的分类方法,按照两个参照项来完成对短视频的类型区分。第一,立足于内容层面;第二,立足于深耕媒体市场人士的看法。据此可将当前常见的短视频划分为时政类、资讯类、微纪录片类、网红IP类、草根恶搞类、情景短剧类、创意剪辑类、技能分享类八个类别[①]。这八个类别构成了当下主流短视频内容"拼图",也形成了本书的板块结构。

第三节 短视频策划的内涵

"策划"一词最早可追溯到《后汉书·隗嚣传》中的"是以功名终申,策画复得",其中"画"与"划"相通。从《字源》上的解释来看,"策"可引申为计谋、谋划。《史记·张耳陈馀列传》中"怨陈王不用其策"和《汉书·陈汤传》中"不足以策

---

① 张健.短视频类型创作导论[M].苏州:苏州大学出版社,2021:10.

大事"两句中的"策"皆是此意。而"划"的解释同样有很多，比较常见的是分开、划分或擦过之意。《字源》中如是说："本义指用刀或其他尖锐物把东西割开……可引申为划分、谋划等义。"古人言"三思而后行"中的"思"，"凡事预则立，不预则废"中的"预"，"运筹帷幄之中，决胜千里之外"中的"运筹"，"先谋后事者昌，先事后谋者亡"中的"谋"，这些都包含中国古代朴素的策划思想，在含义上也都属于"出谋划策，策略规划"的范畴。

作为一个概念性的词语，策划是在现代公共关系领域中出现的。早在20世纪初，美国著名公共关系专家艾维·莱特贝特·李创办了宣传顾问事务所，这是第一家专门从事公共关系策划业务的企业。此后，策划的理念以及相关的工作方法迅速普及，并逐渐深入到社会、政治、经济、文化生活的各个层面。

那么，到底什么是策划？现代学者对策划有过较为全面系统的研究，但由于对策划的内涵和外延的理解角度不同，给出的定义也纷纭复杂。陈放在《策划学》中认为："策划是为了实现特定的目标，提出新颖的思路对策即创意，并注意操作信息，从而制定出具体实施计划方案的思维及创意实施活动。"[①]从这个定义中我们得知，策划的起点即瞄准"目标"，策划是一个综合系统工程，以"信息"为基础素材，围绕"创意"这个核心展开，最终运用一定的实用技法与手段，达到相应的具体目标。也有学者把"策划"理解为"达到一定目标所进行的行动方案的谋划"，这是一种方法论意义的思维方式和运作方式，这些学者认为"人类社会的发展史就是人类进行策划并实施策划的历史"[②]。古今中外丰富的策划思想、策划理论和策划实践，使人类社会伴随着时代的发展而提高了自身各方面的品质。还有学者认为："策划是策划者为了达到特定目的，在调查、分析资料的基础上，为了未来要发生的事物而预先进行的一种谋划活动，按照科学的流程，对未来工作或事件系统、全面地进行构思、谋划和部署的一种创造性思维活动。"[③]

上述关于策划的理解各有特色，总结而言，策划大概包含以下几层含义：策划围绕既定的目标和方针，使各项工作从无序变为有序，使人们对事物未来发展变化趋势及可能带来的后果能够正确把握。首先，有效达到预期目标是策划的目的，因而，策划具有明确的"目的性"；其次，策划过程中必须使用各类资源，这些资源构成了策划的物质基础，策划的过程正是围绕这些资源达成策划的目的，整合资源，并根据策划执行的具体变化调整资源配置，因此，策划具有"整合性"；再次，策划是按照一定的程序运作的系统工程，为了保持策划方案的成功率，策划者需要进行策划前的调查和所处环境的分析，确定策划目的，拟定策划方案，评价、筛选、修订、执行策划方案，其中包含一个完整的流程体系，因此，策划具有"程序性"；最后，策划本身是一种富有创新意味

[①] 陈放. 策划学[M]. 北京：蓝天出版社，2005：5.
[②] 王吉方. 现代广告策划实务[M]. 北京：电子工业出版社，2009：2.
[③] 罗伊玲，刘亚彬，等. 节事活动策划与管理[M]. 武汉：华中科技大学出版社，2016：65.

的"脑力劳动",策划的创新性体现在运用创新的理念形成富有创意的构思,在执行策划的过程中,不断运用创新思维,优化资源配置与整合形式,最终形成具有新意的策划成果,因此,"创新性"是策划的本质追求。

上文对策划的含义从不同方面进行了描述,我们可以加以总结,对策划做出如下定义:策划是为了达到预期的既定目的,整合资源配置,并按照科学合理的流程,对未来工作或事件进行构思、谋划和部署的一种创新性的思维活动。

本书所讲的"策划"主要针对短视频策划,参照"策划"一词的理解,我们认为:短视频策划是为了达到短视频的目标定位,整合运用各类资源与方法,对短视频内容主题、创作形式、发布与反馈等环节进行具有创新性的策略规划的思维活动。

第四节 短视频策划的要点

从策划的环节与流程来看,短视频策划涉及明确短视频的目的和主题、研究目标受众群体特征、形成内容创意与叙事构思、设计拍摄及剪辑等形式风格、确定发布推广与反馈等方面。下面对短视频策划的要点进行简要介绍。

一、主题策划:明确短视频的目的和主题

在短视频策划的选题环节中,要先明确短视频的具体目的。例如,传递特定的信息,表达某个观点主张,体现某种个性风格,增加品牌曝光,提高产品美誉度及销量等。围绕既定的目的,进而明确短视频要表达的内容主题,这是短视频要传达的核心内容。短视频的主题策划力求与用户建立双向连接,让用户在观看短视频过程中形成对内容主题的良性互动。

二、用户策划:研究目标受众群体特征

在确定了内容主题后,需要研究短视频目标受众的特点、兴趣及偏好,以便选择具体阐释视角和视听形式风格,制定出针对特定目标受众的短视频内容和形式策略。当下,短视频策划重点关注的"用户画像"就是指对目标受众群体的特征因素进行整体归类描述,这些用户特征因素包括年龄、性别、学历、地域,以及与既定内容相关的详细兴趣及偏好等。

三、叙事策划:形成内容创意与叙事构思

内容创意与叙事构思策划是指根据既定的主题和目标受众群体的特征,将需要传播

的内容细节进行结构安排和整体创意设计，确定短视频的人物角色、叙事情节与节奏、场景细节，以及能够吸引用户的"亮点"，确保短视频能够带给用户幻想的满足、情感的共鸣、情节的冲突、视听的感官刺激、利益价值的紧密关联等。

四、风格策划：设计拍摄及剪辑等形式风格

短视频风格不同，拍摄与剪辑的展现形式也是不同的，因此确定短视频的形式风格十分重要。首先，短视频拍摄应采取合理的构图手法，以及拍摄技法中的运动、角度、景别等，力图为短视频设计更为丰富的画面方案；其次，在短视频的摄制与后期环节，应做好整体声音设计，如同期声、音乐及音效的选用，台词、旁白、解说等人声的合理配置等；最后，在短视频后期调色及剪辑包装中确立剪辑节奏、包装方案、字幕设计等，这些形式手法上的风格化处理，可以为短视频设计出鲜明的个性化特征，将成为用户选择观看短视频的重要影响因素。

五、发布策划：确定发布推广与反馈方式

短视频的发布与推广应以用户的媒介使用习惯为依据。比如，合理利用用户的碎片化时间，确定适合的发布时机与恰当的发布平台，更容易获得用户的关注并与用户建立互动。制订相应的推广计划，通过发布标签、描述、封面图等方式优化视频的搜索可见性，增加与热点的关联度。此外，同城本地内容附加地址定位，可以拓宽内容关联，增加短视频的观看和分享量。此外，定期监测短视频的数据表现，如观看量、点赞数、评论等，以及用户的反馈和互动，根据数据分析结果对短视频的策划进行优化和调整，为之后的短视频策划和制作提供参考。

除了关注短视频策划流程与环节的具体要点这一实践层面，我们还应关注短视频的宏观策划、中观策划、微观策划三个层面。短视频的宏观策划对应的是一种理念，它是对一系列短视频，甚至是对整个板块、平台的整体定位和长远规划的思考，也是为了使短视频能够在激烈的市场竞争中获得可持续性发展而寻找理念支撑。其中，精准的内容属性定位和鲜明的差异性是短视频宏观策划理念的核心。短视频的中观策划对应的是具体对策和策略，在这一层面，理念转换为具体的外在形式，从"虚"逐渐走向"实"。中观策划所要做的工作正是通过短视频策划的具体流程环节，以及诸多策划要素之间的有机组合关联，在感性形态上彰显短视频的理念风格。短视频的微观策划对应的是方式和方法，它是短视频策划中使用最频繁、最细致的手段，包含短视频内容、形式的细节选择等。微观策划是最基层，也是即将被用户直观感受的形态层，出色的微观策划以具体可感的视听影像，出色地实现宏观策划和中观策划的意图。

总之，短视频策划是一项系统性的工作，策划的各个环节应考虑目标受众、内容主

题、制作形式、发布推广等多个重要因素。短视频策划人员应根据这些要点因素制订详细的计划，并在短视频策划的宏观、中观、微观三个层面的立体认知中，不断调整和优化短视频策划的理念与要素。

第五节　短视频策划者的基本素养

在明确了短视频策划的基本要素和环节流程后，"如何成为一名优秀的短视频策划工作者"成为我们探讨的主要问题。换言之，"短视频策划者应该具备哪些基本素养"是在展开具体类型短视频策划前，需要梳理的问题。正如前文所述，短视频策划是一项富有创意的"脑力劳动"，这一积极的、具有能动性的创造活动需要特定的价值观念、知识储备与思维素养。作为创作研判、决策、程序的整体规划，策划对整个创作活动起到不可替代的主宰作用，因此，提高策划者的技术能力与基本素养，对保证短视频生产质量起到至关重要的作用。

从社会学的角度来看，策划者是社会生活中的一员，因此，在一定的社会制度、现实生活以及民族与世界的时代精神的影响下，策划者的思想感情、文化意识和审美情趣无不烙上社会现实生活的印记。作为策划者，我们应该对所处的社会环境的特点，包含优点与问题形成较为清晰的认知，进而在策划创作中做到弘扬优点、汲取长处，不断改善不足与缺陷，致力于提高国民的精神素质和审美旨趣，推动社会的进步与发展。如果换个角度来看，将策划活动作为一种"艺术创作"行为来探讨，策划者就如同艺术创作活动中赋予作品艺术生命力的"艺术家"，策划这一"艺术创作"的过程充分体现了策划者的艺术修养与思想智慧。具言之，短视频策划作为一项社会性、艺术性的生产活动，对其策划者的基本要求大致包括"思想要正、立意要新""学问要博、情感要真""生活要广、认识要深""技能要硬、思维要敏"等几个方面。

一、思想要正，立意要新

短视频作品是策划者思想的"载体"，表达着策划者对社会、人生、历史、自然等审美的认识和思考。是否具有深邃的思想和高新的立意，通常是衡量策划者素质高低的重要标准。短视频策划者应该具有进步的思想价值观念，策划者的世界观决定着短视频策划的目的与动机，影响着短视频作品的格调与品位。策划者应对用户关心的社会现象与问题，以辩证、发展、具有新意的视角给出科学且正确的解答，还应在作品立意环节求新、求质。进步的思想价值观念和创作立意，使得策划者自始至终具备强大的创作动力和激情。策划者的思想和见解应当是进步的、深刻的。策划者只有站在时代的高度，创作出具有高度立意的短视频，才能带领用户去观察历史和现实，才能有更高的水平和更广的视野，从而产生深刻的见解，把握和揭示生活的本质和规律。策划者思想的肤浅是导致短视频作品平庸化、娱乐化的根本原因。

二、学问要博，情感要真

短视频策划者应该具有广博的文化素养。策划者的文化素养大致分为三类：其一，一般文化，包括社会科学的相关学科及自然科学中的一些基础知识；其二，相近文化，包括短视频创作的相关学科，比如新闻传播、戏剧影视、音乐与美术、艺术、广告与营销等相互影响、相互促进的专业文化；其三，专业文化，包括短视频细分类目内容可能涉及的专业史论与技能知识。这三类文化素养综合构成了策划者的学识修养，而学识修养又以"理性"的视角提高了策划者的认知高度，使其策划创作具有更深广、更全面的表现力。策划者需要从全盘、全局上对事物进行深入剖析，在策划的过程中，要用严谨、理性甚至近乎苛刻的态度去审视、筛选和沉淀"多、杂、繁、乱"的信息，时刻保持理性的思考和科学的辨析。在短视频以情感这一"感性"概念反映、表现现实社会时，策划者应该准确把握"情感"在策划创作中的地位与作用，以典型化的艺术手法与具有具体性、概括性、感染性的艺术形象来构建艺术真实，从而达到策划创作中"感性"与"理性""主观"与"客观"的统一，以真情实感获取用户更为深切的共鸣。

三、阅历要广，认识要深

策划者丰富的生活体验和阅历是短视频策划创作的基础材料。策划创作的灵感，来源于创作主体的感受与社会生活的碰撞和启发。拥有丰富而又深刻的生活积累，往往容易激发策划者的创作冲动，从而构思和创作出内涵深刻、感人至深的作品。即使是一个极具才能的策划者，如果长时间脱离社会生活，或者对要表现的对象缺乏深入的了解和体验，那么其策划终究会失败。短视频策划者应该扎根于现实生活，从中汲取养分，对生活产生深刻的认识和真实的感受，从而由衷地生发创作冲动。短视频策划者必须置身于这些材料里，跟现实生活建立紧密的联系，多听、多看、多感受，不断丰富经历、深化认知，只有这样，才能用具体的形象深刻地展现生活。在短视频策划创作的过程中，策划者应基于对现实生活的深刻认知，以更加通俗的阐释，以及"高于用户知识构成一点点"的形式来定位短视频的内容深度。

四、技能要硬，思维要敏

专业技能是策划者从"思想"到"实践"的全面修养的产物。精湛的专业技能不可能一蹴而就，长期的努力和不懈的探索是提高专业技能的必要条件。我们应该看到，技能的需求是随着社会发展不断更新迭代的，策划者也需要不断学习与发展，紧跟时代潮流、学习、运用、创造新的技能,尤其是短视频行业,各种专业技能需求日益专业化,技术也越来越复杂和多样化,作为策划者,要想得心应手地进行策划创作,就必须精湛地掌握这些专业技能,只有对技能认识充分,才能明确策划这一创意活动的"可行性"空间有多广阔,这正是所谓的"技术赋能"。新兴技术的发展为短视频策划提供了更为丰富的素材,策划者只有掌握高超的技能,才能将"胸中之竹"逐渐注入技术及物质表现载体之中,从而将创作的意象外化成具体可感的"手中之竹"。

优秀的策划者应有敏锐的思维感知能力,能够洞察策划所依赖的社会现实及精神世界。新颖的策划作品应能敏感地捕捉当下,或预判即将发生的社会现象和问题。策划者要审视自己的内心世界,不断增强自己的直觉,用敏锐细腻的观察力感知周围的世界,洞察社会生活的各种形态,捕捉创作所需的艺术素材。优秀的策划者总是能凭借其丰富的经验和心理定势,从人们习以为常的客观事物中挖掘出新的内涵,并将其应用到策划思维中来,寻找与创作相关联的契合点,做出具有独特视角的思考,这是策划者应该不断提升的职业敏感。因此,策划者职业素质的高低取决于他们是否具有敏锐的观察与思维能力、超常的反应速度和强烈的直觉感受能力。

以上提及的策划者的基本素养是策划者进行独创性策划所必须具备的条件,也是策划者应不断进行修养和锤炼提升的方面。上述各项素养不是彼此孤立的,事实上,在策划者进行策划创作实践的过程中,不同素养之间是相互促进、相互提高和相互完善的,正是诸多素养有机地结合在一起,才表现出策划者特有的创作才能和水平。

第六节　短视频策划的特征

从内涵来看,传统的广播电视节目策划是指借助特定的广播电视媒体信息和素材,为实现广播电视创作行为的特定目的而提供的创造力、思想、方法和策略,它是关于广播电视节目、栏目和频道的整体及未来发展的策略和规划。从对象形式来看,其外延可分为多个层次,即节目策划、栏目策划、频道策划、媒体整体形象策划等。

从策划的流程与策划的目的而言,短视频策划与传统的电视节目策划并无太大区别。从本质上而言,两者都是围绕视听节目创作的目的而展开的策略与规划,但在具体的实践环节上,短视频策划与电视节目策划存在显著的差异,具体而言,包括以下几点。

一、内容轻量化

从内容策划层面而言,短视频策划更加注重内容主题的"单一化"表达,而电视节目策划因其内容层次丰富而呈现"复合化"的特征。正如前文所述,短视频由于"5分钟以内"的相对较短的时长限制,在内容的设定上往往倾向于简洁明确、单一聚焦。

所以，一条短视频往往只能以片段的形式，简要进行针对某一现象或问题的说明、某种观点的个性表达、某一专题知识的阐释等。短视频很难按顺序原则娓娓道来，或以长篇大论深入探讨，它通常会将各类零散的、碎片式的信息内容加以整合，突破传统线性叙事，以问题、结果前置等倒叙的手法，激发用户的探究和思考意识，引发用户积极主动地参与讨论和互动。相较而言，广播电视节目往往倾向于表现比较宏大的主题内容，多篇内容之间可以组合成系列关系，多个分主题共同构成了广播电视节目更为宏大的主题内容。短视频策划的"轻量化"特征在创作流程与团队规模上也能够体现出来。广播电视节目的策划制作需要从确定节目主题开始，经过层层审核，规范节目制作流程，以确保电视节目的整体质量。创作团队从台前到幕后，工种齐全，团队合作工作模式稳定，而短视频策划创作的时间和人员"成本"都相对较"低"。比如，为了追求短视频时效性，不断压缩创作时间；为了简化创作团队构成，一个人身兼数职的情况也十分常见。短视频的特性决定了其内容的"轻量化"，"轻量化"的核心是追求效率和效能的平衡，但这并不意味着短视频的内容价值之"轻"。

二、用户精准化

从用户策划层面而言，短视频策划更加注重垂直细分，设定目标用户群体，而广播电视节目策划更加注重"大众化"。在短视频策划过程中，对内容进行垂直分类并"精准化"用户群体是至关重要的。因为垂直细分可以使短视频内容领域和用户之间形成具有高度匹配的对应关系。比如，美妆领域短视频的用户策划需要围绕美妆用户群体展开，通过提供化妆技巧教学、口红试色展示、粉底持妆测评等内容来满足垂类领域用户的需求，进而形成吸引用户群体的黏性。

具体来说，短视频用户策划需要做到在获得用户群体的清晰画像后，锁定与目标用户紧密相关的内容领域，从而聚焦这一类内容，力争将垂直领域的内容做深做透，持续精耕细作，形成吸引更多垂类用户的印象标签。对于短视频用户策划而言，确保目标小众群体的"独特性"与"准确关联"极为重要。虽然当下的广播电视节目的观众定位逐渐细分，在满足广播电视"大众化"的基础上，尽量做到频道与观众之间的"分众化"，但相较而言，广播电视节目在处理观众需求的多样性时仍采取"公约数"的手法，以其通俗化和普及性的基本特征为广大广播电视观众提供更为普遍的、共通的内容。

三、叙事景观化

从叙事策划层面而言，短视频策划更加注重微缩的"景观化"叙事，而广播电视节目策划更加注重宏观的"全景化"叙事。短视频将时间划分为碎片化的维度，微缩的

"景观化"叙事凸显了流动性和嵌入性。用户可以随时随地观看、互动、表演和分享，填补了日常生活中时空的间隙。区别于广播电视节目从几十分钟到一两个小时的长时间观看要求，短视频的微缩"景观化"叙事呈现出"读秒"的现象，短视频前几秒的表现在很大程度上决定了用户持续观看的可能性和短视频自身具备的流量价值，而短视频的内容、情节、高潮和冲突叙事被压缩在分秒之间的节奏中。当下，以短视频为典型形态的景观社会中，个体话语权得到释放，短视频平台赋予每个个体平等的景观权利。短时间内"直接呈现高潮"的叙事风格体现了较强的情感特征，构建了情绪化叙事景观。短视频叙事方式不同于传统的广播电视媒体。短视频的叙事策划偏好即时性和碎片化，追求"高潮"而非"完整"，追求"即时"而非"规范"，追求"真实"而非"精致"。短视频通常不采用宏大的叙事方式，因为有时叙事内容的价值和意义相对次要，更多的是为了展示一种简单的情感表达和记录某种生活经历。广播电视节目的叙事策划由于受到公共性的规制，理性秩序的内在叙事范式仍然主导着叙事方式的选择，传统广播电视节目通常需经过较长周期和精良策划制作完成，其叙事策划具有较强的完整性、宏观"全景化"的特征。

四、风格趣味化

从风格策划层面而言，短视频策划更加注重视频风格的个性与趣味，而广播电视节目策划更加注重内容的公信力与庄重稳健。当下文化消费产品种类日益增多，能够体现个性和趣味的短视频产品更受观众的青睐。随着短视频内容越来越纷繁泛滥，同质化现象越发严重，面对这样的内容红海，用户越来越渴望看到具有个性和趣味的风格化的短视频。为此，短视频风格策划更加注重采取"自黑""幽默风趣""吐槽"等具有明显风格色彩的语言，其中有些极具概括性与传播性的语言片段最终成为广为流传的网络流行语，也有些风格策划注重配以喜剧化及夸张的表情神态，以此来营造情绪张力，或是配以搞笑图片、动画等元素，以达到较好的"网感"效果。

我国广播电视节目区别于纯粹的商业节目，它承载着社会主义意识形态和社会主义核心价值观的传导任务与要求，其风格化呈现主要包括两种形式：一种是节目定位形成的原创类型和个性化风格；另一种是主持人展现的个性化品质。回顾20世纪以来中国广播电视的发展历程，我们不难发现，风格化是中国广播电视发展的主要路径。从最初将广播电视作为"宣传工具"，到20世纪80年代注重公益和服务，再到20世纪90年代以来逐渐凸显的文化传播和产业属性，中国广播电视所走过的这条风格演变的道路包括频道专业化、栏目多元化、主持人个性化等多个维度。但是，广播电视作为主流媒体，其"权威性""庄重性"的风格与独特的"话语系统"依然得以保持，这也与媒体的内容资源、角色地位与品质定位相关。

五、发布与反馈社交化

从发布与反馈策划层面而言,短视频策划更具"灵活性""互动性"的特点,而广播电视节目策划更具"固定性""输出性"的特点。短视频发布本质上是直接将节目内容发布到提供媒体服务的网络中的行为,在流程上更为灵活、快速、便捷。短视频发展初期暂未形成发布策划意识,一般多由用户自发"零散化"发布。当下,短视频发布越来越重视生产与传播过程的规律,并根据这些经验规律进行总体统筹和规划,形成了短视频发布与反馈策划。

短视频的发布与反馈策略包含选择发布时机、确定发布更新频率、设计精准的发布推广活动、开展及时有效的互动反馈等多个环节。在短视频与用户之间的互动策划方面,短视频除了依据用户的需求开展内容互动之外,在互动形式上还包括发放粉丝福利、建立粉丝群、定向推介平台活动,以保持短视频创作者与用户之间良好的双向互动。广播电视节目的编排策划虽然也需要从时间、节目、观众这三个要素出发,但是相较于短视频的发布策划而言,广播电视节目的编排策划受到时间、规格、主题相关度等限制,因而,广播电视节目的编排策划因定点、定式、定频道的多层级制约,体现出相对的"固定性"。此外,广播电视节目中心发散的传统传播模式与短视频圈群式传播模式相比较,在节目内容的发布与反馈的传播过程中体现的互动性较弱,这种中心化的传播模式依然具有单向输出的传播特征。

回顾短视频的发展历程,我们从"策划"的视角来审视短视频的创作与发展,透过光鲜亮丽的行业发展,我们不难发现其背后存在的问题。比如,在理念方面,短视频策划者急于求成,缺乏对策划重要性的认知;在内容方面,短视频缺乏创意,模仿复刻与跟风现象明显;在知识与技能方面,缺乏策划经验与规律的指导,短视频创作者媒介素养较低,技术能力落后。这些问题能否解决,事关未来短视频"规模化""规范化""类型化""品牌化"发展的成与败,因此我们不得不再次重申短视频"策划"的重要意义。古人云:"预则立,不预则废。"策划作为"骨架"和"灵魂",对短视频创作所起到的作用和影响是不容小觑的。科学、有序的策划是短视频创作和发布顺利开展的保障条件。

具体而言,短视频策划具有以下几点意义:第一,科学判断,周密设计。策划是对短视频创作、制作过程进行的科学预判和有效谋划,这个过程需要对创作涉及的资源进行合理配置,也需要对短视频节目各个环节进行决策和周密安排。短视频策划通过信息整理与分析,对节目主题目标、用户定位、风格样式、发布与反馈等环节,以及相关人员和物资需求等进行全面的预测和规划,以确保视听节目制作全程的正常运行。第二,更新观念,指导实践。短视频策划的科学有效性在很大程度上依赖于对经验教训的总结与思考。在总结反思中摸索探求,是对策划实践的经验梳理,也是对短视频节目策划的理论求证,只有不断摸索探求、反思总结、更新观念,才能为短视频实践提供更新的思路、方法和有效的指导。第三，避免失误，保障成功。"差以毫厘，谬以千里。"任何一点策划上的失误都会造成节目问题的产生。对节目创作各环节的周密规划、合理分析，对文化资源的合理配置，以及对多次节目实践的反思与总结，都为避免失误提供了强有力的保障。

　　上述关于短视频策划的概念分析、短视频策划的要点阐释、短视频策划者的素养列举以及短视频策划与传统广播电视节目的特征差异对比，都试图通过"策划"这一流程性的创意过程进行"纵向"梳理。对于短视频策划的流程分析，形成了短视频策划"纵切面"的"经线"维度。这与前文短视频类型划分的"八个类别"所形成的"纬线"维度，共同组成了本书纵横交错的"经""纬"网格的模块化知识结构体系。本书接下来将按照"时政类短视频策划""资讯类短视频策划""微纪录片类短视频策划""网红IP类短视频策划""草根恶搞类短视频策划""创意剪辑类短视频策划""技能分享类短视频策划""剧情类短视频策划"的顺序，以短视频类型划分独立成章，对每个短视频类型的策划流程进行详细说明。

第二章 时政类短视频策划

案例2-1 《环球日报》时政短视频《周受资回应美议员》

2024年3月23日晚，TikTok首席执行官周受资出席美国国会众议院能源和商务委员会听证会，回应来自美方议员"国家安全"等方面的问题。在这场超过5个小时的听证会上，周受资接受了来自美国50个州众议员的严苛质询。面对议员们蛮横无理的提问，周受资沉着应对，一一礼貌应答。

各大媒体截取本场听证会中周受资对数据隐私安全、未成年人安全、内容监管等提问的精彩应答片段制作短视频。其中，《环球时报》抖音号将美方议员对"TikTok平台上的毒品信息"的有关质询制作成短视频作品(见图2-1)。对此，周受资表示"没有技术能完美地做到这点""在我的祖国新加坡，TikTok上几乎没有毒品相关的内容，那是因为新加坡有着极为严格的打击毒品的法律"，有力回击了议员的提问，也直接指出美国毒品管控缺位才是社交平台上毒品信息猖獗的原因。此短视频片段一经播出，引发网民的强烈反响，网民不仅深深为周受资的个人魅力所折服，也进一步了解了中国企业的国际经营战略和美国现阶段面对的现实社会问题，从而对国际政治有了更深一层的思考。

图2-1 《环球时报》时政类短视频《周受资回应美议员》

案例2-2 "小彭彭译萱"双语视频《五千年美女出道即顶流！》

"中国节日"系列节目《唐宫夜宴》《元宵奇妙游》等对传统文化的创新表达，使中国五千年传统文化火爆出圈。《中国日报》新生代双语记者彭译萱(小彭)抓住了这一热点，以Vlog的形式寻找传统文化"出道即顶流"的答案(见图2-2)。

在河南博物院，小彭带领观众近距离观看《唐宫夜宴》里小姐姐们的原型"红陶女俑"，聆听全国政协委员、河南博物院院长马萧林讲述传统文化和现代科技如何破圈融合。小彭告诉大家，近几年来，文化遗产保护成为全国两会上热议话题之一，人大代表和政协委员们也为此不断做出努力。马萧林也说道，自己和往年一

图2-2 "小彭彭译萱"双语视频《五千年美女出道即顶流！》

样,在今年两会上带来了文物保护方面的提案。

在人大代表、中国戏剧家协会副主席李树建的指导下,小彭学起了豫剧表演,还同一名科麦隆豫剧爱好者连麦,感受中国文化对外国友人的独特吸引力。视频运用抠像技术,"学成归来"的小彭身着豫剧服饰,走进古典画作之中,在传统画作的背景前翩翩起舞。作品的尾声,镜头重新切换回北京,小彭在两会现场,看到很多穿着民族服饰或传统服饰的代表和委员,听他们讨论与文化相关的话题。

案例2-3 《新京报》时政类短视频《新疆大叔北京圆梦了》

图2-3 《新京报》时政类短视频《新疆大叔北京圆梦了》

2022年1月初,一辆载满游客的车辆在新疆受困,得到了"新疆大叔"阿布都加帕尔·猛德的救助。在帮助游客脱困后,他婉拒了游客的现金答谢,亮出了胸前的党员徽章。这一幕被游客记录下来,随后在全网迅速传播,这位大叔也被网友亲切地称为"党徽大叔"。新京报记者在采访这位大叔的过程中了解到,这位善良淳朴的新疆大叔一直有一个愿望,希望能在天安门广场看一次升旗仪式。

互联网时代,热点现象常常是昙花一现。如何发现现象背后的故事,写好短视频的"下半篇章",是主流媒体做好时政报道的法宝。于是,在二十大召开前两个月,新京报社邀请大叔到天安门观看升旗仪式,参观长城、北大红楼等地,并在抖音平台推出"新疆大叔北京圆梦了"系列短视频(见图2-3)。在这组短视频中,既有大叔完整的旅途记录,也有他在长城上快乐奔跑、在红旗下洒下热泪的动人片段。新疆大叔在京期间的每个眼神、每句感慨,无不诉说着信仰的力量,在全网掀起了轰轰烈烈的二次传播。

新京报从小切口出发,通过"媒体+公益"的形式,同时在报、网、端、微等联动分发,展示出高水平的时政新闻策划能力,进一步强化典型人物号召力,进一步弘扬社会主义核心价值观,真正做到了将"大流量"转换为"正能量"。

时政新闻一定是枯燥乏味的吗?政治报道一定就是刻板说教吗?看完上面三个案例,相信大家心中已有了答案。近年来,主流媒体越发重视用短视频的形式进行时政报道,时政类短视频越来越"接地气",许多作品以具体且朴实的小故事为切入点,用户乍一看"不识庐山真面目",随后再将大政方针徐徐展开,令人惊叹原来早在"此山中",时政类短视频竟然能如此创新、生动,让人耳目一新!

通过观察时下流行的时政类短视频作品,我们不难发现"正能量"是时政类短视频始终不变的初心。重大政治事件、重要政治人物依然是时政类短视频关注的重点,主流媒体通过短视频这一媒介,传递主流声音、凝聚社会共识。"大流量"是时政类短视频拥抱变革的秘诀。与传统的时政新闻报道相比,时政类短视频在形式和内容上更为丰富多样，时政Vlog、时政微纪录片等传播形式也与时俱进，不断创新，这些短视频通过运用广大用户所喜爱的流行语、网络神曲等叙事元素，让时政报道更具"网感"。

基于时政类短视频内容形式的"变"与内容方向的"不变"，我们应如何把握主流，在互联网舆论主阵地发出强音？怎样打造"爆款"，在佳作纷呈的短视频平台中抢夺用户注意力？这两个问题贯穿于时政类短视频策划始终，本章将具体阐释。

第一节 时政类短视频概述

一、时政类短视频的发展背景

传统的时政报道虽然叙事严谨成熟，但往往千篇一律、刻板严肃，在互联网新兴传播形式的冲击下，很难引起普通观众的观看兴趣。长期以来，主流媒体对领导活动、会议报道等时政内容形成了固有的传播模式，转型难度较大。与此同时，短视频新闻的迅猛发展在近些年成为传媒业的热点现象，并凭借其影响力在短视频市场中占据一席之地，也让人们感受到时政新闻报道创新的可能。

习近平总书记多次强调，"在互联网这个战场上，我们能否顶得住、打得赢，直接关系我国意识形态安全和政权安全""过不了互联网这一关，就过不了长期执政这一关"。以往的新媒体音视频内容多来自"母媒"，短视频新媒体更多扮演着"分发渠道"的角色，传播内容并非依据新媒体的传播特点和用户特征进行生产。近年来，随着短视频用户的逐年增加，主流媒体纷纷走出舒适区，转变以往"权威化角色"的定位，积极加入短视频领域的竞争。在高度娱乐化的融媒体时代背景下，主流媒体依靠独家内容资源，以网络用户喜爱的方式，运用互联网思维制作内容产品，成功拓展了时政新闻报道的渠道，并大大创新了时政新闻报道的表现形式。

二、时政类短视频的定义

经过检索维基百科、百度百科等权威知识库，我们发现"时政短视频""时政类短视频"的词条尚未被收录。尽管时政类短视频在互联网舆论场上扮演着越来越重要的角色，相关领域内也积累了数量可观的研究文献，但对这一概念的明确界定却相对较少。

从字面意义上看，时政类短视频是属概念"短视频"与种概念"时政"两者的结合，顾名思义，就是以短视频形式进行时政新闻报道，"时"赋予其时效性与新闻性，"政"限定其报道内容，"短视频"为其表现形式。在此前，我们已对短视频的概念进行了阐释，因此，我们可以通过对时政新闻进行概念界定，从而对时政类短视频有更深入的了解。

《中国新闻实用大辞典》对"政治新闻"做了定义，即"报道国家、政党、社会团体、知名人士在国内、国际方面的政治主张、言论、行为与活动,以及社会上的政治思潮、政治事件、政要人物更迭等方面的新闻"①。这一定义把重点放在了时政新闻的报道对象和报道内容上,并进行了列举定义。

刘冰认为,时政新闻可以从"本源形态"和"传播形态"两个维度来定义。"本源形态"的时政新闻是与政治有关的或有政治影响的新鲜事实消息,而"传播形态"的时政新闻则是对与政治有关的事实或从政治的角度出发对新鲜事实所作的报道或评论。时政新闻对政治生活中新近发生的事实加以关注,对党政活动加以报道和评论②。这一分类方式事实上也正符合新闻的本源形态和传播形态,其独创性在于强调了一种视角,即认为时政新闻在于一种政治角度,也强调了报道主体是以政治眼光分析社会问题。同时,将"评论"这一十分重要的新闻报道体裁囊括其中。

陈星明确地把时政新闻划分为广义和狭义两个不同维度。在广义上,时政新闻是指对于我国政治生活中新近或者正在发生的,影响到整个政治、经济、社会生活领域的大事或重大问题的报道;在狭义上,时政新闻侧重于地方或全国的重大政治事件和重要政治任务的有关报道③。这一定义既包括较为抽象的重大事件和重大问题,也包括具体的政治事务和政治人物活动,足以见时政新闻报道内容的广泛。

也有部分学者对于和时政类短视频相似的概念"时政微视频"进行界定。侯良健认为,时政微视频通常以新闻事件、重大时政或者意识形态等内容展开,时长在3到5分钟之间,利用短视频、H5、Flash甚至说唱等形式手段进行创作传播。这一定义对此类视频的题材和呈现形式进行了列举和介绍④。冯楷认为,当前的学术界和业界对"时政类微视频"的定义都较为模糊。从内容制作机构这一维度来看,时政类短视频的制作机构通常是具有持续生产主流视听产品能力的头部媒体,它们拥有较为庞大的资源存量和充足的人力、物力和财力;从视频的形态来看,时政类短视频以时政性内容为创作主线,以政治传播为核心任务,内容简洁、主题鲜明、表达轻快、风格新颖;从传播的价值来看,时政类短视频往往以机构融合为手段打破内在屏障,在保证品牌调性一致性的基础上对生产方向进行区分,以"互联网思维"为基础,创造一种全新的时政叙事表现形式,力求在全媒体环境下的舆论场中产生更强大的影响,为传统媒体拓展生存空间⑤。

结合上述观点和当下时政类短视频的生产实践,我们进行如下定义:时政类短视频是指对于国内外政治生活中新近或正在发生的,具有全局性的重大事件、重要问题、重要热点,以及国内外政治事务和政要人物相关活动进行报道、分析、阐释或评论的短视

---

① 冯健. 中国新闻实用大辞典[M]. 北京:新华出版社,1996:77.
② 刘冰. 时政新闻的可视化叙事:途径、网络因素及融合探索[J]. 现代传播(中国传媒大学学报),2021,43(8):104-109.
③ 陈星. 时政新闻报道的"加减法"[J]. 新闻与写作,2014(2):80-82.
④ 侯良健. 时政微视频的创作理念与主题表现[J]. 中国编辑,2019(11):72-76.
⑤ 张健. 短视频类型创作导论[M]. 苏州:苏州大学出版社,2021:20.

频类型。时政类短视频的核心内容是时事政治，其实质是社会政治信息的传递与分享，通过政治内容来传达更加深刻的思想内容。

三、时政类短视频的特征

本书认为，相较于传统的时政新闻报道，时政类短视频具有以下几个显著特征。

1. 简单化、细节化与碎片化

快节奏时代促进了短视频行业的产生与发展。在更为强调"信息密集"的时代，通过缩短短视频发布间隔、增加发布次数，不仅可以提升传播的时效性，还能有效拓展传播的广度，从而满足移动时代受众的信息消费需要。传统的时政报道常常给人留下长篇大论、枯燥无味的印象，而时政类短视频时长较短，追求运用多样元素在短时间内呈现大量信息。

相较于电视上的时政新闻报道，时政类短视频的逻辑通常更为跳跃，它不追求还原政治事件的全貌，而是以碎片化的形式呈现，突出事件的重点、"爆点"，将少量关键信息以具有冲击力的形式传达给受众，它甚至不需要任何逻辑线，仅展示场景即可。因此，在策划及制作时政类短视频时，必须注意信息简练、抓住细节、把握节奏，这样才能更好地在激烈的短视频平台竞争中掌握主动权。

本章的第一个案例充分体现了时政类短视频的特点，它是一部颇具"抖音风"的短视频作品。从视频内容来看，该视频并没有试图对整个听证会进行全面的概括，而是聚焦于其中一个议题深入展开，选取其精华部分进行呈现。从视频画面来看，所有视觉元素十分清晰地被划分为三个部分，分别为最上方的标题、中心位置的视频素材和最下方的背景介绍。文字占据了很大的分量，一方面用黄色字体标出重点内容，形成视觉冲击；另一方面配字幕加大信息容量，适应短视频用户的快节奏浏览。从听觉元素来看，该视频的音频部分仅保留了同期声，并未加入任何配乐，最大程度地突出了新闻内容的主体地位。相较于传统的时政新闻报道，该视频在制作上更为简洁，但是重点却更加突出，冲击力更强，用户能通过视频感受到现场紧张而激烈的氛围。

2. PGC为主，UGC为辅

UGC，即用户内容生产(user generated content)，是互联网发展到Web 2.0时代出现的一个新名词。UGC并非一种特定的业务，它是一种用户利用因特网的新途径，也就是从最初的以下载为主体，转变为下载和上传并重，任何人都可以在网络平台上展示自己DIY(do it yourself，自制)的内容，或是提供给其他用户。与UGC相对应的是PGC，即专业内容生产(professional generated content)[1]。

---

[1] 胡泳，张月朦. 互联网内容走向何方？——从UGC、PGC到业余的专业化[J]. 新闻记者，2016(8)：5.

时政类短视频的政治性、严谨性和专业性决定了必须以主流媒体生产内容为主，凭借其强大的社会公信力和资讯渠道主导时政类短视频的方向和受众群体。事实上，更加"硬核"的时政类短视频新闻在互联网上的传播一直是个难点，然而，时政新闻资源恰恰是传统主流媒体的核心，甚至是独家资源。因此，对于传统主流媒体而言，做好时政新闻的互联网化传播不仅是打造新媒体的必修课，更是提升新型主流媒体核心竞争力的关键所在。《中国网络视听发展研究报告(2023)》指出，短视频成为舆论宣传主阵地，"视听+"助力多领域数字化转型。2022年12月，主流媒体在抖音、快手平台拥有668个百万级及以上粉丝量的账号，较年初增长6.9%。主流媒体在抖音共产生了2915条点赞量超过百万的作品，其中22条作品的点赞量达千万级别；在快手共产生了3671条播放量超千万的作品，其中10条作品的播放量过亿。

我国对自媒体的时政类短视频播发实行较为严格的管控。《即时通信工具公众信息服务发展管理暂行规定》第七条明确规定："新闻单位、新闻网站开设的公众账号可以发布、转载时政类新闻，取得互联网新闻信息服务资质的非新闻单位开设的公众账号可以转载时政类新闻。其他公众账号未经批准不得发布、转载时政类新闻。"很多平台对此推出了专门的规定，例如搜狐号就明确规定："新闻单位、新闻网站开设的公众账号可以发布、转载时政类新闻；取得互联网新闻信息服务资质的非新闻单位开设的公众账号可以转载时政类新闻；其他公众账号未经批准不得发布、转载时政类新闻。"其中，无资质账号禁止发布的内容包括"有关政治、经济、军事、外交等社会公共事务的报道、评论；断章取义、歪曲党史国史的内容；有关社会突发事件的报道、评论"。

不过，自媒体可以做一些更下游的时政内容生产，从自身的专业领域切入，帮助受众解读政策、法规，传播具有建设性的意见。例如财经科普类B站UP主林超，常在视频中为受众分析局势，解读政策。他在2021年推出视频，全面解读中国国家战略"十四五"规划以及与新华社合作制作了庆祝建党100周年重点栏目《改变你我命运的那些瞬间》(见图2-4)，充分利用自身流量实现主流媒体和自媒体"双赢"。

图2-4　UP主林超解说《改变你我命运的那些瞬间》

3. 受众年轻化趋势显著

根据2023年3月30日发布的《中国网络视听发展研究报告(2023)》，高学历、一线及新一线城市的中青年群体的网络视听使用率更高，短视频对年轻受众有着极强的黏性。因此，要评价时政报道转型是否成功，最简单的方法是看它的受众群体是否突破了传统媒体的"朋友圈"。改变打法、创新形式，以及寻找年轻人喜闻乐见的"流量密码"是时政类短视频制作中不可回避的命题。

受众在哪里，时政报道的触角就应该伸向哪里。从平台投放来看，媒体可以集中关注年轻人喜闻乐见的平台进行投放，积极参与新媒体竞争，也可以在自有平台建设上创新策划，吸引用户使用。从叙事元素来看，媒体可以融入年轻人喜欢的网络流行音乐等元素，主动"玩梗"，引导年轻受众主动关注和参与时政新闻。从题材选择来看，媒体可以大胆尝试，勇于创新，尝试采取Vlog、动画等年轻人喜闻乐见的形式来进行传播。例如案例2-2提到的"小彭Vlog"，其体裁深受年轻用户的喜爱，这种"同龄人"的讲述方式更具亲和力，使其在传播上更有优势。正因如此，尽管"小彭Vlog"聚焦的是看似枯燥无味的时政话题，却仍然能够吸引大量年轻用户的关注。

4. 互动性大幅增强

当受众观看时政新闻时，他们往往会产生表达与分享的欲望。作为一种互动性较强的表现形式，时政类短视频为受众提供了主动参与信息互动的渠道，以收集受众反馈，激发社会讨论，引导社会舆论。时政类短视频的互动主要体现在以下两个方面。

(1) 受众与传统媒体之间的互动。在传统媒体时代，报社、广播电视等媒体与受众进行互动的途径基本以读者来电、读者来信为主，互动手段比较有限，互动过程时间差较大，很难有充分深度的交流，也很难在短时间内讨论出事件结果。在媒介融合的背景下，新闻媒体可以利用短视频平台等推送时政类短视频，通过评论、弹幕、留言等形式，直接收集用户意见，通过回复展开深度交流，提高用户的参与热情，吸引更多的忠实用户。

(2) 用户和用户之间的传播。在观看一条时政类短视频后，受众可以在视频评论区发表观点，和其他网友展开讨论，也可以通过分享等形式跨平台传播，从而达成时政内容的二次传播。

第二节　时政类短视频的选题策划

在讨论主题与选题策划时，我们需要先对主题和选题的内涵进行界定。"选题"是指选择题材，新闻选题即选择新闻采访的"题目"，这既是一个过程也是一个结果的概念。从这个意义上来说，"新闻选题"基本等同于"新闻主题"。本节所论述的主题，指的是"主题宣传"中的主题，即党和政府的重大战略思想和重要决策部署。在时政类短视频中，选题为主题服务，这是对更高层次战略思想和决策部署的反映。

时政类短视频通常以短、平、快的形式呈现，但其背后往往承载着宏大的主题，在策划主题和选题的过程中，我们应做到立意高、切口小，关注"小选题"，透视"大主题"。

一、时政类短视频的主题

时政类短视频主题的选择和确立,可以采用以下几种方法。

1. 按照规定动作确立主题

"规定动作"的特点在于"规定"二字,其内容指令性往往很强,而这也正是党政媒体宣传工作的核心所在。相较于"自选动作",此类主题通常定好了"规矩",搭好了"架子",设定好了"路线图",媒体沿着既定线路,牢牢把握宣传导向,切忌走偏。与此同时,还要结合自身实际进行创新策划,抓到"大鱼"[①]。

2. 从时间节点中寻找主题

针对重要节日、重大纪念日、重要政策和重要理念诞生的整数年,时政类短视频可以进行回顾和报道。例如,2021年6月18日,《人民日报》新媒体推出建党百年主题系列微视频《这百年》,从100年前中国共产党成立开始,回望百年奋斗历程,展望未来光明前景。再如,2023年是"一带一路"倡议提出十周年,新华社推出系列微纪录片《美美与共——"一带一路"上的文明对话》(见图2-5),讲述了不同文明通过丝绸、瓷器、造纸、乐器等进行文化互动,向世界展现了中国对世界文化多样性的尊重和推动建设人类命运共同体的决心。

图2-5 新华社《美美与共——"一带一路"上的文明对话》

3. 依据媒介定位确立主题

"媒介定位"是借鉴市场营销学中"市场定位"所提出的概念,不同媒介的属性、优势、受众群体各不相同,如何扬长避短,充分发挥自身优势,将主题报道做得深入人心,是策划阶段必须注意的方面。其中,专业媒体和地方媒体在这方面具备更为突出的优势。

垂直领域专业媒体往往在特定行业有较好的资源,也是某些特定领域的专家,围绕该领域创作时政类短视频具有得天独厚的优势。例如,法治类专业媒体在进行时政类短视频策划时,可以结合习近平法治思想、"平安中国""法治中国"建设、城市治理

[①] 李源.驻站记者如何让新闻"动作"更精彩[J].青年记者,2018(32):61-62.

体系和治理能力现代化等主题，发挥专业特色，深入解读社会现象，提升站位格局。又如，法治日报抖音号充分发挥自身的普法平台作用，开设"追剧普法"栏目，结合《孤注一掷》《不完美受害人》等时下热门的影视作品，以影释法，兼具趣味性和法治专业性[1]。

地方媒体在地方宣传中具有较高的权威性、较大的影响力和较好的品牌基础，同时也在当地享有更好的采访资源，对当地的政府工作更为了解，其时政报道作品也往往更具有地方特色。例如，浙江省的媒体可以围绕"八八战略""枫桥经验"等具有地方特色或代表性的主题做好重大主题短视频策划。"美丽浙江"抖音号在"八八战略"实施二十周年推出"八八战略为什么灵"专栏，不仅有重大会议和省委领导重要论述，更切入浙江百姓的寻常生活，见证二十年来发生在浙江大地上的精彩蝶变[2]。

二、时政类短视频的选题

时政类短视频承载着宏大的主题，关系国计民生，如果过于强调主题而忽视选题，就很容易掉进枯燥说教的陷阱中去，传播效果也会大打折扣。因此，在时政类短视频策划阶段，不仅要找准角度，做好选题，将抽象、复杂的政治话题转化为具体、简明的信息，还要对短视频的传受者关系有清晰的认知，从而激发受众的互动热情。

1. 以"特写"思维找到"小切口"

我们一般强调，越是宏大的主题，就越要从小的切口切入，这样才能避免自说自话，才能取得比较好的传播效果。因此，在时政类短视频策划中，带着"特写"思维寻找选题，在尽可能短的时间内将最有冲击力的内容呈现给受众，是顺应短视频传播规律的必然要求。例如，要围绕一场新闻发布会进行短视频策划，不应把概括全局作为主要目标，而应该尽可能"多点开花"，一条视频呈现一个小的主题，找重点，找"金句"，将整场发布会切割为多条视频进行碎片化传播。

"小切口"并非只将事物的某一方面孤立呈现，而是通过这一切口向受众呈现隐藏在现象背后更为复杂的现实情况，从而达到引发受众深思的目的。本章开头案例《环球时报》抖音号发布的短视频"周受资回应美议员：在我的祖国，TikTok上几乎没有毒品的内容"抓住了"毒品信息"这一极具争议性和讨论度的话题，不仅使听证会内容迅速形成现象级传播，更让其他精彩的辩论内容"出圈"，从而引发网民对于周受资本人、TikTok的海外经营策略、美国对中国企业的封锁政策等重大话题的广泛讨论。

---

[1] 追剧普法[EB/OL]. https://www.douyin.com/video/7369904230460656905，2023-07-26.
[2] 八八战略为什么灵[EB/OL]. https://www.douyin.com/video/7180323987099077947，2023-09-05.

2. 以独特视角发现兴趣点

对大众而言，时政消息似乎离自己很遥远，其内容往往抽象而难以理解。以独特视角，抓住受众兴趣点，在大话题中挖掘更富趣味、更加具体的小现象，是做好时政类短视频的关键所在。例如，《中国日报》B站号作品《外交部的英文翻译有多牛？》就另辟蹊径，从外交部的精彩翻译出发，获得巨大流量(见图2-6)。当然，醉翁之意不在酒，这一短视频的根本目的并非鼓励大家"学英语"，而是将这些外交发言以更有趣的方式传达给受众，向受众表明了我国的外交立场，进一步擦亮"外交天团"这张国际传播金名片。

图2-6　《中国日报》短视频《外交部的英文翻译有多牛？》

培养寻找独特视角的能力，需要持之以恒地深耕于某一领域、某项工作，多发现工作中的"闪光点"。同时，还需要在时政类短视频策划阶段集思广益，这样多发动头脑风暴，这样才能有效激发灵感。

3. 以用户思维激发互动性

短视频内容产业具有交互性，内容消费是传受双方双向选择的结果，并以各种形式与内容分发者进行互动。创作者也要将新闻当作一个产品去精心制作，在用户体验上力求做到极致，用"打动思维"取代"告知思维"。所谓打动思维，就是"媒体发布的新闻，用户一定会看，非看不可，看了还要点赞、评论和分享"[①]。

选题是否贴合受众群体？能否引发受众共鸣？能否引发全网深度思考和广泛讨论？如果选题与受众之间能够形成良性双向选择，那么受众自然会产生表达需求，还会利用评论、弹幕、分享等形式与内容分发者和其他受众互动，或是产生情感共鸣，或是引发争议讨论，这种互动不仅可以提高传播的深度和广度，还可以使短视频脱离原本的内容，在其他内容领域形成"破圈"的传播效果。

第三节　时政类短视频的类型策划

时政类短视频的体裁和表现形式多种多样，因此，在制作时政类短视频时，需要进行类型策划。

---

① 钱黎明. 新媒体语境下信息传播的五个变化[J]. 城市党报研究，2018(7)：40-43.

一、时政类短视频的体裁

时政类短视频脱胎于时政新闻报道,虽然它们在叙事元素和发布平台上有所不同,但我们依然可以通过借鉴时政类报道的体裁形式,对时政类短视频进行分类。结合我国的时政类短视频实践,本书将常见的时政类短视频分为如下三类,供实际策划参考。

1. 简讯

简讯又称短讯、简明消息,是动态消息的一种形式,它通常只报道事件的结果,而不交代事件的过程和背景,事实要素也不一定全面,简讯的主要特点是"短、平、快",这一文体特征与短视频的传播规律不谋而合,因而占据了时政类短视频报道的"半壁江山"。从当前的情况来看,简讯类时政短视频有两种呈现方式:一种是包含视频素材的新闻视频短片,把镜头对准时政活动现场,这种报道相对较"软";另一种是制作视频形式的图文消息,不包含视频素材,这种报道相对较"硬"。

一般来说,如果时政活动现场精彩,且信息高度浓缩,比如发言人召开新闻发布会,可以更多地使用视频素材,带受众走进第一现场,直接感受政治活动氛围。如果遇到抽象的时政话题,或是没有合适的画面素材,比如领导人事变动、重要政策调整、重要数据发布等,更适合采用图文消息的形式,使用简要的文字、庄重的音乐,确保消息能够及时发布。此类短视频策划往往是"规定动作",各家媒体对类似的消息设置统一模板。策划设计此类模板,要求字体规范、背景简洁、音乐庄重。

2. 综述

综述即综合叙述,是指把经过分析的对象或材料的各个部分、各个属性综合成统一的整体并加以叙述的体裁。综述在时政类报道中占有很高的地位。在时政类短视频策划时,如遇到政要介绍、会议记录整理、某项重点工作总结时,可以运用综述的思维来进行设计,围绕主题分配制作团队,撰写视频脚本。

例如,2022年1月1日,新华社推出一部基调温暖的时政微视频《永远的牵挂》[①],深情讲述了习近平总书记牵挂的"一件事"——坚持为老百姓做实事,诠释了总书记对人民的赤子之心。这条短视频通过对经典画面和暖心瞬间的回顾,对习近平总书记有关民生的重要论述进行归纳总结,在不到5分钟的时间,以温暖的背景音乐、温暖的细节片段、温暖的讲述方式,诠释出人民至上的深厚情感。

3. 评论

近年来,随着媒体融合不断深入推进,短视频评论逐渐成为多数主流媒体的评论创新形式。以《人民日报》、中央广播电视总台为代表的中央级主流媒体以及地方主流媒

---

① 永远的牵挂[EB/OL]. https://v.douyin.com/Ufx1BNj/,2022-01-01.

体纷纷加入短视频平台，积极推进媒体深度融合，依托各自的新闻客户端及抖音、微信视频号等平台，进行新闻评论融媒体化表达的实践，推出了不少颇具影响力的短视频新闻评论栏目，引发良好的舆论反响。2017年全国两会期间，《人民日报》推出一组11条短视频新闻评论《两会侃侃谈》。这组评论每条时长3分钟，为中英双语制作，对两会热点进行解读。这是《人民日报》评论员首次进行集体视频展示，揭开了党报评论员的"神秘面纱"，具有开创性意义。2019年7月29日，中央广播电视总台新闻新媒体中心推出新闻评论短视频栏目《主播说联播》，主持人聚焦重大事件和热点新闻，用竖屏短视频形式，以接地气的口语传递主流声音。节目上线后火速"出圈"，被受众点赞刷屏，成为《新闻联播》与受众对话交流的平台。现如今，越来越多的记者、主持人主动走出演播厅，将自己置于短视频之中，面对面同受众传递观点、沟通意见。

短视频时政评论，既要简洁通俗，又要保证导向正确。在策划评论主题文案时，必须迅速讲清事实，抛出观点，在短时间内表达想法。此外，还应更多注重口语化表达和平等化表达，在热点时事解读和评论中，可以用口语穿插热词、金句及网络流行语，真诚平等地向受众传达信息和观点，让官方意见的表达更能打动受众。例如，在2023年的《主播说联播》(见图2-7)栏目就出现了"北约，最好别约了""多个首次！这个峰会，太会了""当大运会与成都相遇，这种感觉巴适得板"这类标题，用语更加网络化、口语化，不乏一些浏览量破百万的爆款。

评论员是画面的主体，也是评论类短视频策划的重点。短视频评论员需要具有较高的业务素质，既要把道理讲清楚，在镜头前收放自如，也要体现出亲和力，语言鲜活有态度。主流媒体开设短视频评论栏目时，通常会利用自己的资源优势，邀请电视出镜记者或主持人来担任评论员。此外，还需注重评论员的表情和穿着，确保得体合适，切忌喧宾夺主。

拍摄背景可以根据评论主题进行选择，但由于此类短视频常常采取竖屏的形式，主持人占据了画面的大部分空间，通常情况下对背景的选择相对比较随意，保证不杂乱即可。短视频应坚持"内容为王"的理念，同时更多地考虑拍摄的便捷性。

二、时政类短视频的表现形式

策划时政类短视频时，应将时政类短视频作为"时政报道"来看待分析。而在策划过程中，"短视频"这一载体有着更充分的发挥空间。由于短视频本身具有极为丰富的表现形式，在进行时政类短视频策划时，应充分熟悉现有短视频的呈现形式，灵活应用并大胆创新，不必拘泥于某一种特定形式。近年来，不少主流媒体积极推进时政类短视频报道形式的创新，甚至与自媒体大V"跨界合作"，时政报道越发出新出彩。除了简单的新闻短片和图文消息外，Vlog时政报道、时政微纪录片、时政微动画作为近年来兴起的短视频创作形式，逐渐成为时政类短视频的"新宠"。

1. Vlog时政报道

Vlog一词源自Blog，可翻译为"视频博客"或"视频网络日志"。Vlog属于博客的一种变体，其作者以视频代替文字或照片，撰写自己的网络日志，并上传网络与广大网民分享。Vlog以记录作者的个人日常生活为主，题材十分宽泛，既可以记录作者参与的重大事件，也可以收集作者的日常生活琐事。

通过Vlog的方式来呈现时政新闻，可以从微观的视角出发，从小处着眼，凸显新闻的叙事指向。时政Vlog多采用第一人称视角，以真实化、生活化、去表演化的内容来吸引受众，更多的是个性化的情绪表达，这种个性化的呈现赋予其巨大的用户流量。

每年的全国两会期间，各路媒体大展身手，纷纷派出新闻记者深入现场，打造了一个又一个时政Vlog品牌，带领受众走入两会现场，与代表们进行对话交流。前文提到的"小彭Vlog"就是其中一大知名品牌。早在2019年的两会期间，《中国日报》新生代双语记者彭译萱就首次推出两会系列Vlog《小姐姐两会初体验》。节目一经推出，受到广大网友的喜爱。后来，每年初春的全国两会期间，小彭Vlog都会如约而至，带领大家一览大会台前幕后的故事，让用户有机会与两会代表面对面交流，通过这种形式，原本看似高大上的话题也能瞬间变得亲民且接地气。

在策划Vlog时政报道时，应紧密围绕主题，避免受众对新闻的关注产生偏差。例如，一些受众在观看此类视频时，通常会将关注点集中在主持人的身上，从而导致他们的注意力发生分散，忽略了新闻议题本身。因此，时政Volg要明确主题，突出重点，对场景、人物、台词进行严格控制，防止受众注意力走偏。

2. 时政微纪录片

相较于传统的时政类纪录片，时政微纪录片体量小、时长短，制作灵活。由于其制作周期较短，时效性往往也更强。与同类型传统纪录片的宏大叙事传统不同，在策划时政微纪录片时，应充分发挥其"文艺轻骑兵"的作用，既要贴近大众生活，又要善于以小见大。

2022年10月15日，山东广播电视台推出大型系列新闻纪录片《壮阔十年》，通过深入挖掘典型案例、典型人物、典型故事，以小见大、由点及面反映党的十八大以来山东取得的一系列历史性成就，以及发生的一系列历史性变革。与此同时，山东卫视旗下新媒体平台"闪电新闻"将《壮阔十年》全系列分割制作成一个个微纪录片。在"小屏"上二次创作微纪录片，并非对母片的简单照搬，而是要根据短视频的特征进行重新剪辑。例如，"闪电新闻"从第七集《文以化人》中选取了"90后"民间艺人聂鹏不顾父亲反对，全心全意传承聂家庄泥塑"泥叫虎"的故事。原片讲述了数个年轻人的成长故事，浓缩在几分钟的短视频中很难讲述完全，而将一个个小人物、小故事制作成一条短小精悍的视频，不仅保证了叙事的完整，也更符合小屏用户的观看习惯。

3. 时政微动画

随着动画制作技术的进步，以网络为平台进行制作与传播的时政微动画也成为各大媒体逐鹿的阵地。2022年10月15日，《人民日报》新媒体中心发布了《新千里江山图》(见图2-8)，这是一部极具中国特色的微动画作品。该视频一出，话题#新千里江山图#冲上微博热搜榜首位，引发了轰动。《新千里江山

图2-8 《人民日报》新媒体中心发布的《新千里江山图》

图》是在著名的《千里江山图》的基础上，创造性地进行艺术创作，巧妙地将中国十年以来在经济、社会、文化、生态等各个领域取得的辉煌成就和风采人物融入青绿千里的山水之美。除了头尾的舞蹈部分由实拍合成，《新千里江山图》的其余部分采用了三维动画的制作形式，带给受众中国传统美学享受的同时，也带来了满满的文化自信和民族自豪感。

在新闻策划过程中，如果选题较为宏大、内容较为抽象，可以将数据新闻和短视频合二为一，利用动画技术对其进行可视化呈现。第三十届中国新闻奖媒体融合奖项一等奖作品——《数说70年》(见图2-9)就是基于大数据新闻可视化创作的系列短视频，从消费、饮食、大国工程、数字经济、生态、外贸六个方面介绍中国70年的发展成就。该作品以数据为主线，通过变化和对比的方式动态反映中国70年来消费、饮食等领域的发展变化。比如，在展现老百姓饮食变化时，通过呈现主食占比、主要农作物自给率、肉蛋菜果鱼

图2-9 《经济日报》数据新闻可视化系列短视频《数说70年》

人均占有量等数据，并进行对比分析，让抽象的数据变得更加可知、可感。同时，作品的每一个选题都从"小切口""小视角"引入，力求与用户共情共感。比如，在反映七十年饮食变化时，视频从当下流行的"轻食"切入，渐次引入人们饮食习惯的改变和背后农业生产力的提高，将"高大上"的国家粮食产业和"接地气"的日常生活联系在一起，让宏大、抽象的问题变得具体可感①。

---

① 中国消费的"速度与激情"[EB/OL]. https://mp.weixin.qq.com/s/QC9AeoHBofwxgYkf4mEgTw，2019-09-23.

第四节 时政类短视频的叙事策划

时政类短视频的叙事策划包括叙事元素、叙事节奏、叙事视角和叙事基调四个方面。

一、时政类短视频的叙事元素

短视频是一种融媒体产品，具有丰富的叙事元素。一般来说，短视频的媒介元素包括静态图片、动态视频、文字、同期声、音乐、贴纸、特效等元素，如果仅仅使用视频这一单一的元素，很容易在日益激烈的短视频竞争中落入下风。在时政类短视频中，比较常见的组合有"视频+文字+音乐""图片+文字+音乐"等。如何合理选用媒介元素组合，以增加短视频的信息量和视频内容的趣味性，这是时政类短视频策划时需要统筹考虑的问题。

时政类短视频的叙事元素可分为视觉元素和听觉元素两大类。在视觉元素中，图片或视频是时政类短视频的主体。从空间上看，图片或视频通常直接充满整个画面或占据画面的中心位置；从内容上看，图片或视频常常起到主导叙事的作用。其他元素的编排，应当围绕主题元素而展开，切勿喧宾夺主。在策划阶段，应带着成品意识，梳理是否需要拍摄视频和图片素材，合理设置机位，尽可能占有第一手素材。此外，也可以使用网络上的公共素材，但当前大多平台的算法会对视频原创性进行检测，因此应尽可能使用独家素材，从而保证视频传播的广度。

另一个重要的视觉元素是文字，它在时政类短视频中能够起到简洁明了地传递信息的作用。由于时政类短视频时长的限制以及碎片化的特点，文字的补充作用非常关键，不仅能够满足用户视觉化传播的需求，还能够弥补单一视频信息过于片面的缺点。例如，文字除了可用于标题、同期声字幕之外，还可以用于在画面内或画面外补充信息，通过标题、提要等形式交代事件背景、介绍人物。在一些较为幽默诙谐的短视频中，可以将一些艺术字或字体动画直接粘贴在视频上，从而起到强化叙事基调的作用。

听觉元素在时政类短视频中也扮演着十分重要的角色，主要包括同期声、配乐和音效。如果短视频主题较为严肃，音频素材信息较为重要，可以重点突出同期声，不加配乐。在大部分情况下，短视频可以充分利用配乐和音效，还可以适当选取一些"洗脑""魔性"的网络热曲和音效，从而吸引更多受众，加深受众印象，进而形成更好的传播效果。但需要注意的是，"网络神曲"的使用应当遵循适度、恰当的原则，避免出现"低级红"现象。2023年"五一"期间，一首儿童歌谣《小小花园》因一名幼教老师的短视频教学而走红出圈，然而，一些媒体为了"蹭热度"，强行将其套用于主题教育宣传中，这大大消解了主题教育的严肃性，形成了很不好的影响。

时政类短视频也可以运用贴纸、特效等富有短视频制作特征的元素来强化叙事基调,或是辅助表达重点,但在较为严肃的时政报道中应谨慎使用,防止过度娱乐化导致主题"失焦"。

此外,从各地时政类短视频的发布实践来看,叙事元素不仅存在于短视频作品之内,还存在于短视频作品之外。同时,精心包装短视频产品有助于时政类短视频在众多短视频中脱颖而出。以抖音为例,当我们制作好时政类短视频准备上传时,需要对视频内容进行外部包装,具体包括以下几个方面:一是作品描述。它在短视频平台中往往发挥文字标题的作用,也能够起到补充说明视频内容的作用。在抖音平台,作品描述部分还可以添加话题、@好友,从而获得平台智能算法推荐,加强与其他用户的联动。二是图片封面。它是时政类短视频的"门面",决定了用户对短视频的第一印象。图片封面既可以从视频中截取,也可以自行制作图片上传。三是章节。通过添加章节,平台可以将较长的短视频作品分为数段,用户可以通过跳转章节快速观看自己感兴趣的部分。此外,还可以应用标签、关联热点、作品活动奖励等包装方法,这些方法大多和平台算法引流有关。在策划时政类短视频的过程中,应当遵循投放平台的传播逻辑,充分利用上述内容做好包装,找到打造短视频爆款的"流量密码"。

二、时政类短视频的叙事节奏

相较于传统形式的政治文字稿件,时政类短视频的画面感更强,更为直观。一般情况下,前三秒的画面决定了一条短视频能否吸引用户观看,因此,短视频前三秒被称为"黄金三秒"。在策划时政类短视频时,必须抓住受众的眼光,将最具视觉冲击力的一幕呈现在受众眼前。不同于传统时政新闻的平铺直叙,时政类短视频可以采用倒叙的手法,把矛盾冲突放在前面,用最精彩的画面先吸引用户的注意力,再对整体内容进行呈现。

例如,在全国两会期间,代表们的发言往往是时政新闻的"金矿"。抓住代表们的"金句",用更小的篇幅更加直接地突出核心观点,是制作此类发言视频的关键。例如,中国新闻网抖音号在制作巩汉林的发言短视频时,并不是简单地将整段发言一放了之,而是采用倒叙的手法,开门见山地将尾句"流量不代表质量"放在开头,强有力地将核心观点先行输出,再回过头来播放完整视频(见图2-10)。

此外,相较于传统的电视政治新闻报道,时政类短视频的叙事更为短小精悍、简明扼要,并且采用更为直观化的形式进行呈现。受到短视频时长的限制,时政类短视频不可能围绕某一特定话题发表"长篇大论",在制作时政类短视频时,应尽可能采用精练的语言和解说词。

图2-10 "中国新闻网"短视频《流量不代表质量》

三、时政类短视频的叙事视角

叙事视角是一个叙事学概念,即观察和讲述故事内容的特定角度。传统的时政新闻报道通常采取第三人称形式,叙事者隐去自身存在,尽可能客观地向受众呈现新闻事实。随着短视频的兴起,传统的以第三人称为主的时政新闻叙事被解构,人们越发青睐于更为亲切的叙事视角,呼唤叙事者的现身,例如,时政Vlog中的记者以第一视角带给观众沉浸式体验;又如,《主播说联播》的主持人与观众"面对面"交流。

曾庆香认为,叙事视角是作者和读者的心灵连接点,它是作者将自己所经历的世界转换成一种语言叙事世界的基础;它也是一把钥匙,让读者更好地了解作品中的语言叙事世界,打开作者心灵窗扉[①]。对时政类短视频叙事视角的选择,不仅要考虑角度是否合理,还要重视受众对信息的心理接受程度,用叙事视角在叙事者与接受者之间搭起一座信息流通的桥梁。

在时政类短视频中,叙事视角不一定是单一的,在一个作品中可以使用多个视角,从而打造出更加立体、生动的整体效果。例如,在本章案例2-2中,"小彭"在阐述"文化保护"这一宏大主题时,先是通过第一人称视角带领用户走进文化遗产保护的实际行动中,并听取人大代表、政协委员的想法与期冀;在探索之余,"小彭"与用户进行面对面交流,对人大代表的讲述进行补充,并发表自己的意见;此外,通过一系列特效技术,"小彭"走进古代名画中翩翩起舞,让自己成为被观察的对象,用户变成"旁观者",感受传统戏剧的独特魅力。

四、时政类短视频的叙事基调

叙事基调是指视频的整体情感氛围或情感色彩,它由语言、情节、人物、场景等元素共同构成。在时政类短视频的策划阶段,应当根据不同的内容确定不同的叙事基调,从而确定不同的叙事策略。

叙事基调通常依据短视频作品的主题而定。需要注意的是,时政类短视频往往具有一定的政治敏感度,因此,遵守新闻行业规范,把握好报道的"度"是十分重要的。例如,当视频主要内容是政治领域的大事、喜事时,视频整体可以采用红色作为主色调,并搭配喜庆、大气的音乐,在视频的标题中也可以使用标点符号和情绪较为强烈的词汇;当视频主要内容是国家领导人辞世的消息时,视频整体应当营造出严肃悲痛的叙事基调,画面色彩应以黑白为主,音乐庄严肃穆或不配音乐,使用标准字体,切忌使用"娃娃体"、手写体等非正式字体。

---

① 曾庆香. 新闻叙事学[M]. 北京:中国广播电视出版社,2005:127.

第五节　时政类短视频的发布策划

时政类短视频的发布涉及发布时间、发布平台和发布推广三个方面。

一、时政类短视频的发布时间

时政类短视频的发布时间一般分为以下几种情况。

1. 即时发布

由于时政类短视频具有时效性要求，在制作此类短视频时，应尽可能第一时间发布，利用平台推送算法机制抢占话题主导权。

对于时效性较强的短视频，抢占发布时机比包装更加重要，其核心在于尽可能在最短的时间内准确呈现信息内容，并突出画面的视觉冲击力。而画面的素质和特效等"锦上添花"的部分并非关键，无须过多关注。此外，对于信息比较丰富的时政报道，也可以先进行简单的剪辑，发布一条具有预告性质的短视频作为先导。

2. 定时发布

部分时政类短视频是围绕某一时间节点而创作的，如各类节日、纪念日等，脱离这些时间节点，其意义会被大大弱化，因此，此类时政类短视频的发布时间往往比较固定。例如，《人民日报》抖音号在2023年5月1日0：00发布了一条短视频，主题为"好日子都是靠奋斗来的""社会主义是干出来的"——今天是"五一"国际劳动节，重温习近平总书记和劳动人民在一起的温暖瞬间①。这样的主题，在"五一"国际劳动节发布可谓恰逢其时，若是策划在其他时间发布，则显得不合时宜。

3. 系列发布

由于时政类短视频通常反映某一宏大主题的某一方面内容，同一主题的短视频之间存在相互联动的关系，这类短视频可以系列报道的形式呈现。在策划系列发布短视频合集时，需要对发布节奏进行长远规划，确定发布周期，有规律地进行策划制作，这样做有助于培养用户形成规律的观看习惯。

二、时政类短视频的发布平台

不同于传统的时政新闻发布，时政类短视频通常不局限于某一特定报刊或电视频道，可以在多个平台进行发布。创作者也可以根据各个平台的特色与优势，创作适合不

---

① "好日子都是靠奋斗来的。""社会主义是干出来的。"今天是"五一"国际劳动节，重温习近平总书记和劳动人民在一起的温暖瞬间[EB/OL]. https://www.douyin.com/video/7227872019197496608，2023-05-01.

同平台的不同风格的作品。随着移动互联网的普及和社交媒体的兴起,时政类短视频的传播渠道也更加多样化,如微博、抖音、快手、微信视频号等平台都成为时政类短视频的新赛道。不同的平台拥有不同的传播特征和用户群体,发布者在进行新闻分发时需要考虑到投放平台的差异性和用户特征,针对平台特点投放不同的新闻内容,这样才能够实现精准分发,从而取得更好的传播效果。

以2021年12月15日央视新闻发布的"中俄两国元首会晤"新闻为例。

首先,在标题表达方面,该新闻在抖音、快手、微信视频号、B站等平台上的标题普遍较为短小,每一个短视频能展现的标题文案有限,多出的文字会被折叠或隐藏,因此标题应简洁且吸引人。而微博在基础浏览界面可以呈现140个字,因此其内容文本相比其他平台更长。

其次,在短视频的时长与内容选取方面,抖音、快手、微信视频号是短视频平台,对视频长度有限制,要求视频简短并突出关键内容。B站上的投稿以"中视频"为主,能够呈现更为完整的信息,因此该新闻在B站投放的时候直接使用《新闻联播》的完整版本,长达12分23秒,约是抖音短视频平均时长的12倍。从内容上看,由于B站的社交媒体平台定位及独特的弹幕文化确定了平台视频的社交属性,也推动了央视新闻短视频更多以平等的对话姿态呈现,并具有一定的互动性。从平台算法分发逻辑来看,每个平台的"流量密码"各不相同,例如抖音平台的短视频标签在推送算法中占有很大权重,因此在标题后面加上了#中俄元首视频会晤#这一标签,不仅突出了短视频的核心内容,更有利于平台经由算法形成合集并推荐给目标观众群体。

此外,根据不同平台的画面特征,短视频内容的元素编排也需要进行调整。以抖音为例,首先其呈现形式为9∶16的竖视频形式,若直接上传横视频而不加以裁剪,其呈现效果并不会太理想,不仅会浪费大量的空间,也容易造成用户在"刷视频"过程中的不适感。其次,在抖音平台上观看短视频,屏幕的下方和右下侧会被用户名、头像、标题等元素遮挡,在这些位置应尽可能避免安排重要视觉元素。最后,由于机型适配的问题,抖音会出现视频"吃边"的现象,视频画面两侧的内容会在一定程度上丢失,甚至会由于画面元素不全而产生重大歧义。例如,视频中要插入"反邪教宣传大使×××"这一段文字用以介绍人物身份,倘若这段文字的排版过于靠左而被"吃"掉了最左边的一个字,就会变成"邪教宣传大使×××",极有可能被居心叵测之人断章取义,引发巨大的舆论危机。总而言之,在短视频的前期策划阶段,需要优先考虑画面呈现情况,以便对素材采集进行合理规划,并安排充足的预览时间,待确定画面呈现效果后,再考虑视频是否需要修正,或直接发布。

三、时政类短视频的发布推广

2014年8月,中国共产党中央全面深化改革委员会第四次会议审议通过《关于推动传统媒体和新兴媒体融合发展的指导意见》，强调"着力打造一批形态多样、手段先进、具有竞争力的新型主流媒体，建成几家拥有强大实力和传播力、公信力、影响力的新型媒体集团，形成立体多样、融合发展的现代传播体系"。文件发布后，"媒体融合"成为传统媒体转型升级的重要目标，中央媒体、省级报业集团、省级广播电视集团纷纷大胆尝试与探索，努力从相"加"迈向相"融"，走在了融合创新的前沿，媒体融合发展取得显著成效。

随着我国媒体融合实践的发展，"媒体融合"这一概念的内涵和外延不断拓展。媒体融合，可以是微观上某一特定作品的多媒体形式的融合，也可以是宏观上媒体与其他产业之间的融合；可以是新媒体与传统媒体之间的融合，也可以是新媒体之间的相互融合。因此，时政类短视频策划不仅是对某一个或某一系列短视频的策划，也是对短视频品牌打造、媒体矩阵布局乃至媒介产业布局的策划，在策划的过程中，必须占据高点，进行统筹布局。

1. 多元形式：多种传播手段创作融媒产品

媒介融合，从最微观的层面来看，就是某一作品中各媒介形式的融合。时政类短视频融合了文字、音乐、视频画面等多种媒介形式，本身就是一个融媒体作品。短视频的节奏快、接纳力强，融合了多种媒介形式，不仅能够有效提升信息密度，还能够营造更为活泼的视频基调。因此，在时政类短视频策划中，灵活调动现有采编力量，丰富呈现形式，是产生"破圈"效应的关键。

图2-11 "央视新闻"短视频《"黑粉"头子佩洛西》

2022年8月2日，美国国会众议长南希·佩洛西窜访中国台湾地区。央视新闻抖音号紧跟热点，发布融媒体短视频作品《"黑粉"头子佩洛西》(见图2-11)，为受众梳理佩洛西本人肮脏的"发家史"，也揭露了美国政坛资本操控、政客唯利是图的本质。这部作品配音幽默风趣，不仅选用大量佩洛西的视频和画面资料，还运用动画技术给佩洛西戴上星条旗图案的帽子，让大量美元在她面前飘荡。除此之外，视频在谈到佩洛西挖苦中国冬奥会的时候，还引用了美国运动员特莎·莫德在冬奥会期间发布的Vlog视频，通过美国运动员的真实体验和对中国的赞美，对佩洛西的观点进行有力还击。视频发布后，获得全网广泛关注，网友纷纷评论，"都快看完了才发现这是央媒发的""这个官方科普很赞""哈哈哈，还是官方会"。多种媒介元素和形式的运用使得整个作品不仅"干货满满"，而且还富有趣味性，易于受众接受。在策划某条具体的时政类短视频时，可以根据实际情况考虑组合各要素，调动资源，呈现更为生动的效果。

还需要注意的是，短视频既可以是单独成品，也可以是中间件，还可以是模块，嵌入到其他新媒体、融媒体产品中。这意味着时政类短视频不一定是整个主题的唯一报道形式，它可以作为全媒体报道的一部分，与报纸、新媒体等相互配合，以多种形式全面呈现报道内容，形成全媒体传播的强大声势。

2. 多媒体发布：传播平台形成合力

不同于传统的时政新闻报道，在新媒体语境下，时政类短视频可以在多个平台进行投放，而非局限于单一渠道。大量媒体通过矩阵化的方式将现有的新媒体账号、资源统筹整合进行布局设计，进一步扩大新媒体品牌效应，在具体的内容生产中体现为一次采集、多种生成、多元传播的生产模式。对时政类短视频新媒体矩阵进行规划设计时，可以从以下两个方面展开。

(1) 充分利用自主开发平台。一些学者认为，传统媒体发展面临的最大挑战之一就是"渠道失灵"，内容和产品必须嵌入与社会联系的渠道中，以此才能打通社会传播的"最后一公里"[1]。例如，央视时政类短视频品牌"V观"的主要传播渠道为央视新闻客户端和PC端，两者相互配合。其中客户端支持实时更新、即时推送，具有较强的时效性；PC端设计了专题网页，细分为多个栏目，具有较强的专题性。

(2) 利用以"三微一端"为代表的新媒体平台。现阶段，大部分短视频用户的注意力依然被抖音、快手等头部互联网平台所占据。为了充分顺应移动互联网时代的分众化、差异性传播趋势，在策划时政类短视频时，不仅要生产优质的内容，也要根据不同平台的发布需求，做到多端覆盖、多频共振，将时政报道与全媒体生产模式相结合，通过立体式新媒体矩阵，建立起功能互补的立体式传播格局，最大限度发挥内容和传播效应[2]。

如今，打造全媒体传播矩阵已成为平台的普遍做法，这是因为不同媒介有不同的表达优势，不同用户有不同的媒介使用偏好。因此，对于同一时政话题，除了发布短视频之外，还可以通过微信文案、喜马拉雅音频等形式进行补充，从而实现跨平台的全媒体互动。

3. 拓展"新闻+"，线上线下积极联动

"新闻+政务服务商务"是如今主流媒体推动媒体深度融合的主要模式。在"泛内容"发展导向下，这一新型运营模式遵循了整合资源、重启用户连接的底层逻辑，通过植入市场基因激发出传统媒体的创新活力，并做到注重社会效益与经济效益的有机统一。新闻媒体在进行策划时，可以思考如何将时政报道和其他行业进行有机融合与碰撞，从而拓展时政报道的内涵和外延。

---

[1] 张健. 短视频类型创作导论[M]. 苏州：苏州大学出版社，2021：35.
[2] 张健. 短视频类型创作导论[M]. 苏州：苏州大学出版社，2021：34.

2022年暑假期间,浙江新闻客户端推出《"00后"近看民主》栏目,该栏目向在浙江的全国各高校大学生发出暑期实践征集令——这个夏天,请你近看中国民主。全国八十余所高校的四百多名大学生报名,与记者、专家一起走进全省各地,参与全过程人民民主的实践,近看中国民主。例如,在第一期"走进舟山:跟着代表跑小岛"(见图2-12)中,四名大学生跟随定海区人大代表夏贤明一起到辖区小岛走访,走进岛民的家中,看人大代表如何为群众解决难题,参与基层民主的政治实践。

时政类短视频《"00后"近看民主》通过线下活动和线上媒体联动,带领大学生亲身感受基层民主实践,推动主题教育入心入脑,同时将镜头对准人大代表的日常工作,做好了重大主题宣传工作。平台在进行融媒体策划时,可以统筹考虑,将短视频策划纳入更为宏大的媒介活动策划当中。

图2-12 时政类短视频《"00后"近看民主》
"走进舟山:跟着代表跑小岛"

第三章 资讯类短视频策划

案例3-1 "梨视频"资讯类短视频《315曝光假香米公司被罚555万》

"梨视频"是一个专门提供资讯类短视频的平台，于2016年11月3日成立，创始人邱兵致力于将梨视频打造成资讯提供者，而非传统意义上的新闻内容App，故梨视频的上线是短视频App内容从"休闲娱乐"向"新闻资讯"转变的一次重要尝试和探索。梨视频内容主要由深具媒体背景的专业团队和遍布全球的拍客网络共同创作。这一内容模式也是梨视频的一大特色。

《315曝光假香米公司被罚555万》(见图3-1)是梨视频App于2023年5月26日发布的一条短视频，该短视频报道了淮南市一家公司在食品中超范围使用了添加剂，被该地市场监督管理部门处以555万余元罚款的资讯信息。

图3-1 "梨视频"资讯类短视频《315曝光假香米公司被罚555万》

案例3-2 "青蜂侠"资讯类短视频《就差半分钟！走错考场后铁骑飞速护送》

"青蜂侠"是由《中国青年报》中国青年网于2017年创办的官方融媒资讯短视频品牌栏目。"青蜂侠"以"严肃打捞各类有趣、有品的新闻边角料"为宗旨，自创办以来，取得了数据显著的观看量以及点击率。它不仅覆盖在《中国青年报》旗下的媒体矩阵当中，而且驻扎到抖音、微博、百家号等多个平台上。

《就差半分钟！走错考场后铁骑飞速护送》(见图3-2)是青蜂侠抖音号于2023年6月7日发布的一条短视频。该短视频记录了铁骑紧急护送高考第一位走错考场的考生的场景。

图3-2 "青蜂侠"资讯类短视频《就差半分钟！走错考场后铁骑飞速护送》

案例3-3 "动新闻"资讯类短视频《北京婚姻登记即将"跨省通办"》

"动新闻"是《新京报》新媒体团队打造的融媒体产品。"动新闻"将纸媒的新闻内容进一步拓展延伸，通过动画、短视频的方式，再现新闻讯息，具象化资讯事件的详细过程，将信息传播的形态从平面图文转为动态视频的"三维空间"，增加了新闻资讯的趣味性和视觉冲击力。"动新闻"专注于新闻资讯，尤其是移动端视频报道，栏目涵盖的内容丰富，涉及社会生活、经济金融、时事政治、国际资讯等多个领域。

《北京婚姻登记即将"跨省通办"》(见图3-3)是新京报App"动新闻"板块于2023年5月29日发布的一条短视频。该短视频介绍了北京婚姻登记的新政策,受到网友的广泛关注。

图3-3 "动新闻"资讯类短视频《北京婚姻登记即将"跨省通办"》

近年来,资讯类短视频日益成为用户获取各类资讯的主要渠道。正如本章案例所示,无论是专注于传统的媒体平台,还是转型的短视频平台,越来越多的社会注意力被大量新鲜的资讯所吸引。在信息技术、媒体技术的加持与推动下,资讯类短视频拥有广阔的发展空间,与以往图片、文字等信息传播载体不同,资讯类短视频不仅追求资讯的"新鲜度"与信息的"即时性",还在资讯传播的过程中融合了"短视频"的创作与传播优势,以言简意赅、主题明确、直观、生动的形式,把资讯传递给受众。

本章的主要内容包括如下两部分:第一,梳理资讯类短视频的发展历程,厘定资讯类短视频的相关概念,进而对资讯类短视频的类型划分与特征描述展开讨论;第二,对资讯类短视频策划展开讨论,内容涉及资讯类短视频的选题策划、叙事策划、发布策划等层面。

第一节 资讯类短视频的发展历程

2013年,土耳其记者利用Vine记录并发布了美国驻土耳其大使馆自杀式爆炸袭击事件的全过程。这一事件后,"微视频新闻"逐渐成为一种新闻资讯样态,进入公众视野。随后,BBC于2014年推出"Instafax"用以制作15秒的资讯短视频产品,从此,传统媒体也开始涉足短视频领域。如今,Now This News和Newsy等移动短视频平台逐渐兴起,并且专攻资讯类短视频领域。本节将简要梳理我国资讯类短视频的演进发展历程。

国内资讯类短视频的演进历程大约可以分为四个区隔鲜明的发展阶段,即酝酿积累期(2011—2012年)、初步萌芽期(2013—2015年)、快速成长期(2016—2017年)、品牌发展期(2018年至今)。

一、酝酿积累期(2011—2012年)

2011年3月,"快手"作为制作和分享GIF图片的专业工具,在互联网上迅速传播,2012年11月,"快手"正式转型为短视频应用平台。这是中国短视频平台发展的雏形,这一时期也是资讯类短视频发展的酝酿积累期。

二、初步萌芽期(2013—2015年)

随着网络的普及和信息技术的发展，短视频出现并受到关注，促进了社交娱乐行业的发展，秒拍、美拍、小咖秀等短视频应用程序相继上线。这一时期的短视频应用立足于满足用户个性化表达、娱乐消遣等需求，短视频的用户数量迅速增加，市场规模初步形成。在随后的发展中，用户的资讯获取需求成为短视频创作的内容驱动力，资讯类短视频逐渐萌生。2014年底，新华社视频网站"新华网络电视"推出了国内首个超短视频"15秒"资讯报道，创造了网络新闻资讯报道的"秒视频"这一概念，其有效利用了新华社权威、及时的全球讯息资源，并以15秒的"超短篇幅"实现了新闻资讯"轻松看"。此后，各主流媒体纷纷效仿，尤其是在媒体融合的趋势下，传统新闻媒体也在信息技术发展赋能中逐渐开展移动短视频资讯内容生产。但是，短视频发展的初期阶段存在明显的局限，主要体现为资金投入较少，技术发展处于初探阶段，短视频内容生产的规模与质量相对有限。

三、快速成长期(2016—2017年)

2016年，在新旧媒体相互交融的大背景下，为夺回受众注意力，传统媒体开始进行各种尝试与探索，由此，国内的资讯类短视频开始正式发展起来。特别是在2016年全国两会期间，短视频以及时、生动、"开门见山"的报道优势成为众多媒体新闻报道的"新神器"，一时间，短视频成为撬动新闻资讯产业的重要"杠杆"，资讯类短视频进入快速增长阶段。"我们视频""澎湃新闻"等资讯类短视频App于2016年下半年陆续推出，在不同领域抢夺用户市场。随后，越来越多的资源涌入资讯类短视频这一垂直领域，资讯类短视频进入了品牌竞争的发展时期。

四、品牌发展期(2018年至今)

自2018年以来，短视频行业开始摆脱原始积累的"粗放型"生产模式，在资本和专业力量的加持下，专业从事新闻资讯的短视频平台数量急剧增长，资讯类短视频不断发展成熟，与此同时，资讯类短视频日趋呈现同质化现象，各类短视频平台不断创新发展，优化媒体技术与平台运营思路，寻求竞争优势，逐渐走向品牌化发展的精细化道路。

在这一时期，越来越多的传统媒体，如广电媒体、报社及网络新闻媒体等攻入资讯类短视频战场，积极调整短视频业务权重，布局开展资讯类短视频的相关业务，着力打造各自的资讯类短视频品牌，如"央视新闻""人民日报"等相继设立短视频新闻生产报道板块，并同步入驻各大短视频平台，成立短视频新闻账号。各类资源被投入于资讯类短视频这一垂直领域，为资讯类短视频的品牌发展注入了不竭的动力，同时也为广大用户获取各垂直领域的资讯内容提供了多元化途径。资讯类短视频不断深耕、垂直细分内容，财经类、体育类、生活类等不同领域的资讯类短视频的关注量直线上升，贴近年轻人生活的多样化资讯类短视频，成为众多用户获取资讯的首选渠道，同时主打国际资讯的专业媒体也不断涌现。在5G时代，人工智能和大数据等新兴技术的赋能，有力地提升了资讯类短视频的制作与发布水准，重塑了新闻资讯的内容、采集、生产创作、分发反馈等各个流程，大大提高了资讯类短视频的制作效率和用户到达率，为资讯类短视频提供了更大的发展空间。在传统媒体向视频资讯业务转型、短视频平台商业资本及各类资源注入、媒体信息技术的发展与推动等合力作用下，资讯类短视频迈向了品牌发展的道路。

第二节　资讯类短视频的内涵

百度百科词条对资讯的定义是"资料和信息"，其对应的英语词汇是"information"。对于"资讯"，可以从狭义和广义两个方面来理解。狭义的资讯是指人类在认识客观世界的实践中，对事实、信息的描述，以及在教育和实践中取得的包括技能在内的相关成果；广义的资讯是指有意义或价值的消息、事实或知识。资讯的外延较广，包括新闻信息、政策法规、社会动态、科学技术、学术知识、评论观点等方面。

从涵盖的范围而言，"资讯"与"新闻"有一定的重合之处，两者均包含新情况、新知识、新内容，但"资讯"所包含的内容更加广泛。例如，凤凰卫视董事局原主席刘长乐曾表示"凤凰卫视"全称为"凤凰卫视资讯台"，而不是"凤凰卫视新闻台"，他表示，之所以将凤凰卫视定位为"资讯台"，是因为要在新闻内容的基础上，增加更多新闻之外的内容，比如外汇牌价、期货市场等财经资讯。从这个意义上来说，新闻是资讯的一个种类，而资讯所涵盖的概念更为广泛，不仅局限于新闻。

有学者分析，从与新闻报道相结合的角度出发，资讯还具有其他特点，具体包括：资讯的共享性，正是因为具有共享性，资讯才得以被传播；资讯的扩缩性，即资讯在传播过程中可以被压缩，也可以被扩展；资讯的组合性，即两条及多条资讯内容可以有机组合，并产生新的资讯；资讯运用的多角度性，即从不同的角度解读资讯，可以得到不同的认识，观察和阐述的角度不同，资讯的内容属性也会呈现差异；资讯的相对性，通常体现为人们更容易注意到一部分与自己有关、对自己有利的资讯。在信息化时代，受众细分为各种群体，对信息的需求也更趋多样[1]。基于资讯的上述特点，资讯类短视频在创作与发布过程中应充分重视资讯的属性特质，以及其与受众的多样化需求之间的匹配关系。

现阶段，学界对资讯类短视频的讨论集中在传播特征、现状与前景等方面，很少有

---

[1] 李良荣. 新闻学概论[M]. 上海：复旦大学出版社，2001：39.

学者对资讯类短视频的概念进行系统梳理与界定，此处仅列举两例。一种观点强调资讯类短视频是短视频的一个种类，这种短视频具有传播资讯信息的功能，从内容层面讲，这种信息具有非常广泛的覆盖性，包含新闻、政策、评论、观点等各种信息[①]。该观点虽然注重资讯类短视频的内涵，重点强调了内容方面，但却忽略了短视频这一新型手段的媒介特征。另一种观点从"资讯类短视频"与"短视频"的相关性与差异性的角度出发，认为资讯类短视频是"资讯"与"短视频"的结合，垂直深耕于资讯方面。作为短视频内容领域垂直细分的一个分支，资讯类短视频在本质上具有短视频的一般特点，在内容上具有"资讯"本身的独特性[②]。

本书认为，界定资讯类短视频的内涵与外延，需要注意以下两个方面。

(1) 资讯的新闻性与专业性。"资讯"包含"液态的新闻"的含义，资讯类短视频是当前"液态的新闻"的一种形式。资讯的新闻性要求资讯类短视频的本质任务是让用户在尽可能短的时间内获得最核心的信息。资讯的不确定性指向社会现实中可能影响人们生存、发展和其他方面的各种变化。就用户而言，消除这种不确定性的方法之一是及时或即时获取各种新闻性资讯，因此，让用户看到与事态本身同步进行的报道、评论或分析就成为资讯类短视频的追求目标。

如果从内容角度进行划分，资讯除了包含新闻信息之外，还包含财经资讯、生活服务资讯、娱乐资讯、体育资讯、军事资讯、教育资讯等具有专业属性的信息内容，这就要求资讯类短视频提供具有针对性、实用性、即时性、贴近性的行业信息及专业知识。如抖音平台中"央视新闻"账号专注于提供时事、民生等新闻资讯，为受众提供官方的专业性解读。相较于娱乐类短视频，资讯类短视频的生产过程具有较强的专业性，需要关注内容涉及的专业知识与技能，以及资讯呈现的专业解读视角。

(2) 短视频的视听性与社交性。资讯类短视频是短视频众多垂直领域中的类型之一，应具备短视频作为形式载体的"视听性"。我们通常根据时长来定义短视频，以凸显"短"的特征。学界与业界的大多数观点认为，短视频的时长应该控制在5分钟左右。区别于图文等信息，短视频采用声音、画面等符号组合的信息呈现形式，"视听"可作为短视频创作的艺术手法，因此，短视频本身是一种视听产品。

短视频所具有的"关系赋权"特征促进了用户地位的提升，通过短视频社交平台分享和传播资讯，不仅能促进用户之间的交流和互动，还能增强用户的参与感和归属感。短视频的社交性为资讯信息的吸纳、处理及转换，以及"传—受"双方打破壁垒、边界消融提供了平等的社交互动平台。短视频平台既专注于提供资讯内容，也注重与用户之间的互动交流，在资讯内容输出的同时提升传播环节的社交性。

综上，本书将"资讯类短视频"定义为：通常时长保持在5分钟左右，以新兴媒体

---

① 倪向辉. 媒体融合背景下资讯类短视频的内容特征[J]. 新闻传播，2020(20)：45-46.
② 钟丹敏. "5W模式"下资讯类短视频传播特征研究：以"梨视频"为例[D]. 武汉：华中师范大学，2018：9.

技术为传播手段,以声音、影像为主要视听符号,对新近发生或正在发生的信息和有价值的资讯信息进行传播与互动的短视频类型。

第三节 资讯类短视频的类型与特征

一、资讯类短视频的类型

在政策、技术与商业市场等多重因素的影响下,短视频行业发展迅猛,彰显强大的发展潜力,并逐渐形成差异化、细分化的发展趋势。我国短视频行业发展迅猛,短视频内容纷繁复杂,难以根据传统的媒体节目类型来框定其类别。本节根据资讯类短视频生产与发布的平台属性、内容题材、受众定位等因素对资讯类短视频进行简单分类。

1. 按照资讯类短视频生产与发布的平台属性分类

(1) 传统主流媒体出品的资讯类短视频。这类短视频包括广播电视媒体和报纸等传统媒体在全媒体进程中开设的网络媒体视频报道业务板块。例如,美国《纽约时报》设立的Times Video,《华盛顿邮报》设立的Post Video等平台节目;我国中央广播电视总台推出的视频社交媒体平台"央视频",北京广播电视台推出的新媒体视频客户端"北京时间",上海广播电视台推出的官方新闻产品"看看新闻",《新京报》和腾讯新闻合作推出的视频资讯栏目"我们视频",《浙江日报》报业集团推出的短视频新闻产品"浙视频"等。相较而言,作为资讯类短视频内容的生产者,传统媒体在新闻资源渠道以及制作发布等方面具有其他创作平台无可比拟的优势,这些优势为传统媒体的资讯类短视频的内容创作提供了保障,资讯视频作为其衍生的新业务,也扩大了传统媒体在当下媒体环境中的影响力,推进了传统媒体向全媒体融合的发展进程。

(2) 专业平台生产的资讯类短视频。2016年,澎湃新闻原业务骨干等具有专业背景的媒体工作者在投资资金的支持下,联合推出了"梨视频"这一专业资讯类短视频平台,并将"梨视频"定位为"专注提供深度编辑的聚合内容以及独家原创报道的资讯类短视频平台"。"梨视频"借助平台专业编辑与广大网络用户共同创造的内容来源,重新定义了资讯类短视频的生产模式。另外,一点资讯创办的资讯类短视频平台"沸点视频"延续媒体转型浪潮下的视频资讯这一新型信息传播方式,同时平台拥有大量用户。这些专业资讯类短视频平台同时具备专业属性与商业市场竞争价值,成为传统广电媒体与自媒体之外的另一个资讯类短视频的生产传播阵地。

(3) 自媒体账号生产的资讯类短视频。这类短视频包括网络自媒体个人用户创作的资讯类短视频和专业自媒体团队创作的资讯类短视频。当下,随着短视频应用程序的功能日益强大,自媒体用户的活跃度不断攀升,短视频内容生产与制作的门槛也越来越低，人人都可以随时打开手机进行拍摄，短视频的编辑与制作流程简单便捷，短视频内容生产成为媒介化社会中大众的基本操作。在资讯的聚合创作与发布等环节，短视频的潜力为自媒体创作者提供了广阔的发挥空间，各行业领域的创作者都可以成为专业资讯内容的生产者，他们围绕网络用户的专业资讯需求，创作了题材多样、形式多元的资讯类短视频，拓展了资讯类短视频在各行业领域应用的空间。自媒体用户能够随时随地发现素材，这一特性使得生产资讯类短视频的自媒体生态充满活力，一方面，自媒体生态有效地增加了传统媒体、商业平台资讯类短视频的内容生产数量；另一方面，在资讯内容的时效性、内容的多样性等方面，自媒体甚至超越了官方媒体与商业机构。

2. 按照资讯类短视频内容题材垂直化区域分类

（1）新闻类。新闻资讯类短视频与文化娱乐类等其他类短视频最大的不同就在于受众的信息需求不同。对于新闻资讯类短视频的内容生产有较为均衡化的要求，不必过于精良，也不必具备艺术感，其内容具有新闻的基本要素即可。新闻资讯类短视频主要包括时政新闻资讯和热点事件资讯两种类型。时政新闻类短视频通常是传统新闻媒体中的新闻消息的新型表达方式，包含国际国内时政新闻，同时对进展性新闻进行追踪报道，也对"旧闻"加以深度挖掘进行系列报道。热点事件资讯类短视频是对"新近发生的客观事实"进行报道梳理。创作者在校对审核视频的真实性后，对其加以专业剪辑和编辑，并辅以标题和事件简介即可生成短视频。尤其是对于突发性事件，短视频以其编辑速度快、展示信息多样化、传播速度快等优点成为受众了解第一手资料的途径之一。这类短视频具有"第一现场"视角、信息量大、表现形式生动、阅读省时等优势，相较于传统媒体下的相同内容的新闻报道，这类短视频更加生动活泼，阅读起来更加简洁直接，受众接受度也更高。

（2）知识技能类。知识技能资讯类短视频的主要内容是对知识技能、生活技巧等进行科普分享。此类短视频旨在缩短用户获取知识技能的时间，克服用户接受知识的障碍，用短视频这种简单明了的方式向用户分享知识技能，从而营造全新的学习体验。在内容方面，与新闻资讯类短视频相比，知识技能资讯类短视频重在突出专业知识的"针对性"和实用技能的"价值性"，对"时效性"方面的要求相对宽松，同时涉及的知识与技能的专业领域也更为广泛，其内容涉及各个领域门类的知识科普、技能教学、生活服务等，题材丰富多彩，风格也更加多元化。然而，知识技能资讯类短视频因其内容的专业属性，对创作者的知识能力素养要求较高，它属于资讯类短视频中创作门槛相对较高的类别。

（3）观点分享类。观点分享资讯类短视频是由创作者从包括但不限于电影、电视剧、纪录片、MV（音乐短片）等现有的视频素材中提取相关片段，选取一个主题和角度，形成自己的观点，对素材进行个人评述的作品。这类短视频通常凭借鲜明的风格，对原有的基础素材进行衍生解读，如放大或突出某些观点信息或元素进行再度创作。这种基于原始素材展开的观点分享多从异于大众寻常的视角出发，以更新奇、更深刻以及具有差异化的观点赢得受众的青睐，这种视角与认知的创新对选题策划和编辑人员有着较高的素养要求。

在短视频竞争压力较大的当下，资讯类短视频在保证内容属性定位清晰的前提下，力求兼顾多个类型元素，以一种集合体的形式呈现，避免内容类型过于单一，从而确保内容分发的覆盖面更广，吸引更多受众。

3. 按照资讯类短视频的受众定位分类

在互联网语境中，用户选择接受信息时，需要根据明显的标签分类进行筛选，否则，他们可能会迷失在海量的碎片化信息之中。短视频平台先将资讯信息进行有效整理聚合，然后向用户提供具有明确类型标记的资讯"货架"，用户在短时间之内就能检索到资讯内容并根据自身需求进行有针对性的选择。从这个层面来看，资讯类短视频可以按照用户定位及内容差别划分为一般资讯类短视频以及特定对象资讯类短视频。

(1) 一般资讯类短视频。一般资讯类短视频的受众面非常广泛，资讯面向的用户群体包含各个年龄段、不同身份及职业群体。

(2) 特定对象资讯类短视频。特定对象资讯类短视频有专属的目标用户定位，在创作时会根据目标用户的需求制作相应的资讯类短视频。如教育资讯类短视频、美妆护肤资讯类短视频、财经资讯类短视频、汽车讲解资讯类短视频等。

二、资讯类短视频的特征

相较于其他类型的短视频，资讯类短视频更加强调内容的信息和资讯属性。在学界，资讯类短视频的类型特征已有学者展开讨论。田维钢、王梦媛总结概括了资讯类短视频在内容层面具有视角平民化、风格艺术化、时间碎片化、主体多元化、传播社交化等特征[1]。潘曙雅、王睿路指出，资讯类短视频的内容呈现形式具有节奏明确、叙事紧凑等特征[2]。张晗指出，资讯类短视频在呈现新闻资讯时具有时间短、表现力强、易调动观众情绪、真实可信的优势[3]。李鑫认为，人性、现场感、用户获取资讯的高效等颠覆了传统资讯评价体系中深度、广度、力度的三维，构成资讯评价体系新的三维[4]。崔瑾认为，时效性、监督性、草根性、趣味性、细节化是新闻资讯类短视频的内容特征[5]。学者们对资讯类短视频的内容及传播特征的讨论众说纷纭，总结起来，我们可以从资讯类短视频的内容与形式两个层面来概括其特征。

---

[1] 田维钢，王梦媛. 媒体融合背景下资讯类短视频的内容特征分析[J]. 东南传播，2018(5)：1-4.
[2] 潘曙雅，王睿路. 资讯类短视频的"标配"与前景[J]. 新闻与写作，2017(5)：75-78.
[3] 张晗. 探析短视频在新闻资讯表达上的应用前景——以"梨视频"为例[J]. 新闻爱好者，2018(7)：39-41.
[4] 李鑫. 从梨视频实践看资讯短视频标准的确立[J]. 南方传媒研究，2017(3)：53-59.
[5] 崔瑾. 新闻资讯类短视频内容生产策略研究[D]. 河北大学，2018：20-23.

1. 兼具专业性、时效性和贴近性的内容特征

资讯类短视频为用户提供资讯信息服务，这些信息通常会成为社会大众日常生活的行动指引。社会生活涉及的资讯覆盖面广泛，社会环境的发展变化日新月异，用户所需要的资讯也必然随着社会变化而不断更新，这就要求资讯类短视频所提供的信息具有专业性、时效性和贴近性等特征。

与其他类型的短视频相比，资讯类短视频的内容专业性更强。在短视频创作中融入娱乐元素无可厚非，这样可以满足用户的休闲娱乐及个性化需求。然而，如果过度追求娱乐化，尤其是对于专业性较强的资讯类短视频而言，将会导致节目内容走向低俗化和浅薄化。正如前文所述，从内容角度来看，资讯类短视频涉及专业知识与技能，它是众多短视频类型中专业技术准入门槛较高的一种子类型。此外，资讯类短视频的专业性还体现为资讯内容如新闻、观点、评论等具有一定的敏感性，这种内容的敏感性与其他类短视频的趣味性、娱乐性内容的性质截然不同，资讯类短视频更应该坚守专业性与权威性，注重内容的价值取向。

区别于传统信息的生产与发布，互联网媒体竞争法则中的"时效性"是资讯内容的第一生命力。当前，一些资讯平台为了抢"独家"、抢"首发"，注重挖掘和发现一些具有"时效性"的资讯，从而吸引受众的注意力。也有一些平台热衷于蹭社会时事热点，或者是人云亦云，跟风报道一些并没有价值甚至被轮番炒作的社会热点资讯，不仅不能保证资讯的时效性，而且分散了用户的注意力资源，而一些有意义、有价值的资讯信息却成为报道的盲点。此外，在追求资讯内容的"时效性"的同时，资讯平台也应该注重资讯的社会价值以及资讯信息的"完整度"。毋庸置疑，在碎片化的信息时代，经过整合的资讯内容更受用户的青睐。

事实上，从"新闻"到"资讯"的概念的转变，是资讯类短视频内容更加贴近用户需求、彰显服务意识的体现。短视频行业发展迅猛、竞争激烈，短视频创作者必须将用户的选择和需求放在创作环节的中心位置。如今，用户已不再被动地接受资讯信息，而是主动积极地参与内容生产与传播，成为议题交流的主体。资讯类短视频只有以用户为中心，不断从现实生活的需求中去拓展广阔的内容创作空间，重视社会效益、运营投入和经济效益之间的良性循环，才会与用户的现实需求有机融合，契合社会大众的价值取向和关注趣味，传递具有专业性、时效性和贴近性的资讯信息，这也是资讯类短视频获取广泛关注、受到用户青睐的重要条件。

2. 兼具概括性、互动性和技术性的形式特征

随着社会生活节奏的加快，资讯类短视频的表现形式更倾向于"短、平、快"，在短视频的形式体裁约束下，为用户提供更具概括性、互动性、技术性的视听体验，是资讯类短视频的形式特征与风格体现。

资讯传播任务环节包括筛选、提炼、聚合和传播，在资讯过度饱和的当下，各类资讯平台越来越重视其信息筛选、资讯整合的角色。资讯类短视频不是对信息的简单罗列，而是对资讯资源的有机整合和高度概括。在资讯类短视频的创作过程中，创作者先要确立恰当的资讯信息整合的角度，运用系统、全面、发展的视角，对信息进行深度挖掘，并找到独特的切入视角，然后从纷繁复杂的信息素材中找到短视频呈现的逻辑脉络，将信息材料进行有机串联和高度整合、概括，在短视频有限的内容篇幅中，呈现更为丰富多样的资讯信息，为用户"节省时间"。

社交网络与社交媒体的兴起和发展，为资讯类短视频带来了更具社交性、交互性的传播潜质。当下，在信息传播和资讯交换的过程中，越来越多的短视频明显增强了主动性和互动性，这些注重互动分享的社交媒体让用户成为资讯内容的生产者、传播者与分享者、参与者。平台与用户在运用社交媒体互动的同时，媒体的话语空间得到了进一步拓展，资讯信息内容的传播范围变得更广，传播速度变得更快，与受众之间建立的互动黏性也更强。

新兴媒体技术为资讯类短视频提供了更具创新色彩的表现形式。虚拟现实、人工智能、AI等先进技术给媒体创作带来了无限的技术可能，也赋予了媒体产品更强的视觉冲击力和形式吸引力。资讯类短视频利用场景再现、动画演绎、特效模拟等一系列视听艺术与技术手段创新内容的表现形式，正如皮埃罗·斯加鲁菲在《硅谷百年史》中所预测的那样，当前的媒体不仅是被用来"获取信息"的，更多是用来"增进体验"的。无论是对资讯现场的还原或再现，还是以通俗性和趣味性的手法优化资讯的观感，再或是对抽象、空洞的信息资讯进行可视化处理，这些具有创新色彩的表现形式增强了资讯信息内容与传播的代入感，为用户资讯接收营造了沉浸感，赋予了资讯类短视频更具观赏性、"奇观化"的视听体验效果，用户通过"沉浸+参与"的方式全方位地感知并获取信息。

第四节　资讯类短视频的选题策划

一、资讯类短视频的选题策划原则

移动互联网时代，以"受众为中心"的传播观念已然深入人心。正如上节所述，在资讯类短视频选题环节应强调兼具专业性、时效性和贴近性的内容属性。资讯类短视频的内容几乎包含生活诸多方面的信息，但侧重点各不相同，因此创作者在进行资讯类短视频选题策划时，需要注意以下选题原则。

1. 导向性原则

相较于娱乐属性的内容，新闻资讯具有较强的敏感性，无论是客观地呈现新闻信息还是主观元素介入资讯整合过程，在选题环节，资讯类短视频创作者需要考虑选题内容的正确舆论价值导向。在处理一些资讯信息的过程中，既要达到资讯传播舆论监督的目的，又要注意媒体平台的话语表达分寸。新闻资讯的社会价值是选题的标准，它是最客观、最公正的标准，也是指导新闻资讯报道工作的重要原则。

2. 时新性原则

在移动互联网发展进程中，用户"全时化"接收信息已成为现实，但是用户拥有选择权与控制权，会根据自身接触的媒介与使用习惯选择关注资讯。因此，资讯类短视频应及时更新资讯信息，并以最快的速度进行报道，为用户第一时间呈现"新鲜"的资讯信息。资讯类短视频之所以广受欢迎，其主要原因在于它们能够同步报道正在发生、发展的势态。另外，新闻报道之外的资讯信息在内容上应富有新意，创作者应选择更新的视角，展开更深刻的探讨，这也是时新性原则的体现。

3. 重要性原则

重要性是指资讯内容与当前社会生活及其与用户的切身利益之间存在密切关系。换句话说，资讯选题越贴近用户生活、越关怀社会现实，资讯的重要性越被强化。在同一选题的处理中，资讯的重要性和贴近性体现为与物理"现场"的距离以及与用户心理共鸣的程度。从地理空间上看，现场实拍的画面能够拉近用户与信息的距离；从心理距离上看，资讯内容的视角与立场不仅突破了视听、图文的表达边界，还能够引发用户共情。资讯内容与用户生活的贴近程度以及资讯事件的变动(广度和深度两个方面)程度是衡量资讯选题重要性和价值的重要因素。

4. 趣味性原则

从媒体的社会功能看，资讯与用户娱乐需求并不是对立关系。在短视频时代，通过用户喜闻乐见的形式传递资讯信息，或通过短视频向用户传递富有趣味性的资讯内容，是短视频内容选题丰富性和内容风格生动性的现实体现。趣味性原则延展了信息内容的边界，创作者在处理资讯选题时，应合理融入故事性、戏剧性、娱乐性元素，为用户带来更具趣味性，以及更为丰富、多元的视听体验。

5. 效益性原则

在政策、商业、技术环境的合力影响下，短视频成为当下最为广泛的大众媒介形式。短视频选题要合理预期社会效益，社会效益是检验选题的一个重要原则。此外，资讯类短视频的选题也应注重社会效益和经济效益的权衡，不能过度追求经济效益，避免选题哗众取宠，避免一味"博眼球""抢流量"，应时刻牢记媒介工作者、媒介平台的社会责任感。只有平衡社会效益和经济效益，短视频行业才能健康有序发展。

二、资讯类短视频的选题来源

1. 社会观察与发现

资讯类短视频的选题主要来源于创作者的社会观察与发现。资讯类短视频的创作者应具备开阔的职业视野和敏锐的新闻感知能力，能够从常人司空见惯的现象中发现选题，通过不断地思考、追问、挖掘和延伸，或通过对比社会现象中的变与不变，可以更快、更准、更深入地发现社会现象中隐藏的资讯选题。

2. 官方发布

我国的新闻媒体多属政府主办或主管，官方媒体发布报道内容，或者媒介主动配合各级各类政策精神，以此确立新闻资讯报道的选题参考。这是获取资讯信息的主要来源之一。比如与用户相关的政策法规、公共事务、社会热点等内容都是社会大众值得关注的热点和焦点。官方媒体包括电视、报纸、杂志以及政策发布的官方网站，这些均是获取资讯选题的常用渠道。

3. 知情人士线索

传统媒体为了获得更广泛的新闻选题，通常会设立自由撰稿人、通讯员，或开设获取新闻资讯信息的热线电话，鼓励受众来信或来访，提供新闻线索或消息。与传统媒体相比，短视频平台与大众之间建立互动联系更为便捷，大众既可能是资讯类短视频的用户，也可能是提供资讯线索的知情人士。短视频平台可以通过互动平台鼓励大众积极参与资讯生产，也可以通过与用户之间建立通畅的联系渠道获取多样化的资讯线索。

4. 资源开掘

如今，短视频内容的深耕与垂直细分已成为趋势。获取资讯选题的有效途径包括：对资讯信息资源进行二次挖掘；对报道过的"旧"信息进行深度加工；通过资源挖掘启发灵感，找到新角度，并挖掘新内容；与不同媒介之间进行内容借鉴、格式转换。

5. 选题策划

资讯平台可以邀请相关领域的专家、学者或其他专业人士作为顾问指导，围绕重大题材展开系列选题策划，围绕时事热点展开特别选题策划；或是在创作团队中成立选题策划小组，通过召开选题策划会，定期组织选题交流，讨论选题设想和建议。

三、资讯类短视频的选题方法

1. 提高新闻敏感度

新闻敏感是媒体从业者应具备的职业素养，也是资讯类短视频创作者发现与识别资讯价值的能力要求。资讯类短视频的创作者应能及时把握形势，全面了解情况，通过比较分析，在平日的工作与生活中注意积累，善于思考和预见，不断提高新闻敏感度和新闻判断力。

2. 注重思维发散

在资讯内容选题环节，创作者应努力运用发散思维，寻找更加新颖巧妙的选题角度。例如创作者在处理社会题材内容时，如果能够争取到独家视角的选题，创作出的短视频通常会更具有影响力；创作者在处理"老""旧"题材内容时，可挖掘变动信息，或以新的视角、发展的视点、新的视听形式在传统题材中获取新意；创作者在处理同一题材资讯内容时，不必纠结于选题是否重复，关键在于如何发散思维，选择恰当的"陌生化"视角赋予资讯新的意味。

3. 完善选题机制

通过建立选题日志、选题筛选、档案存储、优化选题程序并建立一套选题运作程序等办法，完善选题机制，从而提高选题的准确率与成功率。

四、资讯类短视频的用户需求

1. 资讯类短视频的用户调查

根据《2020年中国资讯短视频市场洞察白皮书》发布的资讯类短视频的用户画像来看，其用户具有如下特征：资讯类短视频用户调查以"80后""90后"群体为主；性别以男性为主；八成用户为已婚状态；大多数用户的职业为企业工作者；接近八成用户为本科及以上学历；整体收入水平居高；一、二线城市分布居多；相对北方，南方用户更为活跃。

此外，随着对资讯类短视频行业发展的深入研究，一些学者通过调查资讯类短视频App用户的社会特征信息和使用信息，获取了资讯类短视频的用户画像。钟丹敏对"梨视频"用户基本信息展开调查，结果显示用户群像呈现"年轻化趋向""高学历背景""以中等收入群体为主"的主要特征[1]。刘晨以"我们视频"为例，通过总结用户的社会特征信息，发现其特征表现为"男女分布情况大致一致""男性用户略多""用户群体较广泛""趋向年轻化""有着较高的学历背景"等[2]。李亚飞对"澎湃新闻"的用户信息展开调查，统计数据显示，用户具有"以男性用户为主""一、二线城市用户占比较高""对政治参与热情较高"等特点[3]。

虽然不同类型、不同平台的资讯类短视频用户群体存在差异，但资讯类短视频的用户

---

[1] 钟丹敏. "5W模式"下资讯类短视频传播特征研究：以"梨视频"为例[D]. 武汉：武汉华中师范大学，2018：42-44.
[2] 刘晨. 新闻资讯类短视频的发展策略研究——以新京报"我们视频"为例[D]. 长春：长春工业大学，2019：29-31.
[3] 李亚飞. "澎湃新闻"微博短视频传播特色研究[D]. 北京：中国青年政治学院，2017：31-33.

群体区别于其他类型的短视频用户群体，呈现一些特定的群体特征。比如，从结果来看，资讯类短视频用户的男女比例大致均等，根据具体的平台内容属性和资讯垂直分类，性别差异也存在变动，但从整体上来看，性别比例相对均衡；从用户的年龄构成来看，整体趋向年轻群体，主要以中青年群体为主；从学历层次构成来看，资讯类短视频用户的学历以大学本科及以上为主，其中多为大学本科学历，大学专科、高中、中专及以下学历用户占比较少，用户拥有较好的教育背景，具有较高的文化素养和丰富的知识储备；从用户收入水平来看，头部和尾部收入的用户群体较少，收入水平在中等及以上。

2. 资讯类短视频的用户群体需求

资讯类短视频的用户群体需求包括获取信息需求、获取知识需求、娱乐需求、环境监测需求、社交社会化需求。

(1) 获取信息需求。获取信息需求是资讯类短视频用户的首要需求。与传统的图文报道形式相比，资讯类短视频可以在短时间内传播更多的内容，覆盖更广的范围。当下，读图、视听已成为用户获取信息的主要方式，更加符合现代大众利用碎片化时间获取资讯的习惯。

(2) 获取知识需求。用户在接触媒体的过程中，不仅有基本的获取信息需求，还有更深层次的"求知欲"。根据相关统计结果，用户观看资讯类短视频以获取新知识和技能的动机达30%。用户获取这些信息有助于增长知识，从而运用于社会生活之中。

(3) 娱乐需求。当今社会生活节奏加快、压力加剧，人们为了在业余时间调节生活，对娱乐、休闲的需求不断增加。因而，获取"娱乐"体验，从而舒缓身心、解除疲劳，也成为用户进行媒介接触的动机之一。资讯类短视频中所包含的趣味性和奇观化的内容，可以满足用户"心绪转换"和休闲娱乐的诉求。

(4) 环境监测需求。现实生活中，人们会因缺少信息支撑而产生恐慌和焦躁情绪。资讯类短视频信息来源广泛，可以为用户提供丰富的信息，满足用户获取信息的需求，消除周围环境的不确定性，从而达到环境监测的目的。

(5) 社交社会化需求。当下，用户从被动接收信息转变为积极主动参与资讯的生产与传播互动，这种互动不仅表现为传统意义上的信息交换，还表现为用户通过资讯信息的获取与表达，来建立社交，维护其社会人际关系，从而将自我放置于"社会"的大环境中，实现自我的社会化。用户接受与分享资讯信息是个体的社会化行为。

此外，资讯类短视频还满足了用户信息表达与传播、"窥视"欲望、"猎奇心理"等需求。针对特定的用户群体，资讯类短视频从不同方面满足了用户的政治资讯动态获取、政策决策参考、跨文化交流与拓宽文化历史视野等针对性需求。

五、资讯类短视频的标题拟定技巧

根据相关调查，在浏览资讯的时候，超过六成用户会在浏览标题之后继续阅读部分内容，有两成用户往往只浏览标题而不阅读内容。在新媒体环境下，用户主要根据标题来进一步判断短视频的内容，因此标题的重要性不言而喻。可以说，一个出色的标题在很大程度上决定了资讯类短视频的浏览量及传播效果。资讯类短视频标题的拟定策略大致包括以下几个方面。

1. 标题要简洁精练

标题字数应尽量控制在30个字以内，简洁精练是资讯类短视频标题以及发布导语的基本要求。常规的标题一般采用客观叙述的手法，在标题中概括资讯内容，帮助用户明确资讯的主题，以便于用户进一步阅读。例如抖音账号"小思聊财经"发布的短视频标题为"教你股票大跌之后应该如何操作"，该标题内容简明扼要，便于有相关需求的受众直接定位该视频并获取相关资讯信息。

2. 标题要突出细节

标题应直接突出资讯内容所反映的现象、态度和观点，并通过具有画面感的修辞来突出资讯中具有吸引力的场景和细节。这样直击细节的标题不仅能降低用户思考成本，还能契合用户简明阅读的心理需求，从而引起用户关注的兴趣。例如抖音账号"广东台触电新闻"发布的短视频标题为"最低20块，打表等明年"，该标题既呈现了广东揭阳交通运输局相关负责人对当地黑车"死灰复燃"的回应，也突出了事件的细节。

3. 标题巧用数字

标题中使用数字，不仅可以将资讯中原本抽象、模糊的概念具象化，也可以概括并盘点资讯内容所具有的特征，还可以强化资讯内容的说服力，提高辨识度。例如抖音账号"科技狐"发布的短视频标题为"7分钟被盗刷1.6万元，iPhone存在严重漏洞"，该标题巧用数字，直观地体现了手机存在的安全问题，引发受众的关注和讨论。

4. 标题要有传播点

标题通常会提取资讯事件最具吸引力的内容作为传播点，并将其置于显著的位置。另外，适度加上一些具有传播力的关键词，同时采用适度的夸张修辞手法来铺垫事实，也可以增加内容的吸引力。例如微博账号"小央视频"发布的短视频标题为"撒贝宁饭碗要被周深抢了"，该标题以两位名人和撒贝宁的"危机感"作为传播点，构思新颖，极具吸引力和传播力，能够迅速抓住受众的眼球。

5. 标题善用感叹号

感叹号一般表示惊讶、震惊，本身具有强烈的情感表达色彩。在标题中强调"强情绪"内容，不仅可以对用户形成较为强烈的情绪冲击，还可以增强短视频对用户的情绪输出。例如微博账号"央视文艺"发布的短视频标题为"一步千年，探寻八朝古都的美食魅力！"，该短视频主要讲述了记者团走入宋韵满满的开封站品馔会品尝美食的过程,在标题中加入感叹号,能够让用户产生一种热情洋溢的感受。

6. 标题表达悬念化

通过设置悬念,在标题中设立想象的空间,可以激发用户的好奇心理,让用户抱有心理期待,产生探求事实的动力,以此形成场景代入感。例如抖音账号"全球不知道"发布的短视频标题为"为什么海钓更容易被鲨鱼袭击",该标题设置了疑问与悬念,以"问题探讨"吸引用户观看。

以上几点为资讯类短视频的标题拟定提供了简单的思路,在具体的内容创作与发布环节中,多数标题在满足简洁明了的基础要求的同时,也可能包含多个技巧特点,这样的标题既能传情达意,同时更具特色。

第五节 资讯类短视频的叙事策划

一、资讯类短视频的叙事视角

所谓叙事视角,是指叙事者在叙述一个事件的过程中所采用的观察视角。叙事视角对事件的呈现效果有重大影响。法国文学评论家热奈特在《叙事话语》中将叙事视角分为三类,即内聚焦叙事、外聚焦叙事和零聚焦叙事。何纯在《新闻叙事学》中对新闻叙事的视角进行了更具体的分类,他基于叙事者所知、所陈述的信息量、是否参与事件、叙事者的数量和叙事者所使用的人称等层面,将叙事视角进一步分为全知视角和限知视角、外视角和内视角、一元视角和多元视角、第一人称视角和第三人称视角。以下参考叙事学的相关研究,结合资讯类短视频的叙事实践,介绍资讯类短视频常用的叙事视角。

1. 外聚焦

外聚焦又称为客观叙事视角。这种资讯类短视频叙事仅客观地呈现资讯信息,不展示其中人物的内心情感世界,贴近新闻资讯的客观性。叙述者扮演事件的记录者和传达者的角色,叙事者所知小于事件当事人所知。叙事者能做到的就是还原新闻事实,以及详尽讲述了解到的事实。新闻强调客观性不等于断绝人情味,外聚焦视角倾向于摒弃人物内心活动,故而在涉及具体人物的事件和人物的情感展示时,外聚焦视角不完全适用。例如,澎湃新闻抖音号发布的短视频《昆山两楼盘大幅降价被暂停网签,多地曾发文限制降幅》(见图3-4),介绍了近20个城市出台政策限制商品房成交价格下跌

图3-4 短视频《昆山两楼盘大幅降价被暂停网签,多地曾发文限制降幅》

幅度的现状。

2. 内聚焦

内聚焦又称为"有限聚焦"。这种资讯类短视频叙事通常采用"当事人视角"或"记者视角"，即跟随某一人物的视点叙述故事，获得有限的信息，完整还原事件。叙述者等同于人物(叙述者只说出自身所了解的情况)，资讯信息之间的逻辑、人物情感都是运用同一视角"看"到的。这使得新闻更贴近实际生活，无形之中传达了人物的特定情感，具有较强的感染力。例如青蜂侠抖音号发布的短视频《村里来了"耿答应"》(见图3-5)，通过多位同事的第一人称讲述，介绍了耿忠营的故事，表达了同事们对"耿答应"的认可。

图3-5　短视频《村里来了"耿答应"》

内聚焦叙事通过有限的视角讲述事件的经过，它是资讯类短视频常用的叙事视角。但采用这种视角来叙事，容易使视频呈现的内容浮于表面，难以进一步升华内容、增加深度和思想性。

3. 内外结合的叙事视角

资讯类短视频主要采用"呈现客观事实的外聚焦"与"表达主观观点的内聚焦"两种视角相结合的叙事方式，从多角度为受众完整地展现、阐释资讯信息内容。

例如央视新闻抖音号发布的短视频《这不是"疯子"的运动！"中国翼装飞人"张树鹏》(见图3-6)，通过画外音解说配合张树鹏自己对翼装飞行心得的讲述，展露出他非同寻常的胆识。如果仅以外聚焦客观刻画场景和人物，就失去了情感和代入感；如果仅以主观叙述穿插全篇，就失去了客观性和真实性。资讯类短视频运用内聚焦和外聚焦穿插的手法，可以让视频内容更为丰富、更有人情味，在意义表达上也更加清晰。

图3-6　短视频《这不是"疯子"的运动！"中国翼装飞人"张树鹏》

此外，零聚焦叙事视角接近于上帝视角，它以无所不知的方式叙事，在资讯类短视频创作中，这种叙事视角很少被采用。

综上所述，资讯类短视频在叙事内容的篇幅上具有时间限定。在有限的时间内，创作者应综合运用客观呈现资讯信息与主观介入等不同叙事方式，选取最为有效的叙事视角，清晰表达资讯信息，实现传播效率的最大化。

二、资讯类短视频的叙事结构

叙事结构是一种框架结构。资讯类短视频的叙事结构可分为五种,即倒金字塔式叙事结构、线性叙事结构、非线性叙事结构、蜂巢型叙事结构以及互文性叙事结构。

1. 倒金字塔式叙事结构

所谓倒金字塔式叙事结构,是指在叙事时开门见山,将最能引起受众感受的部分放在最前面,然后再有序展开其他内容。倒金字塔式叙事结构具有如下特点。

(1) 采用"总体性"倒叙手法,将最富有吸引力的内容放于前面。

(2) 按照重要程度来安排叙事材料,通常呈现"重要""次重要""次要""更次要""补充材料"和"进一步交代性材料"这一顺序。

(3) 叙事导语部分的内容往往包含最为重要的事实,甚至可以独立成为标题新闻。

2. 线性叙事结构

线性叙事的"线"既可以是故事线又可以是视频时间线,故事发生可以区分时间上的先后,但需要保持前后的连通性和时空的统一性。无论故事线如何曲折扭转,只要有头有尾、不间断,同时可以回到正轨就仍是线性叙事结构。线性叙事结构具有如下特点。

(1) 线性叙事结构在新闻报道中最为常见,按照事情发展顺序和因果关系进行叙述,以一条清晰的线索贯穿整个故事。

(2) 线性叙事非常适用于写实类短视频,此类短视频可以按照事件进程和时间顺序来叙述事件,凭借直接关联的故事线索告诉受众事件的前因后果,能给受众带来强烈的现场感,给受众留下纪实的印象。

3. 非线性叙事结构

非线性叙事结构通常围绕一个话题展开,视频中不会有主人公或核心事件,而是将这个话题的周边信息和多人叙述串联在一起,故事情节不注重完整性,更倾向于跳跃和多角度叙述。非线性叙事结构具有如下特点。

(1) 采用非线性叙事结构的内容具有一定的深度,同时对短视频的时长要求颇高,由于时长过短,无法展示多个情节,不仅不能达到引人思考的目的,还会让受众觉得摸不着头脑。

(2) 非线性叙事结构适用于话题式讨论,它不需要一个明确的答案或结果,而是需要与受众的心理活动相呼应,引发受众的共情和思考才是这类短视频的创作目的。

(3) 在新媒体时代背景下,资讯类短视频更关注普通人的日常生活和身边小事,其题材缺乏深度,因此,资讯类短视频一般较少采用非线性叙事结构。

4. 蜂巢型叙事结构

资讯类短视频为了保障信息的时效性,通常在获取部分信息后就开始报道,后续依据事件进展再进行补充报道。就像蜜蜂筑巢一样，逐步补足资讯事件(蜂巢)的全貌。蜂巢型叙事结构具有如下特点。

(1) 报道众多，对于重大突发事件，众多新闻媒体都会倾巢出动搜罗信息，争抢时效性。

(2) "信息黑洞"众多，即事件的不确定性和未知性较强，事件发生后，存在许多"信息黑洞"需要填补。

(3) 存在大量的碎片化信息，由于时间紧迫，只能对事件进行分散和碎片化报道。

5. 互文性叙事结构

当广泛的用户成为叙事文本的传播者，个体的偶然性叙事与专业媒体的必然性叙事构成了当下媒体外部新闻资讯的互文性。资讯类短视频的互文叙事还体现为文本、声音、图像、视频、动画等多种形式的综合应用，它极大地丰富了新闻信息内容，用户在参与的过程中既能加深理解，又能体会到深层的交流。互文性叙事结构具有如下特点。

(1) 每一个文本都是对其他文本的呼应和转换，单个文本的意义是通过与其他文本相互参照而产生的。

(2) 在互文叙事中，文本理解与解读的整体性把握具有一定的难度，信息量要求较高。比如在过去、现在、未来的开放体系中，或在文本与其他文本横向的互文网络对比中来确定某个具体文本的特性。

三、资讯类短视频的叙事呈现

宏观叙事结构有助于用户更好地理解和接受资讯类短视频的内容。从叙事呈现的微观构成而言，充分利用叙事微观结构的各种元素不仅可以更好地提升短视频节目的综合观感，还可以在资讯信息叙述清晰的同时兼顾短视频视听叙事的艺术表现力；从微观层面而言，资讯类短视频叙事呈现的构成元素大致包含画面、声音、字幕、图表和动画。

1. 画面

画面是资讯类短视频叙事呈现最基础的可视元素，包含记录资讯内容的动态影像以及在不具备拍摄条件的情况下借用的照片或实物、影像资料等。资讯类短视频创作者正是通过这种直观可感的可视形象信息，向用户传达具体的资讯内容。此外，资讯类短视频创作者可以根据叙事的内容，灵活选用画面横屏或竖屏比例结构。横屏是指视频帧的长度大于宽度，其比例为16∶9，而竖屏则相反。竖屏更符合手机用户移动阅读的视觉习惯，而横屏画面视野更为开阔，画面呈现的资讯信息内容相对更多，创作者有时也可以根据原素材或影像的画质来决定画面比例。

2. 声音

现场同期声包括现场的同期人声和背景环境声等。这类声音伴随画面一起被记录下来，不仅能丰富画面，还能增强资讯信息的"真实性"和"现场感"。旁白解说是对短视频中出现的事物、情景等进行解释、说明的语言，通常更侧重于人物的主观表达。音乐在短视频中通常起到渲染情绪、烘托气氛、升华主题等作用，能够强化短视频的叙事节奏，增加娱乐色彩。

3. 字幕

字幕是资讯类短视频叙事呈现中附属于画面的屏幕文字。资讯类短视频通常会多样化地运用字幕来帮助呈现视频内容，字幕的组合形式包括仅声音(同期)字幕、仅解说字幕、声音(同期)字幕+概括字幕、声音(同期)字幕+解说字幕等。

字幕能够有效弥补画面信息传达方面的不足，虽然字幕在形式上附着于画面，但是在内容上又相对独立于画面，与画面一起形成两个资讯信息传播通道。

4. 图表和动画

在资讯类短视频叙事呈现的过程中，一些抽象概念、数字、地理方位或者人物、事件之间的复杂关系等往往不便于观众理解，光靠影像画面及文字说明仍然难以解释清楚，这时就需要绘制一些图形、图表，甚至需要加入一些动画来演绎晦涩难懂的概念和逻辑。

在资讯类短视频的叙事呈现中，画面、屏幕文字、图表和动画等视觉元素构成供用户"看"的信息，人物同期声、环境效果声、旁白解说和音乐等听觉元素构成供用户"听"的信息。创作者可以结合短视频视听叙事的艺术手法，更加形象、具体、生动地呈现资讯信息。

第六节　资讯类短视频的发布策划

一、资讯类短视频的发布平台

在短视频行业"井喷式"发展的当下，资讯类短视频的发布平台和渠道占据着重要的地位，甚至决定了内容的生产。不同的发布平台，其特点和优势也各不相同。根据发布平台的性质，可将发布平台分为以下几种类型。

1. 官方媒体平台

官方媒体平台有中央广播电视总台的视频社交媒体平台"央视频"(见图3-7)，以及上海广播电视台官方新闻客户端"看看新闻"(见图3-8)等。这类平台源于传统广播电视媒体,以短视频新闻为特色,以具备新闻性的视频互动为产品亮点。

图3-7　中央广播电视总台的视频
社交媒体平台"央视频"

图3-8　上海广播电视台官方
新闻客户端"看看新闻"

2. 短视频平台

短视频平台有"梨视频"(见图3-9)、"沸点短视频"(见图3-10)等专注资讯的短视频平台,以及"抖音"(见图3-11)、"快手"(见图3-12)等不限于资讯分享的综合短视频平台。这些平台拥有庞大的用户群体,是发布资讯类短视频的主要渠道。平台提供短视频发布、分享、观看等功能,可以快速将短视频推送给广大用户。

图3-9　资讯类短视频
平台"梨视频"

图3-10　资讯类短视频平台
"沸点短视频"

图3-11　短视频平台
"抖音"

图3-12　短视频平台
"快手"

3. 新闻客户端

新闻客户端有《人民日报》官方视频客户端"视界"(见图3-13)、澎湃新闻客户端澎湃新闻(见图3-14),以及《新京报》《中国青年报》等包含资讯类短视频发布平台的客户端等。这类客户端多为纸媒在全媒体传播、深度融合发展过程中而衍生的网络新闻客户端。

图3-13 《人民日报》官方视频客户端"视界"

图3-14 澎湃新闻客户端"澎湃新闻"

4. 社交媒体平台

社交媒体平台有新浪旗下的社交媒体平台"微博"（见图3-15）、腾讯旗下的内容记录与创作平台"微信视频号"（见图3-16)等社交媒体。这类平台是资讯类短视频传播的主要渠道之一，具有庞大的用户基础和强大的社交网络效应，它们可以通过用户分享和转发迅速扩散短视频内容。

图3-15 新浪旗下的社交媒体平台"微博"

图3-16 腾讯旗下的内容记录与创作平台"微信视频号"

二、资讯类短视频的发布效果

在移动社交背景下，资讯类短视频具有内容丰富多样、表现手段多元化、平台社交性和互动性强、传播效果好等传播特点。基于此，创作者可以从资讯内容、标题呈现、资讯时效、发布时机、平台及用户规模五个方面对资讯类短视频的发布效果进行策划。

1. 资讯内容

资讯类短视频的内容是影响发布效果的根本因素。资讯类短视频的内容特征强调信息的专业性、时效性和贴近性，并能够满足观众的需求。在当前新媒体瞬息万变的传播环境下，提供受众满意的资讯内容是资讯类短视频取得良好传播效果的根本，也是形成具有知名度、影响力的资讯平台品牌的重要保障。

2. 标题呈现

拟定标题是获取可观播放量的第一步，出色的标题不仅能概括地传达视频内容，还能吸引用户注意力，增加点击率和观看量，提高搜索率。

3. 资讯时效

资讯类短视频，尤其是新闻资讯类短视频通常反映新近发生的事件，可能只在特定的时间窗口内具有价值，因此应尽可能地把握资讯的新鲜度。在竞争激烈的短视频行业中，及时发布资讯将会带来巨大的效果优势。新资讯更可能引起人们的兴趣和关注，对观众来说更具趣味性和吸引力。而对媒体和新闻机构来说，发布新资讯不仅可以吸引更多观众，还可以提升声誉和知名度。

4. 发布时机

注重与用户习惯的契合、选择恰当的发布时机是提升视频点击率的重要途径。资讯类短视频创作者应根据目标用户活跃的时间来确定短视频发布的最佳时机，以扩大节目影响效果。一般来说，用户接触网络媒体的时间与其日常生活的作息时间相关。例如，中午和晚上休息时间，网络媒体使用率较高，用户接触网络媒体的全天高峰时段分别出现在11：00—13：00、20：00—22：00。2022年12月，中国广视索福瑞媒介研究(CSM)发布的《短视频用户价值研究报告2022》显示"短视频晚间睡前的用户占比趋稳于六成，午休时用户占比超四成"①。该报告明确了用户使用网络媒体的活跃时间，调整节目发布时机更有利于实现短视频发布与用户观看的契合。此外，通过个性化推送技术，可以实现资讯内容与发布时机的精准匹配，提高短视频的到达率和点击率，形成良好的传播效果。

5. 平台及用户规模

有效的推广和营销不仅可以提高平台的知名度，还可以扩大平台的影响力，从而拓展用户群体的规模，提高平台内容的访问量和活跃度，进而促进平台的发展和成长。平台可通过合适的渠道和方式进行宣传，如社交媒体广告、合作推广等，可以吸引更多的用户，从而提高平台的影响力。

三、资讯类短视频的发布效果提升

结合资讯类短视频的传播特点与发布效果的影响因素，下文将从资讯类短视频内容、形式、运营等维度展开思考，讨论如何提升资讯类短视频的发布效果，更好地满足用户多样化的信息需求。

1. 内容维度：深耕内容，提供优质的资讯服务

在短视频时代，碎片化阅读趋势越来越明显，丰富的信息资源不断冲击着用户，用户也在日新月异的媒体环境中不断提升对内容的各类需求。短视频平台应做到以下几

---

① 中国广视索福瑞媒介研究(CSM). 短视频用户价值研究报告2022[EB/OL]. https://www.xdyanbao.com/doc/f15b99eyw3?bd_vid=7728914182698087972，2022-12-10.

点：在尊重事实的基础上，遵从新媒体传播规律，深耕内容优化，不断生产更新、更丰富的优质资讯内容服务，通过组建专业内容编创团队，拓展资讯内容矩阵，涵盖更多的垂直领域；注重创新，以独家报道、原创性资讯内容避免同质化竞争；从资讯内容的新鲜度、深度、广度等方面入手，全面提高资讯类短视频的内容质量，满足多种信息需求；注意内容专业化、娱乐化并重，通过娱乐元素的融入，以更具趣味性的内容带来更好的传播效果；挖掘用户的内容资源，使其内容更贴近大众的社会生活；通过与主流媒体和国内外各大网络平台达成合作，强化内容的官方、权威属性；通过UGC、PGC等多重内容供给途径，丰富资讯的内容来源。

2. 形式维度：创新设计，营造全新的视听体验

在新的传播环境下，内容生产需要依据新兴媒体传播平台的特点，尝试运用新的媒介技术与表现方法，以更具吸引力与互动感的视听设计，顺应当下媒体环境中用户日益新潮的审美要求。在具体的形式设计过程中，资讯类短视频需要考虑其内容载体形式的技术规格、用户习惯、审美趋势等因素。例如，相较于传统媒体的屏幕尺寸，移动端小屏在呈现资讯信息的过程中有其自身的视听语言规范，创作者不能照搬传统媒体内容生产创作的理念、经验和技术。在小屏这一相对狭小的视觉空间内，景别、角度、镜头时长等画面信息的传达，以及画面横竖屏设计等方面都应该遵循网络视听和小屏审美的基本规律，不断创新，优化用户的审美体验。交互式传播完全打破了传统媒体的局限，实现了传播者和用户之间的实时交流和双向互动，同时它能够及时有效地反馈信息的传播效果。资讯类短视频可通过强化评论、点赞、分享等社交互动功能，引入积分、徽章、排名等游戏化设计，鼓励用户参与互动，增加用户的参与黏性。

3. 运营维度：优化资源，拓展深远的品牌影响

优质的资讯内容需要通过多方位的渠道发布才能取得良好的传播效果，资讯类短视频若想获得长远的发展优势，还需要优化资源，加强合作，不断扩大品牌影响力。

从平台运营的角度而言，平台需要加强人员的媒介素养，提高创作者的专业技能。平台应实施内容管理，保证信息的真实可靠，通过后台技术和专人审核的方式对平台内容进行严格把关，过滤不良信息，避免造成不好的社会影响。资讯类短视频平台不仅要将自身作为短视频资讯的提供者，还要将自身当作社交产品去运营维护，社交化运营也能够在一定程度上树立平台形象，积累用户信任值和好感度。平台可以通过话题引导、置顶评论、平台拟人化等方式加强与用户之间的互动，满足用户的社交需求，为用户搭建交流和分享的社区平台，增强用户的归属感，将平台打造成一个"意见社区"，增强用户间的交流。平台应与相关行业领域建立合作关系，共同推广和运营资讯平台，通过流量和资源共享，扩大用户基础。平台还应保持创新活力，定期更新平台的内容和功能，并及时跟进用户需求和市场变化，结合营销活动来营造热度，不断扩大传播声量，优化资讯类短视频的商业模式，形成平台运营、品牌发展的可持续动力。

第四章 微纪录片类短视频策划

案例4-1 历史文化名人微纪录片《千古风流人物(第2季)》

历史文化名人微纪录片《千古风流人物(第2季)》(见图4-1)于2022年播出。该纪录片以中国历史文化名人为主题,每集二十五分钟,其中白居易四集、陶渊明两集、陆游两集、李煜四集。拍摄者意在还原人物境况,走进主人公的内心,解读其情感和内心世界,结合时代背景和经典作品,形成对主人公的独特理解。该微纪录片采用4K摄像技术,以主人公的生活轨迹为主线,结合主人公生活中的重要场景,通过场景再现、手绘动画、3D特效等多种方式,真实地反映了历史文化名人的生活历程,展示了他们对中国乃至世界产生的影响。

该微纪录片以朴素的拍摄手法,讲述了一个个文人的生平和感受,获得广泛好评,爱奇艺评分为9.4分。

图4-1 历史文化名人微纪录片《千古风流人物(第2季)》

案例4-2 人文美食系列微纪录片《和田食光》

《和田食光》(见图4-2)是2023年更新的人文美食系列微纪录片,共五集。该纪录片依托于精彩的人物故事,多角度、多层次地呈现中国新疆和田地区的美食。《和田食光》策划调研历时超过两年,拍摄的人物和美食覆盖和田地区七县一市。该微纪录片以美食为创作载体,依托精彩的人物故事,展现新疆和田地区的美食之美、文化之美、融合之美、人情之美和万物之美,向外界展现一个鲜活真实、文化深厚、文明和谐、开放自信的新时代和田。

截至2023年5月,该微纪录片在腾讯视频平台的推荐值为92.9%。

案例4-3 微纪录片《这十年》

微纪录片《这十年》(见图4-3)通过个人的微观视角展现了中国十年间的巨大变化和成就,反映了十年发展带来的个体命运的巨变,凸显了人民的美好生活和感动瞬间。该系列纪录片集中展示了在党的领导下,中国社会各界在这十年中所取得的巨大成就,聚焦于国防、民生、教育、医疗、工程机械、乡村振兴等

图4-2 人文美食系列微纪录片《和田食光》

各个领域,分别讲述了不同行业中奋斗者的故事。

微纪录片《这十年》每集大约10分钟。从2022年上新后,广获好评,在芒果TV、腾讯视频等多个互联网平台播出,视频评分为9.5分,推荐值为88.1%。

随着科技的不断发展、网络信息技术的日益革新、产业的不断升级,媒介生态发展进入了全新时代。在此背景下,纪录片也孕育出新的形态——"微纪录片"。《千古风流人物》《和田时光》《这十年》便是近几年不同题材的微纪录片代表,这些微纪录片以色彩绚丽的真实画面展现了中国社会、文化、生活等方面,其"轻"体量"厚"内容的形式符合人们碎片化的观看习惯。

作为短视频中的一个类型,微纪录片如何在海量视频信息中"图生存""求发展",是一个值得探讨的话题。本章首先对微纪录片短视频的概念进行界定,阐明

图4-3 微纪录片《这十年》

当前媒体环境下微纪录片的定义、类型及特征;其次分析微纪录片发展现状,整合梳理近年来优质微纪录片的案例;最后细致剖析微纪录片类短视频创作中面临的问题,说明如何从目标用户、选题、叙事、风格、发布、效果反馈等方面进行微纪录片类短视频的策划。

第一节 微纪录片类短视频概述

传统媒体较早地开始尝试纪录片转型,代表作品有中央广播电视总台推出的《如果国宝会说话》(见图4-4)、央视微电影频道推出的《中国品牌故事》、北京电视台纪实频道推出的《我们的传承》等。通览各媒体推出的微纪录片,可以明显看到转型创新的探索正在稳步前行。本节围绕微纪录片类短视频展开阐述,厘清其概念、类型和特征。

一、微纪录片类短视频的概念

对于微纪录片类短视频概念的界定及其起源,学界尚无定论。早在1992年《现代传播》刊登的一篇论文中,作者就提到:"微型纪录片(the mini

图4-4 微纪录片《如果国宝会说话》

documentary)是在杂志型节目(the magazine show)进一步拓展的背景下应运而生的。它以制作周期短、耗资小、传播速度快等优势大量涌入电视节目。一般情形之下，微型纪录片的时间长度为4～10分钟。"①凤凰视频是国内最早进行微纪录片探索的视频网站，其总监郑红认为："所谓微纪录片，其实是纪录片的进化和派生。微纪录片更加专注于在有限的时间内传达最聚焦的营销信息，通过丰富的输出终端渗透，使传播的信息更容易被受众获取。"

本书认为，在详细梳理微纪录片类短视频的演进简史，以及它与微电影和微视频的区别之后，方能对其进行较为适当的界定。

1. 微纪录片的演进简史②

第一个阶段：要素预备期(1992—2009年)

1993年，央视开播的《东方时空》的子栏目《生活空间》，每集10分钟，用影像来记录普通百姓生活中的酸甜苦辣，折射出在社会急剧变化下普通百姓身上发生的故事。2006年起，网络拍客(用数码相机、手机等记录影像并分享在互联网的群体)影响力逐渐增加。在Web2.0时代，作为原受众方的拍客正积极利用网络双向传播的特点，实现"受者"到"传者"的角色转换③。

第二阶段：类型定型期(2010—2012年)

随着移动通信技术的发展，微纪录片的发展呈现实践与概念并行的格局。该阶段的代表作有2011年开播的《搜狐大视野》，总共115集。

第三阶段：类型繁荣期(2013年至今)

在这个阶段，监管部门扶持微纪录片的生产和营销，主流媒体加速融媒体转型，并介入微纪录片的实验性制作，各类评奖不仅构建了艺术学术平台，还加速了微纪录片的创作交融。该阶段的代表作有《舌尖上的中国》(见图4-5)、《故宫100》《我的中国梦》等。腾讯视频在微纪录片的创作中推出较多内容，如饮食类的《风味人间》《早餐中国》《宵夜江湖》等。B站在自制微纪录片中推出多类型内容，如美食类的《人生一串》，将各类烧烤文化呈现给用户。此外还有英雄联盟职业联赛的微纪录片《来者何人》、抗击疫情的微纪录片《在武汉》、警务纪实观察类微纪录片《守护解放西》等，这些微纪录片以年轻化、多角度的特征满足不同观众的

图4-5 微纪录片《舌尖上的中国》

---

① 赵淑萍.国外电视纪录片的发展趋势[J].现代传播，1992(2)：43-47.
② 张健.视听节目类型简析[M].上海：复旦大学出版社，2018：251-257.
③ 孙燕.网络拍客视角探析[J].今传媒，2008(12)：61-62.

需求。

2. 微纪录片类短视频与微视频、微电影的区别

电影应当具有完整情节、人物形象、镜头语言等要素。与电影相比，微电影的制作成本以及对演员、剧本的要求相对较低，制作流程更为简化，主要流通于互联网平台。微纪录片与微电影的相似之处在于"微"字，它们的时长都相对较短。两者的区别在于微电影是根据电影剧本进行演绎的，可以设定时空；而微纪录片是对客观事实的描绘和再现，艺术加工空间较小，更加讲求真实。

微视频是用户自主上传到网络的视频。该类视频拍摄时长自由，主题宽泛，具有可随时、随地、随意拍摄，以及娱乐性强、与用户的互动频率高的特点。用户只需要注册账号、拍摄并上传内容就可以进行分享。每个人都可以是编导、演员、观众，真正体现了"草根影像"和历史的撰写及记录者的特征。微纪录片与微视频的共同点是真实，两者都是对现实生活的客观反映。但是，以娱乐为目的的微视频很难承载深沉厚重的文化内涵；而微纪录片具有鲜明的风格，严谨的叙事，充分展示了创作者较高的理论和审美文化素养。

有学者认为："微纪录片是以真实生活为创作素材，以真人真事为表现对象，并对其进行艺术加工与展现，以展现真实为本质，引发人们思考的电影或电视艺术形式。"[①] 微纪录片的"微"字体现为短内容、轻体量。综合以上梳理，本章暂且将微纪录片界定为：时长在25分钟以内，主要在网络平台播放，运用纪实性手法拍摄真人真事，以构建人和人类生存状态的影像历史为目的的简约隽永的短视频类型。

二、微纪录片类短视频的特征

微纪录片用其短小的体量记录着城市、人物、历史，将一城、一事、一物赋予意义和价值，其真实、艺术、生动的叙事感染着用户。微纪录片主要有以下特征。

1. 短小精悍

在时长上，微纪录片通常在25分钟以内，其内容紧凑而有力；在生产方式上，相较于电影和电视纪录片，微纪录片的创作周期短、制作成本低、传播速度快；在内容上，微纪录片主题单一，往往记录生活中的一件事，主题明了，指向明确；在故事节奏上，微纪录片用几分钟讲述一个完整的故事，节奏紧凑而迅速；在传播方式上，用户可以自由选择自己感兴趣的内容，并且刷新频率快。为适应用户不同场景的碎片化刷屏需求，微纪录片类短视频从不拖泥带水，故事节奏紧凑。

---

① 汤幼鸿. 浅析中国纪录片的商业化发展[J]. 西部广播电视，2019(11)：108-109.

2. 真实性

微纪录片类短视频以真实的镜头、真实的音效和配乐，呈现真实的场景和人物。通过生动有趣的故事情节和艺术化的表现手法，展现真实的事件和人物，真实是微纪录片类短视频的灵魂。

3. 正面价值导向

展现正面的价值观和向上的能量能够带给观众心灵的触动和启迪。微纪录片类短视频通常记录红色事件或人物，以传播正能量为主。例如央视频推出的记录人物的系列短片，各地方台联合推出的记录地方历史发展的各种纪录片，以及对于中国传统文人、传统文化的解释说明性短视频。微纪录片类短视频通常传播正能量题材，传达爱国、友善、民主、和谐等正面价值观。

4. 使用社交媒体进行传播

微纪录片类短视频拥有社交媒体传播的优势，并且更容易在平台上引起关注和分享。微纪录片类短视频通常采用人们喜闻乐见的平台来进行传播和推广，例如抖音、快手、腾讯视频、爱奇艺、芒果TV、央视频等。这类视频平台使用率高，使用时长相对较长，用户体量庞大，传播效果十分显著。

5. 平民化

全民皆可参与微纪录片类短视频的创作，其选题不仅局限于宏大事件，也涵盖生活细节与底层事件。这种选题与新媒体环境相适应，符合平民化和碎片化的需求。传统纪录片的准入门槛较高，对拍摄者的专业知识、审美素养、知识积淀等有更高的要求。而微纪录片的拍摄"去高就低"，曾经让普通人仰视并视为"专业"的策划、编导、摄像与剪辑等专业技能，如今普通人借助手机与手机软件也可以轻松掌握和应用，尽管呈现效果与专业纪录片相比可能会差强人意，但也正因微纪录片具有"带着毛边的生活"的特性，每个人都可能成为自己生活影像的导演、记录者或评判者。B站纪录片频道有许多Vlog微纪录片，主题有旅游、婚恋、美食、医疗等，也有记录身边事或者经历的主题，如"清华'学霸'最真实的一天"等。这些视频的拍摄风格均为纪实，旨在表达特定的主题，创作者形形色色，来自各个年龄段、各个阶层、各行各业。普通大众镜头下的生活更加接地气，真实聚焦人的本质，让纪录片的意义真正落到生活的实处。

6. 时效性强

微纪录片具有随时随地拍摄上传的自由性，生产时间短，生产方式简便，因此它能够及时记录新近的社会热点。相较于传统媒体，大众制作的内容更侧重于满足个性化需求。微纪录片虽然篇幅短小，但内容贴合实际需求，并且具有针对性，能够及时形成反馈,发挥其周期短、发布快的优势。例如,北京电视台制作的微纪录片《二十四节气生活》(见图4-6)由24个独立片段组成,每一个片段对应一个节气,并于节气当天播放相应片段,从而引发观众对季节更替的思考。这种生产与播放同步的记录方式,可以较快链接新闻热点,获得更多浏览和关注。

三、微纪录片类短视频的类型

1. 按照题材分类

(1) 政论纪录片。政论纪录片利用真实的影像、事实、材料来论证一个事件或一个人。它在技术、艺术等方面有着很大的发展空间,并以影像材料为佐证,呈现想象和史实相辅相成

图4-6 微纪录片《二十四节气生活》

的特点。素材可以是当下发生的,也可以是历史上存在的,没有时间限制。政论纪录片应做到材料真实、论据严谨、观点鲜明、表达能力强、科学合理。

(2) 时事报道片。时事报道片主要记录近期发生在社会生活中的新闻事件及社会现象发展过程中的动态变化情况及发展趋势,就像一部新闻电影。它的报道范围不局限于经济、政治、军事等,通常以"单元故事"的叙事方式呈现较为完整的事件。这一类型纪录片在近年来较为流行,影响力较大。

(3) 微历史纪录片。微历史纪录片用于再现过去发生的一些事情。作品中所表现的人物和事件必须符合历史实情,而不能背离事实,可以呈现历史图像、历史照片和文物。

(4) 纪实人物传记。纪实人物传记以个体生命体验为主要内容。与通常的纪录片不同,它以人物为中心,不允许演员参与,不能虚构情节、虚构人物。它主要记录真实人物的生活经历、事迹等,以真实为原则。

(5) 生活纪录片。这里所说的生活纪录片其实就是我们通常所说的微生活类电影。它主要记录我们身边发生的事件、人文历史、风土人情、城乡风貌等。

(6) 人文地理纪录片。人文地理纪录片是反映当地自然风光、风俗民情、城市风貌等方面的纪录片。它可以还原人们的生活情况,具体可感,贴合实际。

(7) 专题系列纪录片。专题系列纪录片是指单独或连续围绕某一主题拍摄的纪录片。例如,《舌尖上的中国》共拍摄了三季,平台甚至还把《舌尖上的中国》作为一个独立栏目来播出。

2. 按照创作主体分类

(1) 短视频用户自制微纪录片。这是一种非正式类微纪录片,包括个人原创微纪录片,以及由赞助商赞助专业团队制作的微纪录片。创作主体的差异体现在表达意义、创作视角、运镜及剪辑手法方面。短视频用户自制微纪录片的内容题材广泛,其中也包括

处于社会边缘地带的人物,它是用户记录生活、表达自我的一个重要窗口,带有草根性和碎片化的特征。这类微纪录片在短视频平台上数量庞大,用户随时都可以自主上传片段。拍摄所用的设备一般是手机或相机,用户没有受过专业训练,仅能保证镜头对焦拍摄对象;剪辑通常是用手机App完成的,可以套用模板,或者简单剪辑,风格偏向"自然主义";作品没有深刻的立意和强烈的意识形态诉求,主要是创作者内心感受的倾诉或某种观点的表达。例如,小城系列微纪录片《紫金正在消失的老手艺——剃头匠》,讲述了城市中的剃头匠作为时代的记忆与符号,正在渐渐消失的事实,传递了生活中那种惋惜而又无奈的情绪;学生自制微纪录片《五里雾》记录了独居青年对未来生活的迷茫、焦虑和不知所措,试图探索青年的"出路"问题。

(2) 自主品牌专业团队制作的微纪录片。自主品牌专业团队由专业视频网站、纪录片公司或自媒体两部分构成。各大视频网站如腾讯视频、爱奇艺、优酷视频、B站等都开设了纪录片栏目,并且平台自制的微纪录片也不在少数。例如,此前腾讯网联合腾讯视频推出了微纪录片《中国人的一天》(见图4-7),聚焦中国普通百姓的生活状况和喜怒哀乐。

图4-7 微纪录片《中国人的一天》

综合而言,随着影视技术的普及与赋能,微纪录片的制作渐渐呈现三足鼎立的局面:专业内容生产机构以"二更""一条"等品牌为主,传播优质原创内容,形成纪实视频的IP品牌;视频网站与短视频平台以优酷、爱奇艺、腾讯视频,以及抖音、快手、火山小视频等为代表,通过新媒体为用户提供创作与内容分享的平台,将主流审美与大众娱乐有效结合,集聚了庞大的参与者群体;传统主流媒体如《人民日报》、新华社等致力于微纪录片的人文、历史性表达,在这块沃土上开疆拓土。三股力量汇流,共同造就了微纪录片的稳步繁荣。再加上各类利好政策的支持,微纪录片类短视频在创作团队、受众市场与资本投入方面逐渐实现了由小众向大众的转变。

第二节 微纪录片类短视频的用户策划

在微纪录片的创作过程中,目标用户分析应该放在较为重要的位置。策划一部或者一系列微纪录片需要考虑的因素有很多,本章首要谈及目标用户的策划,首先界定了目标用户的概念,总括了营销学中的STP分析法,其次从短视频主题和内容、年龄段、兴趣爱好、地域风格、平台、预算、观看环境等不同侧面阐述用户策划的内容。

一、微纪录片类短视频的目标用户概述

在营销学领域，目标客户群体定位是指企业根据自身的能力，向特定的客户提供具有特定内涵的价值产品，这些特定的客户就是目标客户。对于微纪录片类短视频而言，目标用户即收看这类短视频的用户。

要想找到微纪录片类短视频的目标用户，需要从各个方面进行考虑，无论是制作还是发布，都应切实贴合用户的需求。以需求为导向来创作微纪录片类短视频十分重要，用户需求决定了微纪录片类短视频的创作类型和传播效果。

在创作微纪录片类短视频时，需要对目标用户进行精准画像，综合考虑目标用户的职业、年龄、观看时长等因素。对目标用户进行定位时，可以使用STP(目标用户定位)分析法，其中，S(segmenting)指洞察和了解用户需求，对相关市场进行摸底；T(targeting)指以目标用户为基础，进行筛选和抉择；P(positioning)指从市场针对性的角度来考察适用性，进行市场定位。值得注意的是，STP研判所需要的时间和人力成本较高，因此在创作微纪录片类短视频时，只需借鉴其思路，或者进行简化版的STP分析即可。

二、微纪录片类短视频的用户策划内容

1. 主题和内容

微纪录片的主题和内容是吸引观众的重要因素。创作者需要分析微纪录片的主题和内容是否与某个特定的人群相关，不同的主题和内容，吸引的目标用户也不同。例如，一部关于环保的微纪录片可能针对年轻人和关注环保的人群。根据短视频的主题和内容来确定目标用户，能够起到精准定位的作用。例如，腾讯视频推出的微纪录片《急诊室故事2》(见图4-8)，每集30分钟，讲述的是急诊室的故事，它是一档利用固定摄像头拍摄的大型医疗急救纪实节目，拍摄周期为26周，98个摄像头全方位、无死角覆盖医院，将医院每个角落发生的故事，淋漓尽致地展现出来。该微纪录片豆瓣评分达到9.5分，推荐值达到96.6%。目标用户是与医疗相关的从业人员、病患以及病人家属等，集中在医疗领域。该微纪录片让人们看到了人间百态，了解了医院真实的境况。

2. 年龄段

微纪录片类短视频可以吸引不同年龄段的用户，不同年龄段的用户，其观看习惯和喜好也不尽相同，因此需要针对年龄段进行用户定位，明确区分不同年龄段用

图4-8 微纪录片《急诊室故事2》

户的需求。例如，养生类微纪录片，可能更贴近老年人对于健康保养的需求；动物世界类微纪录片，可能更贴合小朋友的好奇心和求知欲。根据用户年龄段进行策划，可以满足不同年龄段用户对于纪录片的需求，提升传播效果。

3. 兴趣爱好

不同用户的兴趣爱好不同，其关注领域也不同，例如自然、美食、社会、人文、历史、军事、科技、财经、探险、罪案、竞技、旅游等。平台可以针对用户的兴趣爱好来进行策划。比如科技类微纪录片《工业传奇第二季》记录了人类从工业时代走来，迈进智能制造时代的每一次变革，满足了科技爱好者这一群体的观看需求。又如军事类微纪录片《坦克科技》(见图4-9)，揭秘了20世纪至关重要的武器——坦克是如何在车轮滚动的同时完成射击的。该纪录片通过高科技特效、珍贵的档案资料、专家解读，全面展示从20世纪至今，因战争需要和科技发展而制造出来的各种战场上的装备。这种类型的纪录片，很适合军事爱好者。

图4-9 微纪录片《坦克科技》

4. 地域

根据不同地域进行用户定位，例如国内用户或海外用户，据此确定微纪录片类短视频的目标用户，并进行有针对性的宣传推广，优化短视频内容，从而吸引更多的目标用户观看。不同地域的人对于当地的历史、人文风俗、美食、自然、地理等都有不同的看法，因此按照地域来进行区分，可以满足不同地域的用户对于当地或其他地域知识的需求。例如，不少美食类微纪录片节目用不同区域的食物来区分，如《早餐中国》《和田时光》《无辣不欢》等，这些微纪录片依据不同地域的用户对于美食的不同需求来呈现内容。其中，腾讯视频自制美食类微纪录片《无辣不欢》以味觉体验作为切入视角，于2023年推出，讲述了多元的饮食个性，为观众带来异常火爆、热辣的美食视听盛宴，全系列覆盖云南、江西、四川、贵州、湖南、海南等地，展现了一场无辣不欢的尘世烟火气。

5. 风格

不同类型的微纪录片，其风格各异。纪录片的风格可以贴近不同需求的用户，例如偏少儿类微纪录片，音乐风格可能会更活泼、欢快、积极、阳光；而历史类微纪录片，可能会采用严肃、厚重、低沉、带有历史感的叙事风格和音乐。以纪录片《河西走廊》(见图4-10)为例，它呈现的是河西走廊上的金戈铁马、古老的贸易，以及古老的中西方文化。这部微纪录片的创作者把河西走廊的历史瞬

图4-10 微纪录片《河西走廊》

间编成一部长篇巨著，对河西走廊以至中国西部地区从汉朝到现代的历史进行了系统的梳理，展示了河西走廊千年来的壮丽和苍凉萧索。该纪录片画面灰暗，旁白采用低沉的男性嗓音，凸显出历史片的厚重，风格鲜明，引人入胜。

6. 平台

微纪录片可以在社交媒体上分享，也可以在专业的影视平台上发布。每个平台的受众有所差异，不同的平台有不同的用户，因此在进行目标用户定位时，不仅需要将平台的投放量纳入考量，还需要分析平台定位、特点、用户、推广要求等，从而更好地宣传和推广微纪录片。

7. 预算

微纪录片的时长以及预算都会影响平台对目标用户的选择。例如，一部制作精良的历史人文类微纪录片可能针对的是知识分子群体，美食类微纪录片可能更贴近普通劳动群众。创作者可以根据微纪录片的时长和预算来进行用户策划，瞄准目标用户，从而提升传播效果。

8. 观看环境

观众在工作时间观看微纪录片的可能性较低，而在闲暇时间或者周末观看微纪录片的可能性较高。观众的观看时间不同，对于微纪录片的投放会有相应的影响。如果在工作日投放，可能目标用户更多是已经退休的人群；如果在周末投放，可以投放娱乐类微纪录片，因为大部分人在周末会有娱乐放松的需求。

通过以上分析可以初步得到用户画像，接着可以通过收集和分析观看数据来进一步了解用户的兴趣爱好和行为习惯，以此更准确地定位微纪录片的用户群体，并制定更有针对性的宣传策略，提高微纪录片的曝光度和用户黏性。总之，创作者可以根据微纪录片的主题、风格、发布平台、预算和营销策略等来分析潜在的用户群体，以确定目标用户。

第三节　微纪录片类短视频的选题策划

选题策划是指在确定目标用户之后，根据用户需求和话题进行主题的选择、提炼和概括。在此过程中，创作者要从用户需求出发，将用户放在首位，以"利他"心态进行选题，筛选符合用户需求的主题，以备进一步完善微纪录片的创作。

一、微纪录片类短视频的主题概述

在我国古代，主题被称为"意""旨"等，它是创作者通过对现实生活的观察、体验、分析和研究，对材料进行加工和提炼得到的思想结晶。主题既包含、反映现实生活本身，又集中体现创作者对客观事物的主观认知、理解和评价。

电视节目的选题是电视节目制作与发展的基本取向，反映了电视节目创作者的原创性。短视频逐渐兴起，其中以《早餐中国》(见图4-11)和《舌尖上的中国》等"中国菜"系列短视频为代表。虽然"中国菜"的种类繁多，但其同质化现象依然存在，这使得"中国菜"的受众产生了审美疲劳，从而促使创作者创新创作理念。例如，平台可以推出一部以"照片中的记忆"为主题的微纪录片，向广大用户征集一部可以让他们参与创作的微电影，用讲述故事的方式来唤醒他们心中的回忆，追溯过去。每个片段都是一部动人的电影，反映了家庭、生活、社会等不同方面(仅供参考)。感情的宣泄与抒发是人类最根本的需求，在当今社会，在工作与生活的双重压力下，摄影成为一种温馨的记录方式，而影像资料又成为记忆的载体。

图4-11　纪录片《早餐中国》

通过部分视频平台微纪录片热门主题一览表(见表4-1)，我们可以更清晰地看到微纪录片各个主题的分布情况。经过分析及概括，我们发现微纪录片的题材、内容较为丰富多样，内容涵盖社会生活的各个领域，在时代发展、社会生活、个体人生等多个层面上表现出独特的艺术魅力。微纪录片记录了时代变迁，它以独特的表现手法，真实、客观地记录了社会发展、时代变迁的全过程，也记录了中华人民共和国成立以来在各个领域取得的辉煌成就，见证了中国翻天覆地的变化。此外，微纪录片还关注个体生活，它以独特的视角、丰富的表现形式和内容，将个体生命融入到社会发展中来，以个人和个体事件为中心，从个体的角度出发来反映整个社会的发展历程，从不同角度切入进行叙事。

表4-1　部分视频平台微纪录片热门主题一览表[①]

视频平台	片名	主题标签
腾讯视频	《人间有味山河鲜》	地方美食、饮食文化
	《下饭菜》	美食制作、风土人情
	《古代战场》	历史科普、中国史
	《一次远行》	人物故事、青春成长
	《千古风流人物》	文学品读、人生故事
	《真实生长》	生活纪实、"95后"成长故事
	《燃点：创业停不下》	创业、财经
	《是这样的，法官》	律政、法庭
	《早餐中国》	早餐、美食

---

① 笔者根据上述平台，筛选微纪录片前十名整理所得。

(续表)

视频平台	片名	主题标签
哔哩哔哩	《守护解放西》第三季	社会观察，警察
	《人生一串》第二季	美食，烧烤
	《派出所的故事2019》	社会观察，警察
	《冒险雷探长》	探险
	《奇食记》	美食，烧烤
	《不止考古 我与三星堆》	人文、文物
	《挑战极限》	试炼挑战、身体极限
	《不白吃的食神之旅》	美食、人文、旅行
	《未来漫游指南》	科幻、天文、科技
	《科学未解之谜》	科技、宇宙
爱奇艺	《南北小吃》	美食
	《大小海鲜》	美食
	《最后的棒棒》	社会、纪实
	《悟空奇闻百科》	社会、科学
	《无饭不早起》	早餐、食物
	《天下第一锅》	美食、火锅
	《面面俱到》	美食、面食
	《江湖绝味》	美食
	《基金》	财经、金融
	《人世间》	社会观察
优酷	《野性脉动》	动物、自然
	《赶烤淄味》	淄博美食、城市发展
	《苏东坡》	人物、情感
	《三十六计》	古代文化、历史
	《一面之词》	美食
	《岳飞》	人物
	《洛阳铲下的古国》	历史
	《江湖搜食记》	美食
	《历史的印记》	历史
	《寻找731》	历史、战争

二、微纪录片类短视频的选题策划内容

微纪录片创作者在前期创作过程中，应在了解和熟悉相关信息的基础上，选择具有代表性和新颖独特的题材来进行创作。作为一种新的电视影像形式，微纪录片的选题是创作者创作思维和创意灵感的体现，具有极强的个性化、多样化特点，需要创作者不断创新和探索。微纪录片选题具有重要的现实意义，创作者在确定微纪录片类短视频的主题时，可以从以下几个方面考虑。

1. 个人兴趣

微纪录片类短视频是一种以个人视角为主的内容形态。从拍摄角度来看，微纪录片类短视频不能像其他类型的短视频一样，以故事为主线进行拍摄和剪辑，而是需要一个能让观众产生共鸣、引发思考的主题。创作者可以通过以下两种方法来确定主题。

（1）从自己感兴趣的领域入手。创作者如果擅长摄影，可以将摄影方面的想法放入其中；创作者如果喜欢旅行，可以拍摄旅行相关的内容；创作者如果喜欢历史，可以拍摄历史相关的内容。从自己感兴趣的领域入手，可以激发创作热情，更容易创作出高质量的作品。

（2）根据目标用户定位来确定主题。创作者如果是一位"90后"青年，那么可以考虑拍摄一些"90后"在生活中遇到的事情；创作者如果是一位"80后"青年，那么可以拍摄"80后"的时代记忆，以此引发用户的怀旧情感和共鸣。以目标用户为核心来确定主题，更能够贴合市场和观众的需求。

2. 社会热点

社会热点具有创作与挖掘的价值。创作者在选题时，可以紧跟热点话题和潮流趋势，力求贴近用户的生活现实和需求，这样的选题更容易受到用户的喜爱。创作者通过社会热点挖掘选题时，应注意以下两个方面。

（1）热点本身就是一个选题方向，创作者可以采用用户关注的环境、公益、健康等方面的选题，这类微纪录片贴近用户需求，可以让用户产生共鸣，传播途径更为顺畅，传播效果更好。

（2）热点随时会出现，创作者应及时记录灵感，总结流行趋势，同时培养发现热点的灵敏度。此外，微纪录片类短视频的创作周期较长，拍摄完成后，可以记录相关内容和细节，以便事后复盘和总结。

3. 人文故事

人文故事类微纪录片的内容通常包括人物传记和文化遗产。通过人物传记类微纪录片，用户可以了解到真实而又鲜为人知的历史细节；通过文化遗产类微纪录片，用户可以感受到历史和传统文化的精髓。人文故事类微纪录片能够传递真实、客观的信息，彰显人文关怀和情感价值，具有一定的文化品位，深受广大用户的欢迎和喜爱。创作者可以根据目标用户的需求，以人文故事为选题，创作具有丰富内涵的微纪录片。

创作者综合考虑以上几个方面后，就可以确定微纪录片类短视频的主题，然后根据不同主题进行拍摄、制作、传播，吸引目标用户观看。在创作过程中，创作者可以结合选题进行创新尝试，创作更有创意和个性化的微纪录片类短视频，从而提升传播效果。

第四节　微纪录片类短视频的叙事策划

在微纪录片类短视频叙事策划的过程中，创作者需要将传统的叙事方式和新时代人们对于快节奏的要求结合起来，将微纪录片类短视频的创作与现实和技术结合起来。在进行微纪录片类短视频创作时，创作者需要具备多种能力，如撰写脚本和剧本、策划等能力，以便较好地完成剧本创作。在完成剧本后，创作者还需要掌握一定的拍摄手法和拍摄语言，这样可以更好地展现相应的主题，从而引起人们的共鸣。

一、微纪录片类短视频叙事手法概述

叙事手法可以分为非线性和线性两种。传统纪录片通常采用线性叙事结构，可以准确地引导观众进入剧情，用娓娓道来的方式讲述影片中的因果关系，以此来传递主题，让观众产生共鸣。然而，随着新媒体生态的持续发展与技术革新，以及互联网时代的来临，纪录片原本冗长、慢节奏的叙述方式或许不适应公众的信息接收需求。而微纪录片在叙述结构上与传统纪录片不同，更偏向于非线性叙述。非线性叙事结构在去繁冗的同时，也确保了整体的主旨明确，不仅能以简洁清晰的节奏迅速吸引观众的眼球，还能在新媒体环境下获得更好的传播效果。同时，非线性叙事大幅缩短了故事的封闭时间。也就是说，无论是一集内容还是一系列内容，都可以让观众在任何时间任意选择观看，并不会有任何违和感和不连续观感。比如"二更"的短视频，一般时长为3~5分钟，想要把一个人的一生经历全部展现出来，难度较大，且不容易引人入胜，但如果采用非线性叙事结构，削弱故事的因果关系，就可以给观众留下更多思考的余地。

在微纪录片类短视频的创作中，创作者可以运用叙述链的思想，将事件按照特定的先后次序进行讲述。希拉·柯伦·伯纳德在他的著作《纪录片也要讲故事》中说："电影的主要线索，就好像一根链条，把整个电影串了起来。而这一根链条，是整个故事的中心，也是整个影片的主线，如果能找出一条合理的主线，就能让整个故事有一个大的转折。"伯纳德通过自己的独特视角，道明了纪录片叙事中叙述链的重要意义，并以叙事链为线索，将新媒体中的微纪录片层层串联起来。以优酷制作的微纪录片《三日为期》(见图4-12)为例，该微纪录片以"三天三夜"为叙事线索，以旁观者的视角，向观者展示人生百态。而时间叙事就像一条无形的"链索"，把影片串联起来，既能激发观众的观看欲望，又能较好地把握观者的情感。

图4-12　微纪录片《三日为期》

二、微纪录片类短视频的叙事策划内容

在进行微纪录片类短视频叙事策划时,创作者可从以下几个方面入手。

1. 角色

创作者应确定故事的主要人物及其特征,选择一些有代表性的人物来讲述故事,以观众所关注的人物为主。例如微纪录片《最中国云南之岚》(见图4-13),探寻云南各地的人文、历史和美食,展现了云南绚丽多姿的人文风情。该微纪录片重点选择具有代表性的角色,以此展现云南的风土人情,记录云南的真实境况。

2. 结构

在微纪录片类短视频的叙事策划中,确立结构是非常重要的环节。创作者应先确定故事的开头、中间和结尾,构建整个故事的框架,然后据此确立讲述故事的时间轴。创作者可以选择"总—分—总"的叙事结构,也可以围绕时间线来展开叙述,这样可使叙述条理更清晰,用户对内容更为具体可感,从而能够更好地理解创

图4-13 微纪录片《最中国云南之岚》

作者的表达意图。确定结构后,创作者可以采用插叙、倒叙、顺序等表现手法,力求叙事符合逻辑,贴近人们普遍的思维方式,这样的微纪录片通俗易懂、简洁明了,传播效果更好。

3. 叙事手段

创作者选择恰当的叙事手段,如虚实结合、对比叙事等,可以生动地呈现故事,以增强用户的代入感。选择叙事手段时,可以结合微纪录片的主题、选材、人物、角色等,还可以运用动画、AI等技术手段来辅助,确保能够还原和展现画面内容和历史场景,帮助微纪录片的观众更好地理解相关的历史和人文知识,以达到良好的传播效果。适宜的叙事手段可以使微纪录片的结构更加完备,叙事更加清晰,内容更加简易通俗。

4. 美术设计

创作者在进行美术设计时,应综合考虑旁白、配乐、字幕和色调等画面元素,对画面进行设计,在提高视觉效果的同时,增强微纪录片类短视频的表现力。这里以历史类微纪录片类短视频为例,这类微纪录片多采用浑厚的男声旁白以及厚重的纯音乐,以此渲染历史场面的辽阔,使观众仿佛置身于一幅波澜壮阔的历史画卷中,得到美的享受;多使用简体字,字色以白色为主,这样设计有助于观众集中注意力;多采用红色、黄

色、灰色、白色等渲染气氛，突出历史的厚重感和环境的沉闷感。

此外，创作者在设计画面元素的同时，还需要遵循故事性、可观性、时效性原则，提升微纪录片的吸引力和传播力。

第五节　微纪录片类短视频的风格策划

所谓风格，是指独特于其他人的表现、打扮或行事作风等方面展示出来的行为和观念。不同的风格可以带给人们不一样的视听感受，其表现形式多样，可体现在语言、画面、声音等方面。然而，风格是可以控制的，创作者可以根据不同的视频风格和需求去采集所需要的素材。

一、微纪录片类短视频的风格类型

1. 拍照叙事方式

(1) 真人口播出镜。这类微纪录片类短视频比较常见，通常为1～3个人出镜展示，采用固定镜头特写，拍摄成本相对较低，但是这类短视频对于文案、脚本甚至是口播技巧都有着很高的要求，需要让用户在观看后能够产生获得感。

(2) Vlog叙事讲述。这类微纪录片类短视频对于镜头形式以及出镜人数都没有特别的要求，一般分为感受记录和生活记录，比较适合情感类、旅游类以及生活类的微纪录片。

(3) 故事小剧场。这类微纪录片类短视频有剧情策划，拍摄镜头和场地较为考究，制作成本较高，难度较大，一般需要团队合作运营。

(4) 过程展示。这类微纪录片类短视频主要展示制作过程，比如美食制作、手工制作等，没有固定的出镜人数，镜头形式也比较多样化，但是比较注重短视频的完整性和实用性。这类微纪录片类短视频比较适合呈现教育类、科普类或者知识类内容。

2. 借鉴纪录片以及纪实类影视作品的风格

(1) 诗意型纪录片(poetic documentary)。诗意型纪录片出现于20世纪20年代，代表作为伊文思(Joris Ivens)的《雨》(Rain)。这类纪录片不强调叙述，不注重对具体空间和时间的创造，不重视对片段的连续处理，其重点在于营造韵律，并设置各种空间，旨在传递某种独特的观感或情绪。

(2) 阐释型纪录片(expository documentary)。阐述型纪录片出现于20世纪20年代。中国20世纪90年代以前的"新纪录"(该理念能否成立尚存疑问)大多属于这一范畴。这类纪录片的目的明确，创作者主要通过评论员的话语来说服观众。

(3) 观察型纪录片(observational documentary)。观察型纪录片出现于20世纪60年代，它以手提照相机和录音机为技术依据。这类纪录片不需要任何解释，也不需要任何角色，通常被称为"墙上的苍蝇"。近年来，国内也涌现出不少此类题材的电影，比如段锦川执导的《八廓南街16号》(见图4-14)和康健宁执导的《阴阳》。这类纪录片善于表现真实的生活，但是在面对历史主题时，就显得有些困难。因为没有解说和字幕，视频的表现方式会显得枯燥乏味。

(4) 参与型纪录片(participatory documentary)。参与型纪录片出现于20世纪60年代，代表作有让·和埃德加莫林的《夏日纪事》。《夏日纪事》创作者采取了主动参与的方法，打破了创作者与拍摄对象之间的距离和界限，两者之间形成的循环互动，也创造了一种新的纪录片风格。

图4-14　《八廓南街16号》海报

(5) 反射型纪录片(reflexive documentary)。反射型纪录片出现于20世纪80年代，以《姓越名南》为代表，其突出特点是对纪录片所表现的社会和历史进程进行自我反映。与其他类型的纪录片相似，反射型纪录片注重表现真实的生活。

二、微纪录片类短视频的风格策划内容

影响微纪录片类短视频风格的因素较多，创作者可以从以下几个方面对其进行风格策划。

1. 音乐

音乐是影响微纪录片类短视频风格的重要因素之一。选择不同的音乐类型可以为微纪录片类短视频带来不同的情感氛围，如轻松、悲伤、激动等。例如《宵夜江湖》选择八座城市的美食大咖，展现美味的宵夜、独特的风土人情以及温暖的市井生活，呈现了各个城市的活力，探讨了平凡市民的生存之道。该微纪录片采用的音乐偏活泼、动感且富有节奏，渲染了活泼、青春、积极的人生态度。

2. 拍摄手法

拍摄手法是微纪录片类短视频风格的重要组成部分。创作者运用特殊的镜头手法、运动摄影等，可以制造出特殊的视觉效果，从而引起观众的注意。例如微纪录片《边码故事》通过对三组人物人生转折的记录，展示了数字化浪潮中普通人如何突破挑战、抓住时代机遇，以实现自我价值最大化的发展过程。该微纪录片时长在15分钟左右，评分为9.1分，一共三集。在拍摄中更多采用长镜头，画面整体风格简约明朗，以灰调为主，中间穿插人物讲述。在镜头的运用上，多使用特写、中景、近景等。

3. 剪辑技巧

创作者通过不同的剪辑技巧，可以制造出不同的视频风格。例如，将快速剪辑、慢动作、跳跃式剪辑等运用于微纪录片类短视频的创作中，可以为观众带来不同的情感体验。参考编导专业的视频拍摄方式，可以从画面拍摄、剪辑方式等来进行考量。例如微纪录片《了不起的村落二：寻色之旅》(见图4-15)，于2018年更新，它是旅游类微纪录片，以存档百个东方村落为使命，记录了100个村落的美好，展现了传统东方色彩、自然风貌及村落个性，寻找人们最本真的生活状态，以及动人的细节故事。该微纪录片剪辑节奏流畅，音画互动自如，视听叙事有急有徐，片头音乐和画面紧密联系，中段节奏放缓，叙事有条有理、有急有徐。在剪辑的过程中，创作者运用了大量的远景和全景，从宏观的视角展现了各个村落的整体风貌。而后运用中景和特写聚焦人物，展现了地方特色与人物风情。该微纪录片类短视频对剪辑手法的运用灵动成熟，色调、滤镜、光感、画面、构图等极具美感。

图4-15　微纪录片
《了不起的村落2：寻色之旅》

4. 文字和字幕

适当的文字和字幕处理可以为微纪录片类短视频增添文艺气息。创作者选择不同的字体、颜色和呈现位置，可以制造出不同的视觉效果，提升微纪录片类短视频的观赏性。例如微纪录片《大象出没的地方》(见图4-16)，于2022年更新。它是一部社会类纪录片。该微纪录片围绕不同儿科诊室，长期跟踪拍摄，通过最真实的记录，呈现发生在儿科医院中形形色色的故事。第一集探秘白血病儿童的彩色世界，第二集走进12岁重度抑郁少女的世界，第三集走进孤独症患儿的真实世界，第四集聚焦老人带孙的矛盾，第五集感受早产儿家庭的爱与愁。该微纪录片采用简洁的黑白色作为主要文字色调，字体设置为楷体。这样做可以让观众把注意力集中在视频内容上，还可以贴合微纪录片的风格，让整体的画面更加干净、整洁、明了，同时也有利于观众更好地获取信息，感受场景。

图4-16　微纪录片
《大象出没的地方》

通过以上各方面的考虑，可以确定微纪录片类短视频的风格，然后根据不同风格进行拍摄和制作，以吸引更多的目标用户观看。同时，也可以结合不同风格进行创新尝试，制作出更具有创意和个性化的微纪录片类短视频。

第六节 微纪录片类短视频的发布策划

微纪录片类短视频的发布是较为重要的环节，它关乎前面各步骤策划的最终结果输出。创作者可以从时间、目标用户、预告、推广、线上及线下活动等多方面进行发布策划，以求达到较好的传播效果。

一、大数据支撑和分众化传播

在新的媒介条件下，新媒体打破了以往电视媒体的局限，不仅构建了一个立体传播系统，还搭建了开放共享的视频平台。大数据的支持、分众化传播的发展、科学技术的持续进步，以及大数据、算法和人工智能等技术的应用，为微纪录片类短视频的分众化传播创造了条件。比如抖音短视频 App，以大数据为基础，通过算法进行内容推荐，根据用户的年龄、性别、地域等对用户进行画像和兴趣标记，并将符合用户需求的视频推送给用户，从而保持用户的黏性。在此基础上，将相关视频内容准确传递到目标用户的使用终端，从而优化用户的体验，保障用户活跃程度，提升用户黏性和信任度。

对于微纪录片类短视频观众而言，算法引导可以起到更好的宣传效果，节省用户搜寻视频的时间。在新媒介背景下，除了基于大数据的分众化传播外，"双向传播"的媒介模式区别于传统媒介的受众被动接受的"单向传播"，具有明显的互动优势。在"双向传播"中，创作者和用户之间搭建了一个互动的平台，创作者可以通过用户获取灵感，用户可以通过创作者获取信息，满足自身需求。除此之外，用户之间还能互相交流、互相探讨，比如各个视频网站都开设了讨论区，用户可以自由交流，从而产生"推荐标签"，方便内容的推荐和传播。因此，在微纪录片类短视频的发布过程中，创作者需要考虑到平台、算法、时间等多种因素。

二、微纪录片类短视频的发布策划内容

对于微纪录片类短视频的发布，创作者需要考量多种因素，根据目标用户的使用时间段、不同的内容主题、线上线下活动、预告等多个侧面进行分析和策划，具体可以从以下几个方面展开。

1. 确定目标用户和传播平台

（1）确定微纪录片类短视频的目标用户，对其进行画像，再根据用户的观看时间、使用平台、感兴趣的主题、喜爱的风格和颜色等，以及发布平台的风格和要求来进行具体策划。

（2）根据微纪录片类短视频的特征和目标用户群体的特征，选择合适的传播平台，如微信公众号、微博、抖音等。

2. 制订宣传计划

根据确定的目标用户，制订一份有针对性的宣传计划。在具体实施过程中，可以从以下几个方面展开。

(1) 定向投放广告。在发布微纪录片类短视频之前，先做好宣传和预热工作。例如可以定向投放广告，增加用户对微纪录片的关注度和兴趣。同时做好数据分析工作，了解用户反馈情况，不断优化发布和推广策略，有效提升影响力和传播效果。

(2) 制作精彩的预告片。为微纪录片类短视频制作精彩的预告片，可以吸引更多的用户关注微纪录片。预告片应能展示微纪录片的特点，还能引起受众的兴趣。预告片可以通过不同渠道发布，如社交媒体、视频分享网站、电视广告等。

(3) 推广视频。创作者可以在社交媒体平台、视频分享网站、电视广告及社交媒体上发布微纪录片链接和宣传素材。

(4) 线上或线下活动。通过举办一些相关的线上或线下活动，可以达到更好的宣传效果。例如，可以在电影院、学校、企事业单位等人群聚集的场所，举办微纪录片放映活动，以播放、介绍、问答等形式，让更多的受众关注微纪录片。在微纪录片放映前，创作者可以通过发布电影海报、电影片花等形式，让更多的人了解到微纪录片的内容和价值。同时，也可以邀请一些名人参与微纪录片的制作，以增加微纪录片的影响力。

(5) 长期推广。在保证微纪录片质量的情况下，创作者可以通过定期发布最新花絮、现场照片等方式，让用户保持关注。同时，也可以从各方面对微纪录片进行推广，比如通过微博、微信公众号、视频网站等渠道发布信息、活动预告等。在保证微纪录片质量的情况下，将预告、线下活动、长期宣传相结合，可以达到更好的宣传效果。

三、微纪录片类短视频的发布效果反馈

微纪录片策划过程完成后，创作者可以根据具体的呈现效果进行调整。微纪录片发布后，传播效果是较受关注的方面。它可以检验微纪录片的策划、拍摄、发布成效，从而为创作者的下一次创作提供可以借鉴的素材和经验。对于微纪录片的效果反馈不能只看简单的数据分析，还应重点反思和分析可能提高和改进的方面。

微纪录片的效果反馈可以理解为有效反馈，它是指人利用文字、语言、肢体语言等手段在与他人进行交流时有效回应对方的观点，使对方清晰获知己方观点的过程。反馈(feedback)指的是将某种输出、行动或目标的结果返回给输入端，以便调节或纠正行动、改进输出或实现目标的过程。通常来说，反馈可以是正向的(强化行为)，也可以是负向的(弱化行为)。例如，学习成绩的反馈就是老师将学生的学习成绩及时反馈给他们，以便学生及时调整学习计划和方法。总体来说，反馈在生活、工作、学习中具有重要的作用，可以帮助我们及时调整和改进行动，实现更好的效果和成果。

微纪录片类短视频的发布效果分析是微纪录片类短视频策划中较为重要的环节，通

过这个环节，创作者可以充分利用和挖掘微纪录片的特点，结合社交媒体和自媒体平台的特点，不断优化运营策略，提高传播效果。在微纪录片类短视频的效果反馈策划过程中，以下几点可以作为思考和规划的方向。

(1) 明确反馈目标。在设计反馈方案之前，需要先明确反馈的具体目标，比如增加观看率、提升观众的参与度和互动性等。只有明确目标，才能有针对性地制定反馈策略。反馈数据分析并非一成不变，而应随着反馈目标的变化实时更新。如果反馈数据并未达到目标，就要及时调整反馈目标和计划。

(2) 采用多种方式收集反馈信息。收集反馈信息的方式多种多样，比如用户调研、数据分析、社群互动等。采用不同的反馈方式可以获取不同的信息，从而更全面地了解用户的需求。在具体分析用户需求的基础上，再进行梳理和整合，为下一次宣传奠定基础。只有从用户的需求出发，才能切中要害，达到更好的传播效果。

(3) 分析反馈信息。对于收集到的反馈信息，需要进行深入分析和研究，找出问题症结所在，并制定相应的改进措施。比如，根据用户调研信息，找出用户对于某个环节的不满意之处，并有针对性地制定改进措施。

(4) 及时响应反馈。对于收集到的反馈信息，需要及时响应、采取措施解决问题，提升用户的满意度和体验感。比如，如果发现用户反馈视频画面过于单调，可以通过增加一些视觉效果等来提升视频质量。

(5) 维持沟通和互动。定期与用户进行沟通和互动，保持有效的反馈机制，了解用户的需求和反馈，不断提高和优化微纪录片的质量。

除了上述几点，还可以复盘短视频的相关数据，发现问题并及时解决。一是历史基本信息，例如发布日期、发布时间、标题、话题、视频时长等。二是播放指标，比如存留率、播放量等，可以反馈播放效果，为以后提高视频质量提供参考。三是互动指标，比如点赞量、评论量、转发量，通过计算参与点赞、评论、转发等互动形式的数量与总播放量之间的占比，从而得出互动率。互动率越高，传播效果越好。四是互动指数，包括积累点赞、积累评论、累计转发等。通过复盘可以掌握微纪录片类短视频的整体数据，从而更好地策划、拍摄和发布更多微纪录片类短视频。

"短、简、快"是微纪录片类短视频的三大特点。"短"使其能在有限的时间内迅速向观众传递主题信息，"简"使其能在有限的篇幅内尽可能地将主题信息完整呈现，"快"使其能在第一时间抓住观众注意力并吸引观众持续关注。"短、简、快"的特点使得微纪录片类短视频的商业价值得到最大化体现。随着时代的发展，越来越多的人通过专业内容平台了解并喜欢上微纪录片类短视频。本章以当下热度较高的微纪录片类短视频为研究对象，结合相关文献对微纪录片类短视频策划流程进行细致分析，旨在为微纪录片类短视频的策划提供参考。

第五章　网红IP类短视频策划

案例5-1　柳夜熙《AI谜局：深伪惊魂》

柳夜熙是由创壹视频开发出来的虚拟数字人，人设定位为会捉妖的虚拟美妆达人，视频内容以元宇宙与人类生活为主，目前已创作出多个系列作品，例如《地支迷阵》《拾色集》《AI谜局》等。

《AI谜局：深伪惊魂》(见图5-1)时长为1分01秒。短视频中，一名小学生在放学途中使用电话手表与爸爸视频通话，然而实际上与小学生视频通话的人是通过AI换脸的人贩子。人贩子伪装成小学生的父亲，企图引导小学生乘坐陌生车辆，从而达到拐卖儿童的目的。柳夜熙对这种深度伪造技术极为熟悉，他及时制止人贩子，保护了小学生的人身安全。该短视频的配文为"有时候，'真象'不一定是'真相'"，旨在揭示深度伪造技术虽然难以辨别，但人们仍然可以通过AI技术对此加以识别与限制，并提示大众谨防诈骗。

图5-1　短视频《AI谜局：深伪惊魂》

案例5-2　王七叶《蚊·香哪儿》

王七叶是蜂群文化旗下的网红，演绎风格较为夸张、犀利，她通过模仿奢侈品等高价产品的广告形式来拍摄低价产品的创意广告而走红网络，主要作品有《买不起系列》。

《蚊·香哪儿》(见图5-2)为《买不起系列》中播放量较高的作品，视频时长48秒，视频内容为借鉴奢侈品香奈儿的品牌logo拍摄蚊香广告，主要目的并不在于推销产品，而是以恶搞的方式创作反常规的广告内容，以极大的反差感来吸引大众的眼球，通过夸张的肢体动作以及幽默风趣的广告台词展示"一本正经"的幽默。王七叶凭借较有辨识度的长相与夸张的动作展示了强烈的反差风格，被网友调侃"精神状态领先"。

图5-2　短视频《蚊·香哪儿》

案例5-3　网不红萌叔Joey《别什么东西都往嘴里塞》

网不红萌叔Joey是papitube旗下的网红，创作内容主要以问答、视频reaction、测评为主，传播一些被人们忽视的常识或者有趣的知识，创作了《给你的朋友开开眼》《明星那些事》《萌书》《格局打开》等内容。

《别什么东西都往嘴里塞》(见图5-3)为《萌书》系列中的最新内容,视频讲述了食物中哪些东西不可以吃的常识,主要有大闸蟹的蟹心和蟹胃、小龙虾的虾头、豆角两端、大白菜根茎、鸭脖皮,还讲述了可通过带鱼是否会回弹来判断带鱼中是否被人为添加甲醛等。视频采用图片加问答的形式,便于观众进行讨论,获得参与感;内容制作简单,便于观众利用碎片化的时间获得一些生活常识。

图5-3　短视频《别什么东西都往嘴里塞》

无论是深度伪造的反诈宣传,还是无厘头的广告片,又或者是生活冷知识类短视频,这些通过网红支撑内容并由此来进行商业化的短视频都可以称为网红IP类短视频。通过以上三个案例可以初步了解网红IP类短视频,但其概念的内涵与外延并没有完全被定义,本章将结合"网红"以及"IP"的概念来对该类短视频加以界定,并通过相关案例简要分析和说明该类短视频的策划内容。

第一节　网红IP类短视频的概念与风格特征

一、网红IP类短视频的概念

关于"网红"的概念目前尚无定论,但学界普遍认为,网红主要是指在网络上走红的、积累一定粉丝的人。IP的含义也是较为复杂的,在短视频创作中,对于IP主要是从内容生产的角度进行理解的。在行业领域中,腾讯被认为是"IP热潮"最积极的推动者。按照腾讯集团副总裁程武的解释,"IP"(intellectual property,知识产权,但现在有很多意义上的变种)就是粉丝喜欢的"娱乐内容标的物",一个故事,或者一个角色。比如,《西游记》的美猴王①。在短视频领域中,将IP引申为"infinite possibility",意指网红IP的内在特征,包括内容具有吸引力、多重表现形式以及商业价值高等无限可能性。因此,网红IP化是互联网发展至今所带来的又一红利。

本书沿用《短视频类型创作导论》中的定义,将"网红IP"界定为:具备一定影响力的网红在内容生产与传播过程中能够二次或多次开发且能够实现商业变现、具有独特内容与标识的文化资源。网红IP是网红个体或群体进行商业化运作的一种结果②。网红IP化主要是从商业价值方面对其生产的内容进行全方位整合。网红的发展一直伴随着互联网的变革,如今,数字技术高度发达,网红不再仅限于人,还包括"虚拟数字人"、

---

① 腾讯的"IP"思维:好内容不"鸟"所谓的平台?[EB/OL]. https://www.sohu.com/a/207894847_762557,2017-12-01.
② 张健. 短视频类型创作导论[M]. 苏州:苏州大学出版社,2021:95.

虚拟网红等。从Web1.0到Web3.0，网红的发展模式越来越多样，商业模式也越来越规范化，对于网红IP类短视频的策划需要更加精细化，依据不同的细分类型来制定不同的策略，因此需要对网红IP类短视频的共性与特性进行探讨。

二、网红IP类短视频的风格特征

网红IP类短视频的主要风格特征是将具体可见的视频内容系统化、抽象化，从而形成独特风格。网红有个性化的人物设定，依托系统化、风格化的内容输出打造自身IP形象，从而吸引更多的用户，获取更高的商业变现率。在此过程中，网红也逐步走向IP化。因而，打造网红IP是网红从增强吸引力向扩大影响力转变的必然选择[①]。例如，短视频发展时期的初代网红Papi酱的拍摄风格较为独特，她巧妙地运用变声器，一人分饰多角，内容幽默，具有讽刺意味，自我介绍"一个集美貌与才华于一身的女子"更是让人印象深刻。Papi酱凭借独特的风格脱颖而出，迅速走红网络。当观众的关注点从她的某一爆款短视频内容转移到她个人时，便是在对短视频内容抽象化。

1. 视频类型从繁到简

短视频类型纷繁复杂，在进行短视频账号运营时，首先需要确定发布的短视频类型。如果短视频类型过于杂乱，就难以形成记忆点，即使能够产生短暂的流量，也会很快被淘汰，只有长久地输出同类型内容，才能产生固定的粉丝与流量。因此，选定策划的短视频类型最多不要超过两个。对短视频类型进行简要规划时，可以将其概括为知识型、兴趣型、美食型、电商型、颜值型、教学型等。不同的类型进入的门槛不同，创作者在策划时需要考虑内容创作能力以及未来发展方向，只有这样才能避免因内容过多而缺乏记忆点导致半途而废。

2. 视频内容多元统一

短视频的总体特征是"短、平、快"，但并不是所有的短视频都能够吸引观众的注意力。在面临同类型竞争时，只有将多元化的内容凝练出统一的核心，短视频才能具有独特性。核心的统一可以体现在背景音乐的独特性、标志性话语、独到的见解等方面。对核心的重复是增强观众记忆的方法之一。视频拍摄的主题难免与他人有相似之处，但是，视频输出的核心会因人而异。在形成拍摄的核心之前，创作者需要对自身进行全面分析，形成正确的认知，从而精准把握核心竞争力。

3. 网红人设屹立不倒

网红IP化最重要的是网红的个人魅力，因此，对短视频内容抽象化时，需要为网红塑造一个与自身性格相符的人设。一旦网红的言行举止与其展现出来的形象不相符，就

---

① 张健. 短视频类型创作导论[M]. 苏州：苏州大学出版社，2021：96.

会造成"翻车""塌房"现象，从而导致大规模粉丝脱粉，减少商业价值。例如，知名电商类主播李佳琦起初是因为敬业精神，以及站在消费者立场上为消费者利益考虑而成为电商直播中的佼佼者，而在后来的某场直播中，李佳琦声称某产品价格其实不贵，并指责消费者工作不够努力。这种言论不仅违背了他早期的人设，也让消费者感觉到其专业性的下降，他不能从产品本身的角度来说服消费者接受产品价格，反而对消费者指指点点，令人侧目。这类人设崩塌的例子比比皆是，引人深思。网红人设崩塌带来的影响是极为深远的，一旦网红人设崩塌，在快速发展的流量时代将很快被取代，难以长久发展。

网红IP类短视频能够检验网红的商业价值，实现从内容到流量的变现模式。如今，越来越多的人投入到自媒体平台，而真正能够深耕并取得成功的，是那些能够准确把握自身特点，并据此打造个性化IP的专业人员。

第二节 网红IP类短视频的类型与用户策划

一、网红IP类短视频的类型

短视频类型的划分多种多样，本书沿用《短视频类型创作导论》的分类方法，增加此前被忽略的虚拟型网红IP类短视频。结合对网红IP类短视频特征的分析，并按照网红IP从事的内容和领域对该群体进行亚类型横向划分，可以发现，网红IP类短视频大致有电商型、兴趣型、颜值型、美食型、知识型、教学型、虚拟型等几个基本类型[①]。创作者可对这些类型进行细分，找到方向，并进行详细策划。以下将从不同类型的网红IP类短视频的特征出发，分析不同类型短视频的策划要点以及IP化路线。

1. 电商型网红IP类短视频

此类短视频主要是指利用网红个人知名度开展电商营销的一类短视频，侧重于网红的内容生产与变现，目标指向电商品牌的曝光与销售[②]。通过直播带货将自身流量迅速变现是网红IP化的重要方式之一。但是，随着近几年网红带货频频翻车，商品质量问题成为悬在网红头上的"达摩克利斯之剑"，对选择的商品把关不严或者为了利益对消费者不负责的态度，无疑是在透支消费者对网红IP的信任，如果到了售后问题难以解决之时，便是网红IP的穷途末路。例如，拥有上千万粉丝的"小贝饿了"在直播带货时涉及虚假宣传，粉丝数量减少了近100万，相关的处罚结果已于2023年5月6日公布，其公司品飒传媒(西安)有限公司因虚假宣传被罚46万元。电商型网红IP类短视频的首要目

---

① 张健.短视频类型创作导论[M].苏州：苏州大学出版社，2021：101.
② 张健.短视频类型创作导论[M].苏州：苏州大学出版社，2021：102.

标是建立客户信任,以吸引更多的粉丝,因此在拍摄时需要参考人设并建立口碑。

电商型网红类IP短视频的策划,需要考虑两方面因素:一方面是人,网红需要依靠内容吸引粉丝,并建立粉丝忠诚度;另一方面是口碑,电商型网红最重要的任务是和粉丝进行商业交易,而交易看重口碑。在人的方面,不能只依靠网红个人的力量,而是需要整个团队为之服务。网红致力于打造自身的形象,而商品的选择、营销以及售后都是由团队来协调的。大量通过直播带货走向成功的网红离不开MCN(multi-channel network,多频道网络)机构的支持。从本质上说,MCN机构就是经纪中介公司,能够促进内容生产者、网红、平台方与广告方等之间的有机互动,打造多方共赢、良性互动的生态系统[1]。在MCN机构的推动下,电商型网红可以开辟更多的商务路线,发展更为专业的营销方式,从而实现利益的最大化。

随着短视频行业的迅速发展,短视频创作者数量激增。在经历了无序发展之后,该产业逐渐走向规模化和专业化。一旦内容产业规模成型,就需要生产链条上的各环节协同合作。MCN机构成为产业发展成熟的标志,它主要是以平台化的运作模式为内容创作者提供运营、商务、营销等服务[2]。MCN机构在网红IP化的发展过程中主要起到以下作用。

(1) 打造适合个人的发展路线,提升视频竞争力。
(2) 优化内容创作者与平台以及广告商之间的利益关系,不断提升网红的商业价值。
(3) 整合营销,促进网红IP的大力推广。

2. 兴趣型网红IP类短视频

此类短视频以日常生活为切入点,情绪较为饱满,能抓住大众的观看兴趣,便于引起大众共鸣。在策划这类短视频时需注意:只有仔细观察生活,才能鞭辟入里,输出打动人心的观点;表演技能的缺失或者无法在镜头前保持自然状态就会让人感觉生硬,降低观看欲望。可以说,细致观察与表演自然两者缺一不可。兴趣型网红IP类短视频的策划本质上是吸引与网红自身相似的粉丝,在拍摄视频时需要强调双方的相似之处与兴趣点,两者之间的黏合度越高,粉丝黏性越高。

创作者对兴趣型网红IP类短视频进行策划时,首先需要找到兴趣点,也就是短视频的看点所在。在撰写脚本之前,需要进行理性分析,郑昊、米鹿在《短视频:策划、制作与运营》中提到:"一个优质短视频应该包括五个元素,分别是价值趣味、清晰画质、优质标题、音乐节奏、多维胜出。"[3]兴趣点正是价值趣味的体现,这种兴趣点可以是某一种爱好、特长,也可以是趣味性内容分享。

其次,需要对内容进行规划,编写脚本。在短视频创作中,很少存在即兴创作的作品火爆全网的现象。要想打造优质兴趣型网红IP类短视频,就需要精心撰写脚本,规

---

[1] 郭全中. MCN机构发展动因、现状、趋势与变现关键研究[J]. 新闻与写作, 2020(3): 75-81.
[2] 罗奕, 罗恒. 社群经济视角下的MCN模式分析——以papitube为例[J]. 传媒, 2018(24): 70-72.
[3] 郑昊, 米鹿. 短视频:策划、制作与运营[M]. 北京:人民邮电出版社, 2019: 29.

划好短视频的时长以及起承转合点。先抛开镜头语言，仅对短视频内容进行拆分，向观众讲故事，把握故事的发展节奏。以柳夜熙2023年5月22日发布的短视频《他们只相信他们愿意相信的，根本不在意真相》(见图5-4)为例，该短视频时长总共1分54秒，故事的场景设计在地铁内，所有的男学生几乎同时收到一张女生的裸照，他们和周围人讨论，后来发现照片中的女生也在地铁上，便对她进行言语攻击并且拍摄她的照片。这时，柳夜熙出现，阻止男学生拍照，引起现场其他人不满，矛盾继续升级。柳夜熙作为虚拟数字人，对于AI技术颇为了解，它锁定合成图片并发送图片的人，正是坐在被造谣女生对面的男生，但现场其他人并不相信照片是合成的。就在这时，女生站起来将外套脱到肩膀以下，证明照片中

图5-4 短视频《他们只相信他们愿意相信的，根本不在意真相》

的人不是自己，因为女生的肩膀上有疤痕而照片中的人没有。整个故事在高潮部分结束，引人深思。该短视频的剧情节奏为平淡—冲突—矛盾升级—反转(高潮)。创作者在写短视频故事的时候，需要考虑整个短视频的节奏。观众的注意力稍纵即逝，因此需要快速推进故事发展。开头与承接部分不宜过长，甚至可用一两个画面展现，同时需要将转折点与高潮点作为核心。剧情的编写也应贴合大众的兴趣，创作出大众喜闻乐见的剧本是短视频策划的重中之重。

内容优质的短视频可以为创作者带来更多流量，有利于创作者打造自己的IP。IP与流量是相辅相成的，网红IP化能够最大限度地发挥流量的价值，同时也能够吸引新的流量加入。在创作出一个爆款短视频之后，创作者可以凭借该短视频的流量与用户反馈来创作其他同类型短视频，以此不断生产新鲜内容，在大框架内进行推陈出新，这样既有新的吸引点，又能维持之前的创作水平。

兴趣型网红IP类短视频常常与生活热点、社会事件相结合，这样能够激发公众的观看欲和分享欲。

3. 颜值型网红IP类短视频

颜值型网红IP类短视频主要凭借网红出众的容貌获得大众喜爱，短视频的内容并不是重点，重要的是出镜人物。麦克卢汉认为，媒介是人的延伸。在短视频时代，视觉和听觉的延伸超过其他感官，尤其是长期以来建立了以视觉为中心的视觉中心主义，使画面成为短视频火爆的重要因素之一，而颜值作为画面主要的构成部分，自然成为"流量密码"。例如，丁真走红带动理塘县的旅游发展。

颜值类网红打造IP最为直接的方式就是先将容貌转变为信任，再打造IP，主要步骤为：依靠颜值吸引注意力；将注意力高度提取为粉丝信任；以粉丝信任为资源换取商业

价值；在商业价值的加持下提升曝光度，形成大众印象；创建品牌。

颜值型网红IP类短视频的准入门槛较高，但对策划的要求相比其他类型的短视频来说并不复杂。大部分颜值类网红都是凭借姣好的容貌或者极具差异感的妆容火爆网络的。在抖音短视频平台上最为常见的变装视频是此类型的代表，其模仿性较强、拍摄简单，因此容易生产和传播。人的审美是多元的，打造颜值类网红IP最重要的是将颜值转化为观众信任。颜值作为独一无二的符号，需要能够表征网红的个性，以"润物细无声"的方式让粉丝了解网红的性格，以类似人际交往的方式将粉丝转变为朋友，形成粉丝信任。由此可见，策划重点在于人设。

4. 美食型网红IP类短视频

美食型网红IP类短视频最大的特征是以美食为主题，但并不局限于制作、品尝美食，还包括介绍各地的美食文化，从而折射出不同地区的饮食习惯，反映地方特色。随着现代化的进程，城市生活的节奏不断加快，大众对于美食的追求只增不减。美食类网红主要分为烹饪型和吃播型。

烹饪型美食类网红的代表有李子柒、绵阳料理和日食记等。李子柒打造的IP是精致的田园美食，视频内容是在田园牧歌式的乡村生活中，采用原生态的食材制作美食。制作美食的教程并不是观众的关注点，观众喜欢的是视频展现的精致田园生活。在李子柒的视频中，一切都是唯美的，观众看到的是悠然自得、自在惬意的生活。绵阳料理打造的IP则是翻版的美食大餐，视频内容是幽默的翻车行为大赏。观众在观看视频时期待的是她在美食复刻过程中发生的意外以及她独具特色的美食评价。观众通过观看她的视频能够了解到美食大餐制作的不易，并且对她多次失败最后取得成功的行为表示肯定。以上两位网红都是非专业厨师，她们更多是以学习的态度，加上自身的理解来制作美食，而日食记是凭借专业的身份和专业的拍摄手法呈现精良的作品(见图5-5)。

美食型网红IP类短视频的拍摄对专业性要求较高，既要体现出食材的美味可口，又要体现制作画面的整洁干净。因此，在打造此类IP时，需要侧重于短视频画质的高清、构图的专业以及制作者的个人特色。

吃播型美食类网红的代表有密子君、盗月社食遇记、是个泡泡等。吃播类网红与烹饪类网红之间的区别在于，他们主要呈现品尝美食的过程，观众享受的是网红品尝美食而自然产生的感受、评价，具有一种替代性品尝以及陪伴的作用。吃播类网红的独特之处在于他们提供了一种享受美食的情绪价值，缓解了大众对于美食的向往之情。观看吃播已经成为很多年轻人在闲暇时的娱乐项目，很多人在现代社会的高压

图5-5 短视频《九宫格串串》

下,好好吃饭成为一种奢望,观看吃播能够获得一种陪伴式安慰。2023年4月,淄博烧烤火爆网络,由于现实原因无法去往淄博的大众就可以通过观看吃播了解并感受淄博烧烤的氛围。抖音网红"是个泡泡"在5月1日发布的打卡淄博烧烤的短视频点赞量突破两百万,相较于他发布的其他短视频,点赞量明显增加。

美食型网红IP类短视频的粉丝流量转化方式包括以下几种。

(1) 打造品牌,视频批量生产。美食类网红独有的优势在于粉丝对食物口感、味道的好奇,因此,美食类网红可以打造自己的IP,对易保存、易加工的食物可批量生产。例如,日食记在淘宝开设日食记旗舰店,粉丝已经突破一百万。

(2) 与其他品牌联名,提升粉丝购买力。联名作为互联网时代一种常见的营销手段,可以将粉丝注意力潜移默化为品牌好感。例如,李子柒与《人民日报》联名"有文化味道的螺蛳粉"。

(3) 加入电商直播,组建带货团队或者作为嘉宾参与直播带货,以直播预告的方式进行推广,吸引粉丝注意。例如,密子君在抖音短视频平台进行直播带货。

5. 知识型网红IP类短视频

知识型网红IP类短视频的特征是以知识为纽带,维系粉丝与内容生产者之间的关系,粉丝的重点在于对知识的汲取,这种知识并不局限于科学文化知识、生活常识等。在此类短视频中,网红需要注意的是对知识秉承严谨的态度,考查知识的正确性,对待自身知识的不足要有谦卑的态度,虚心接受他人批评指正。在策划知识型网红IP类短视频的过程中,可以从网红的专业知识储备以及粉丝需求两个方面着手。

一般而言,知识型网红IP类短视频最为重要的是知识成果,这也是IP化的主要前提。知识成果的产出需要网红刻苦钻研,因此知识类网红的社会身份是吸引粉丝观看的重要基础,例如,B站UP主"罗翔说刑法"的社会身份是中国政法大学刑事司法学院教授,在法律领域具有一定的权威。他在2020年3月9日应邀入驻哔哩哔哩,在短短两天内,粉丝量就超过百万,在半年时间内,粉丝量更是突破了千万大关。社会身份的背书,在很大程度上提升了粉丝对罗翔的信任度。与此同时,知识类网红的身份认证对粉丝而言是知识准确性的保障,对自身而言是一种提示,网红在享受身份带来的粉丝信任的同时也需要接受考验。因此,在策划内容时,知识必须放在首位,首先考虑的是传播怎样的知识;其次需要思考怎样使知识通俗易懂;最后考虑如何使知识对观众起到积极作用。罗翔在2023年8月19日发布的罗翔说刑法《网络判案,人均死刑?聊聊重刑主义》(见图5-6)中,不仅拓展了观众对法律的认知,也引导了

图5-6 短视频《网络判案,人均死刑?聊聊重刑主义》

观众对社会问题的思考，观众通过观看短视频摆脱了绝对性观点，能够更为客观地看待事物，从而形成法律意识，这对建设法治社会具有一定的意义。

粉丝需求分为现实需求和潜在需求。现实需求指的是粉丝需要通过观看短视频获得某种知识或者应对某种问题，具有一定的急迫性；潜在需求指的是粉丝某种意识的培养，也是知识对粉丝潜移默化的影响。优质短视频内容的策划需要兼顾以上两个方面。例如，B站UP主"无穷小亮"的科普日常发布的短视频内容主要是针对网络上较为热门的生物进行鉴别，粉丝通过观看短视频能够识别各类生物，不仅满足了获取知识的现实需求，也培养了对待网络视频真伪保持怀疑的态度，以及对于知识严谨的追求。以娱乐的方式将知识与休闲相结合，利用碎片化时间进行碎片式学习，已经成为当今大多数人的常态，寓教于乐的学习状态在短视频时代得以大规模实现。

6. 教学型网红IP类短视频

教学型网红IP类短视频的主要内容是培养技能操作，侧重于实际运用方面，较为常见的分类有考试培训、游戏教学、摄影技巧、生活指导等。此类网红主要以经验和能力见长，IP化的重点是满足粉丝对技能培养的需求，使他们自愿为习得的技能买单。

教学类网红最常见的IP化形式之一是知识付费，粉丝需要付费才能观看与技能相关的重要内容。例如，专攻考研政治的徐涛，通过讲授考研政治课程以及出版书籍资料进行IP化。教学类网红的另一种IP化形式是情感付费，在观看教学类短视频的同时，网红与粉丝之间建立了短暂的师生关系，粉丝具有天然的对于老师的尊重与服从，此外还会因习得技能产生满足感，从而激发对于网红的感激之情。例如，精于英语阅读的"唐迟老师"，他在B站等短视频平台发布了一些英语阅读教学视频(见图5-7)，在相关评论中总会有粉丝发布一些感谢的话语。网红在生产内容的同时也付出了情感劳动，而粉丝倾向于为情感劳动付费，主要在于双方建立的联系不再是观看与被观看的关系，还产生了类似于师生之间的情谊。创作者需要意识到情感付费的特殊性，需要明确粉丝的需求具有急切性，需要认知到网红应通过生动演绎内容来展现个人魅力，了解维系网红与粉丝的关系的关键在于粉丝的需求满足程度。基于以上要点，创作者在策划教学型网红IP类短视频时，应将密切网红与粉丝的关系作为切入点；确保短视频内容简明扼要，标题能突出重点；在内容方面注重提高短视频的趣味性，展示网红个人特色，例如可以让网红适当加入一些题外话；深入了解多数粉丝的疑问并进行解答，切实把握粉丝需求。

图5-7 短视频《四级阅读理解强化 lesson2》

7. 虚拟型网红IP类短视频

虚拟数字人的打造需要极高的成本和技术支持，因此主要由企业进行孵化，以获取商业价值为目的。虚拟数字人一经产生便具有IP化的性质，例如创壹视频打造的会捉妖的虚拟美妆达人柳夜熙。通过柳夜熙发布的第一个短视频就在全网收获上万粉丝来看，虚拟数字人在短视频行业有着很好的发展前景。当前，虚拟数字人还处于发展阶段，但是随着技术的升级，以及发展进程的不断加快，未来虚拟数字人的类型将更加全面，涉及的业务也将更加广泛。

虚拟型网红IP类短视频的专业性较强，发布短视频的目的在于完善虚拟数字人的人设，并服务于商业。虚拟数字人的人设是其人格的塑造及其呈现，也是传者有意为之的结果，目的在于为受者提供连接虚拟与真实的载体，同时也是为品牌运营方和受者"相互勾连共同缔造的想象赋权"。除了技术，对虚拟数字人的人设与标签的塑造需要传者、受者和时代环境共同发挥作用，即与时代主题相契合、协同官方以及获得用户的支持。例如，虚拟偶像洛天依（见图5-8）在塑造"吃货"人设时，先由官方上传试听曲《千年食谱颂》，再由受众根据这首曲子二次创作出来具有"吃货属性"的洛天依人设，

图5-8　虚拟型网红"洛天依"

由粉丝创作出"多维度具体化吃货属性"并不是任何一方单独决定的，而是多重主体合力促成的①。因此，虚拟型网红IP类短视频在策划时最需要注意的是粉丝基础。企业在推出虚拟类网红时应使其具有独特的定位、形象，了解公众反馈，广泛听取公众意见。在推出短视频之前必不可少的环节是描摹用户画像，基于潜在粉丝的兴趣点进行调研。虚拟类网红前期最大的潜在用户便是二次元群体以及科幻迷，他们对于异世界的向往促进了虚拟数字人的进一步发展，也有利于虚拟数字人的IP商业化。

二、网红IP类短视频的用户策划

在确定短视频类型后，需要对目标用户进行策划，不同的用户观看短视频的目的有所不同，因此，明确短视频的目标用户也是策划的重要环节。这也是很多B站UP主在转变风格后需要开启另一个账号的原因。

相较于其他类型短视频，目标用户对网红IP类短视频而言更为重要，甚至决定了网红IP化的发展方向。只有对目标用户进行全方位策划，才能保障网红IP化的长远发展。目标用户的选择需要结合自身以及拍摄的短视频类型进行分析，即面向哪一类人群？自

---

① 杨名宜，喻国明. 赋能与"赋魂"：数字虚拟人的个性化建构[J]. 编辑之友，2022(9)：44-50.

身最了解哪一类人群？希望视频内容辐射到哪一类人群？

创作者在进行网红IP类短视频用户策划时，应先考虑维系已有的粉丝，再考虑吸引潜在粉丝，这也是网红IP类短视频与其他类型短视频的不同之处。在发布某条视频后，创作者可以仔细查看相关数据，包括浏览人数、涨粉数、评论与弹幕等，从而了解粉丝的诉求以及其观看侧重点。

不同的短视频类型吸引不同的用户，观看短视频的用户是随机的，创作者只有明确目标用户，才能积累稳固的粉丝群体。例如，B站影视区UP主"小片片说大片"创作的短视频内容主要是解说各种类型的影视作品，喜爱影视作品的用户都有可能打开他的视频进行观看，但该UP主主要解说科幻悬疑片，因此吸引了大量的科幻悬疑电影喜爱者，形成了稳固的粉丝群体。如果该UP主改变视频解说的影片类型，极易导致粉丝流失。

事实上，内容创作者在选择目标用户，目标用户也在选择内容创作者，这是一种双向选择。创作者不可能生产出所有用户都喜爱的短视频，因此，创作者应重点了解目标用户，在进行短视频创作策划时，只需要对目标用户负责即可。

目标用户策划主要体现在创作者与粉丝的互动之中。网红IP类短视频不仅将内容呈现给粉丝，同时也在培养他们的观看兴趣。这种培养就建立在创作者与用户互动的基础之上，互动在短视频长期创作中也是极为重要的因素。用户会出于兴趣以及对视频内容的期待与创作者进行互动，用户互动的缺失会打击短视频创作者的积极性。短视频创作者与用户之间可以通过互动聊天的方式相互了解。评论区的评论往往按照热度进行降序排列，因此通过评论区，创作者可以了解粉丝的关注点，从而及时调整内容。

第三节　网红IP类短视频的选题策划

网红IP类短视频的选题策划主要包括主题策划和系统策划两个方面。

一、网红IP类短视频的主题策划

学者彭兰认为，短视频的主题主要包括人、事、理、自然等。用户希望通过短视频这样的视觉形式看到鲜活的人、生动的自然、与事相关的主题，如果能以人的故事为依托，就会产生更好的效果。以说理为主的评论性短视频，也需要一定的人与自然的画面[①]。在进行短视频主题策划时，需要考虑的是将人、事、理、自然相结合。然而，网红IP类短视频主题策划的核心因素是人，需要突出的是网红的特征，因此，在对网红IP类短视频主题进行策划之前，需要对网红人设进行分析与策划。

网红IP化的风险在于网红可能因各种因素而人设崩塌。一旦网红的形象在粉丝心中

---

① 彭兰.短视频：视频生产力的"转基因"与再培育[J].新闻界，2019(1)：34-43.

发生颠覆，网红IP化便无从谈起。因此在对网红人设策划的过程中，首先需要注意的是形象策划。网红形象分为前台形象和幕后形象。由于媒介对情境的影响，处于媒介环境中的网红就需要注意自身形象。尤其是对于颜值类网红而言，他们依靠优越的外部形象获得关注，通过化妆、美颜技术等打造了完美的外部形象，这种外部形象十分直观也较容易"翻车"，很多粉丝因为网红在私下的外在形象与其塑造的形象有较大差异而不满，从而取消关注。

在打造网红人设时，需要考虑网红自身的性格，对其性格中的闪光点进行深度挖掘，结合事、理，将网红的性格闪光点自然地展现给大众。打造网红人设不仅需要依赖网红发布的短视频，还需要以文字和图片作为辅助。此外，网红还应积极运营社交账号，积极与粉丝互动交流。

二、网红IP类短视频的系统策划

事、理、自然的结合并不是随意选择，而是需要进行系统策划。首先，从事的角度来看，与事相关的主题需要人的故事进行衬托。例如，不婚主义的小姨过年给孩子发红包的短视频在春节期间火爆全网。主题为过年给孩子发红包，但视频的核心在于不婚主义的小姨生活依然是美好的，从而在一定程度上缓解了当代女性的婚姻焦虑。其次，从理的角度来看，理是由人来评判的，因此需要人对其中的理进行评价。最后，从自然的角度来看，自然少不了人的参与以及保护。例如，抖音用户"疆域阿力木"在2022年7月17日发布的短视频《你这背景太假了》走红网络，引起大众模仿、二次创作，他的本意是展示新疆风景如画，没想到由于滑稽的表演而走红，当大众了解到其创业失败后到新疆散心并成为助农博主时，对其肃然起敬，衍生出"笑梗不笑人"的说法。可见，任何短视频的走红都离不开人的故事作为支持。即使短视频的走红存在一定的偶然性，但唯有那些以人为核心，能够打动人心的故事，才能称为优质内容。

选题策划具有一定的技巧性，但又有偶然性。选题是短视频策划中较为重要的环节，决定着短视频对于大众的吸引力。选题角度包括网络迷因、社会热点、个人喜好。例如，曾火爆全网的《小小花园》，作为一首儿歌最早由"毛葱小姐"（桃子老师）发布在抖音短视频平台，随后账号名为"音乐老师花开富贵"发布相同内容并登上微博热搜，引起众人模仿改编，成为网络迷因。对于此类内容应注意版权问题，避免侵犯他人利益。

策划结合社会热点的选题有助于打造优质内容，这不仅体现了网红对经济效益的追求，也体现了其对社会效益的追求。网红创作的短视频应当兼顾经济效益和社会效益，成为人民大众喜闻乐见的内容。网红为社会热点事件发声、为大众发声、为少数人发声，这是他们利用自身的流量优势参与公民生活的重要途径。但由于互联网人员信息的复杂性，网红应该提升媒介素养，注意甄别信息的真伪，不要盲目发声，避免煽动大众情绪。

个人喜好也是可选的选题策划角度之一。随着媒介的发展，大众生活在一个信息膨胀的时代，创作者难以在短时间内将社会上发生的大小事件的来龙去脉摸透，较为保险的做法是选择个人喜爱的内容进行创作。例如，一些创意劳动者起初拍摄短视频是以兴趣为导向的，他们基于各种各样的爱好，在平台上发布自己创作的"创意劳动产品"，"兴趣""爱好"与"好玩"制造出创意劳动者对平台劳动的主动同意①。大部分网红在创作前期并没有意识到自身的劳动付出，其创作重点在于表达个人的感受，在制作短视频中获取的快乐足以消除劳动的疲劳感。当他们意识到自身的创作价值后，也可以将个人喜好作为创作灵感，以此来平衡创作的功利性，并获取创作的快感。

选题通常需要与网络迷因、社会热点与个人喜好相结合，然而这种选题的技巧也存在一定的缺陷。随大流的视频容易缺乏辨识度，难以在众多视频中凸显特色，所以选题策划需要与个人风格相得益彰。

第四节　网红IP类短视频的风格策划

相较于其他类型短视频的风格，网红IP类短视频的风格特色在于网红IP的个性化，具体体现在拍摄手法、文案编写、语言特征以及剪辑方式四个方面。网红IP类短视频并不需要在这四个方面都独具特色，基于网红IP的特色，将这四个方面结合起来也能自成一派。

一、网红IP类短视频的拍摄手法

短视频的拍摄相对来说比较简单，但是对于网红IP类短视频而言，仍需要注意专业性。在具体拍摄时，需要结合不同的短视频类型、主题和选题进行详细策划，基本要求是拍摄画面清晰稳定、拍摄内容流畅易懂。拍摄者可以参考电视摄影中的拍摄技巧(见表5-1)，为短视频拍摄增添光彩。

表5-1　不同拍摄技巧列表

景别	景别变化使画面表现更为丰富，不同景别均需突出主体，画面信息指向性强
固定镜头	保持画面平稳，强调信息表达，营造客观、冷静、端庄、严肃的视觉感受
运动镜头	通过运动的表现形式使画面更为生动活泼，增强画面节奏和动态感
推拉镜头	通过构图使画面的大小与方向相协调，强调画面信息的重点，形成画面的张力
长镜头	综合运镜产生的一镜到底的视觉效果，给人以身临其境的代入感

1. 景别

景别的作用主要是限制画面，将观众视线固定在一定范围内，增强画面的吸引力。景别的差异体现在观众视野、空间范围、视觉韵律和节奏上。视频的景别变化可以使内

---

① 刘战伟，李媛媛，刘蒙. 平台化、数字灵工与短视频创意劳动者：一项劳动控制研究[J]. 新闻与传播研究，2021，28(7)：42-58，127.

容更集中，指向更明确，引导观众观看事物的不同侧面，还可以使视频对事物的表达和叙述层次分明、重点明确[1]。不同的景别能够反映不同的内容与情绪，创作者在策划时需要考虑镜头的中心事物，以保证表达明确。

2. 运镜

运镜技法总体上可以分为推、拉、摇、移、甩、跟、升降、环绕等。不同的运镜技法有不同的作用，镜头语言往往是丰富的，因此需要专业人员的参与。网红IP类短视频的拍摄人员应经过专业化训练，这样才能确保画面能够传达短视频的寓意。

二、网红IP类短视频的文案编写

对于网红IP类短视频来说，优秀的文案可谓锦上添花。如果拍摄的画面是短视频汲取流量的根茎，那么文案便是短视频繁茂的枝叶。短视频文案主要分为两部分：一是短视频的简介、转发广告等外部文案；二是短视频中的对话、文字介绍等内部文案。文案有利于短视频的静态传播，用户在打开短视频前可以通过文案对短视频内容产生心理预设，优秀的文案也会使人产生分享的欲望。

短视频文案创作需要注意对于特色化、个性化文案的重复，反复使用这类文案有利于IP化的进一步发展，例如，B站知识区UP主"硬核的半佛仙人"每次的开场白都是介绍自己与所述话题的关系，之后会重复一句与其人设相符的介绍，称自己"是一个每天都在镜子前给自己磕头的硬核男人"，这句话结合UP主自身的卡通形象在镜子前磕头的画面，能够加深观众的印象。这句文案看似普通，但实际上能够起到在观众心中构建自身形象的作用，可以激发新观众对短视频产生兴趣，期待了解他所讲述的现象与其背后的成因。此外，在短视频中增加与观众互动的文案也有利于视频的传播。例如，对于某一问题，可以引导观众在评论区留言，增加视频的互动性。

不同的平台对文案的要求不同，抖音短视频平台要求短视频文案能够在第一时间吸引用户，因此，文案风格应简洁明了或者充满趣味性和生活化；B站的短视频文案有时候与内容的关联相对较弱，因为B站的短视频封面更吸引用户，往往会在短视频封面上添加文案来介绍短视频内容，甚至部分短视频封面就是由文案构成的。如果网红IP类短视频想用文案吸引用户，就需要呈现差异化的风格特色，创作者可以依据拍摄主题拟定合适的文案。

三、网红IP类短视频的语言特征

在网红IP类短视频中，网红的叙述非常重要，这就涉及短视频的语言运用。为了呈现最佳效果，需要对网红的声音、语气、方言等进行策划。

---

[1] 尚慧琳. 浅谈电影画面的景别[J]. 电影文学，2007(20)：99，123.

1. 声音

根据网红IP类短视频的特性，创作者在策划短视频的声音元素时，可以采取使用人声和不使用人声两种方式。例如，李子柒的大部分短视频仅保留视频中人物的原本对话，没有大段旁白，主要是因为舒缓的背景音乐更能体现乡村生活的恬静和美好，如果加入大量旁白，就会显得嘈杂，打破美好的意境。如果在短视频中使用人声，又可以分为两种情况，即使用原声和使用变音。一般情况下，大部分网红IP类短视频都会使用原声，但有时候为了增加视频效果，会使用变音。例如，Papi酱的短视频通常使用变声器让语速更快，这样做的目的是烘托热闹的氛围，体现吐槽的犀利。

2. 语气

语气是表演的重要内容之一，表演者的语气应与面部表情相配合。在日常类短视频中，表演者的语气应尽量贴近生活，减少表演痕迹，可以多加入语气词、生活用语，增强与观众交流的亲近感。同时还应注意人声或者背景音应和谐统一、足够清晰，因此需要使用较为专业的录音设备。形成独特的语气能够突显网红特征，加深观众的印象，有利于网红IP化发展。

3. 方言

在搞笑类短视频中，方言十分常见。这是因为方言具有亲和力以及明显的区域特征，能够打破普通话的常规感与正式性。网红是否使用方言，主要取决于网红的语言习惯、视频类型以及视频呈现效果。相较于专业化的节目，短视频更具有生活化的气息，因此网红在表演时应保持自然、生活化的风格，在某种程度上，使用方言能够为短视频增色。

四、网红IP类短视频的剪辑方式

网红IP类短视频的剪辑可以借鉴长视频的剪辑技巧，重点在于片头和片尾。

1. 片头

创作者可以通过标志性的片头来凸显短视频的风格。在进行片头策划时，创作者应注意片头不宜过长，因为短视频本身就具有短小精悍的特征，而片头主要是作为一种IP化的标志，并不作为吸引受众的方式。

2. 片尾

片尾是观众接收到的最后的画面，创作者可以选取相似的内容，在框架内做出细微的调整，以保持观众的新鲜感。

3. 剪辑风格

网红IP类短视频具有较强的专业性，因此剪辑团队应具备扎实的剪辑基本知识。在创作短视频的过程中,可以适当加入自身的理解,与表演者以及观众保持沟通交流,从而形成独特的短视频剪辑风格。

经过不断摸索,以及与后期团队的磨合,网红IP类短视频才能呈现最佳效果。风格策划是网红IP类短视频策划中较为重要的部分,决定着整个团队的发展。缺乏独特风格的短视频无法吸引用户的注意,自然也难以获得流量,很难在行业内立足。

第五节 网红IP类短视频的发布策划

策划并制作完成网红IP类短视频后,即进入短视频的发布策划阶段。在这一阶段,创作者需从以下几个方面进行发布策划。

一、网红IP类短视频的发布平台

不同的短视频平台,其用户画像具有差异性。虽然用户可以同时使用多个短视频平台,但使用需求有所区别,因此创作者需要根据不同平台的定位进行差异性策划。当前,国内较为知名、影响力较大的短视频平台有抖音、哔哩哔哩(B站)、快手、微信视频号等。这些平台在短视频领域都有不同的定位,其用户画像、推送机制、创作激励计划以及盈利模式也不同,创作者在选择平台时需要对此进行相应的策划。

1. 抖音

"抖音"是字节跳动公司于2016年9月上线的一款集音乐与创意于一体的短视频社交软件,它是专注于为年轻人提供创作和分享音乐的短视频平台。随着短视频的深度发展,抖音平台的创作内容已经发散至各个方面,平台服务日益完备,用户也不再局限于年轻人,各个年龄段的人都可以使用抖音发布短视频。

用户画像:根据迪赛智慧数可视化互动平台提供的数据,抖音的用户年龄段集中在18~24岁,占比35%;大多数用户的兴趣为音乐、舞蹈,以兴趣为导向的短视频在抖音平台更受欢迎。

2. 哔哩哔哩动画(简称B站)

B站是国内首家弹幕视频网站,它以独特的"二次元"文化,打造了ACGN等亚文化社区。其主要受众群体是较年轻的用户[①]。

用户画像:根据B站的统计数据,来自北京、上海、广州的大学生和中学生占B站用户的"半壁江山"。来自较大城市的年轻人的付费意愿以及产权意识较高,对于不同文化的接受度也较高。B站以二次元、游戏、鬼畜等亚文化吸引了众多年轻人,随着B

---

① 翟趁华. 哔哩哔哩UGC内容营销的品牌特色[J]. 传媒, 2021(12): 74-75, 77.

站的发展需要，也为了接纳更多的新用户，B 站进行了一定程度的二次元化，但其主体用户仍是亚文化群体。

3. 快手

快手的平台定位是关注普通人，尤其关注以小镇青年为主的下沉市场。快手平台在发展过程中不断改进自身的不足，通过寻求与主流文化的契合点，打破公众对其固有的乡村"土味"认知。

用户画像：下沉市场占比较大，男女比例差距不明显，以 31 岁以上人群为主向两端辐射。

因此，快手在转型的过程中需要积极吸引更多主流文化的创作者，但又要兼顾下沉市场的需求，逐步进行转型，吸纳更多的观众。同时，也需要对创作内容与评论严加管控，摆脱低级趣味的内容，净化互联网环境。

4. 微信视频号

微信视频号于 2020 年上线，用户在微信视频号中不仅可以发布视频，还可以进行直播。寄生于微信的视频号在短视频领域具有一定的优势，其用户资源较为广泛，但相较于大众化的短视频 App，用户创作意愿并不是很高，大部分用户将微信视频号作为提升自身曝光量的途径之一。微信视频号于 2022 年 1 月上线了付费直播间的功能。

用户画像：根据百度指数所提供的 2022 年数据，微信视频号的用户年龄段为 20~29 岁。男性用户数量远高于女性用户数量，与全网整体的男女比例分布相逆。从兴趣偏好上看，集中在影视音乐、软件应用、教育培训、咨询、书籍阅读等方面。用户特征可概括为热爱学习、重视教育、具备一定的经济实力、追求生活品质。

不同的平台吸纳不同的内容，但优质内容通常能在不同的短视频平台引起关注，因此深耕内容才是网红 IP 化的立身之本。创作者应精心策划短视频的选题、拍摄、剪辑等，在视频发布中除了参考平台用户画像，还需要选择合适的发布时间，以获取更多的流量。

二、网红 IP 类短视频的发布时间

网红 IP 类短视频保持长期稳定的内容发布，才能获得更多的流量，从而得到平台推荐，积累更多粉丝。网红 IP 类短视频可以定时更新内容，也可以不定时更新内容。例如， Papi 酱早期有个固定栏目叫"Papi 酱的周一放送"，有时候并不是在周一发布视频，但观众却形成了周一发布视频的印象，所以会主动搜索，这样不仅能够提高创作者的个人搜索度，还能够推动创作者知名度的提升。

相较于专业的电视节目，短视频的更新时间具有一定的随意性。自媒体账号运营具有自由度，但是难以确保收视率，因此在策划网红 IP 类短视频的更新时间时，需要注意以下两点。

1. 考虑平台用户活跃度

对平台用户活跃度进行考察，能够把握用户观看短视频的时间，从而利用平台的推送机制，提升用户对短视频接触的可能性。当短视频的观看人数增加时，平台会自动将该短视频视为优质内容，从而进行更为广泛的推送。虽然不同平台的推送机制有所差异，但对于大多数平台而言，观看人次越多的短视频越容易获得流量。相关数据表明，大多数用户更倾向于用休闲时的碎片化时间浏览短视频。

2. 考虑短视频的审核问题

短视频的内容发布并不是无限制的，不同的平台制定了不同的规则。对于国家相关规定明令禁止的内容，以及涉及不良或者敏感元素的内容，平台会进行严格审查，并视具体情况进行限流或者退回内容。平台审核不同类型的短视频内容有快慢之分，创作者可以根据规定和经验推测审查通过时间，从而合理安排发布时间。

三、网红IP类短视频的推广方式

短视频通过审查上线后，团队需要做的就是采用各种办法获得更多的流量。普通大众制作短视频的目的可能不是盈利，但网红IP类短视频的制作目的就是获得利益。大多数短视频平台一定会增加付费项目，协助短视频推广，创作者可以结合预算以及回报率进行周密策划。以抖音与B站为例，这两个平台都有相关的提升流量服务，但具体内容有所区别。

抖音的付费服务更适合大团队的视频推广，这种推广方式可以快速提升短视频流量。但值得注意的是，流量推广并不都是有效的，抖音平台的个性化推荐深受用户喜爱，但如果用户发现平台存在内部操作的可能，也会产生负面反馈。B站的创作激励计划相对而言更适合小团队的短视频推广，不需要过多投入资金即可提升曝光度。创作者加入创作激励计划后，平台不仅会给予流量上的推广支持，也会有奖励政策。如果短视频内容较为优质、播放量、反馈较好，该短视频将被列入排行榜中，这样更有利于短视频的传播。

但是，这种创作激励计划也存在弊端，即推送时间较短，不能覆盖多种类型。B站的生态环境仍然以二次元等相关的亚文化为主，即使B站逐渐倾向于多元化发展，大部分平台用户也是依靠这些亚文化积累的。所以，如果创作者的短视频内容与B站生态不太相符，建议考虑其他平台。

抖音平台主要通过DOU+工具提供商业服务。DOU+工具专门服务于抖音的内容营销推广，帮助创作者高效提升曝光量以及互动量。按照场景划分，抖音平台的商业服务可以分为视频DOU+和直播DOU+；按照产品形态划分，抖音平台的商业服务可以分为内容加热和广告推广。其中，内容加热是指在原生内容场景下，快速为用户获取抖音流量；广告推广主要针对部分特定的场景，对于完成账号升级入驻的用户，支持广告投放流量库存，以及打广告标签。

B站推出了创作激励计划，UP主加入平台后，平台会进行短视频推荐，以提升曝光量。创作者选择B站进行短视频推广时，需要注意短视频封面的选择。B站不同于抖音平台，完全依赖算法推荐，B站的观众具有选择的权利，在没有观看短视频内容之前，能够吸引观众点开短视频的便是封面，并且封面在发布后可以重新编辑、更换。创作者可以在短视频封面上体现核心内容，从而形成个人特色。例如，B站UP主"梗指南"的短视频封面是蓝色背景加上网络热梗，这样既能一目了然，又能激发观众的好奇心。

无论是付费推广，还是加入平台激励计划，所有的推广方式都是围绕着平台规则进行的，因此创作者应先了解平台规则，对短视频内容进行策略性调整，适应平台调性，再进行差异化宣传，这样才能获取更多的流量。

短视频发布完成后，并不意味着短视频策划已经结束。创作者还应监测观众的反馈，并基于此调整以后发布的短视频内容，从而提升短视频质量，积累更多粉丝，提升商业价值，在短视频领域获得一席之地。

第六节　网红IP类短视频的效果反馈策划

短视频发布后，创作者可以结合粉丝基础以及短视频内容预估传播效果，并且可以时刻关注数据动向。当前，市场上有多个平台提供短视频数据分析服务，创作者可以查看短视频的播放量、互动量、涨粉数以及舆论风向等，并基于此对短视频内容进行改进与调整，做好效果反馈策划。在进行效果反馈策划时，需要从以下三个方面进行。

一、完播率

完播率即视频全部播放完成的概率。它是检验短视频质量与核心竞争力的要素之一。提升完播率相当于对短视频的再次推广，可以吸引更多流量。网红IP类短视频在拥有一定粉丝基础的情况下，比一般短视频具有更大的传播优势。为了提升完播率，从短期来看，创作者可以采用在短视频中提示"片尾有惊喜"的策略来吸引用户看到结尾，但这种方式不宜过多使用，否则会降低粉丝的期待值，不利于长期发展；从长期来看，创作者需要对短视频内容进行反复推敲，选择合适的短视频长度，设置有吸引力的情节，压缩短视频时长，提高粉丝的注意力。除了打磨内容，创作者也可以采用奖励的形式来提升完播率。例如，后台抽奖回馈粉丝等。但从根本来看，保证短视频的内容品质才是提升短视频完播率的重中之重。

二、互动量

互动量是衡量短视频商业价值的指标之一，也是粉丝观看短视频后的直接反馈，粉丝可以通过点赞、弹幕或者评论来表达自己对短视频内容的看法。网红IP类短视频的创作者应紧密关注粉丝的看法，及时对短视频内容进行策略性调整。

针对互动量，创作者在进行效果反馈策划时，应从两方面进行考虑：一方面是吸引未关注的观众，可以采用关注、点赞、评论即可参与抽奖的方法提升互动量，将潜在粉丝变成真正的粉丝；另一方面是维护已经关注的粉丝，他们是短视频的核心受众，创作者可以通过回复评论的方式与粉丝互动，提升他们互动的积极性。创作者与粉丝互动的行为具有一定的双向性，能够增进与粉丝之间的关系，给粉丝留下深刻的印象。例如，一部分B站UP主会在评论区使用自己的账号伪装成粉丝来发表评论，经常会吸引真正的粉丝发表"切错号了"等有趣的评论，从而提升趣味性，增加创作者的人格魅力。

三、涨粉数

涨粉数是对短视频吸引力的考核指标之一，可以帮助创作者了解潜在粉丝的兴趣点，以便创作者及时调整短视频内容，实现粉丝量的稳步上涨。粉丝基础对于网红IP类短视频而言极为重要，创作者发布的短视频不一定能够使所有粉丝满意，但如果粉丝长期看不到期待的内容，就会因失去兴趣而取消关注。

如果创作者发布的短视频在短时间内涨粉数量较多，说明潜在粉丝对该短视频内容较为感兴趣，创作者可以据此对之后的短视频内容进行调整。创作者在进行效果反馈策划时，针对涨粉数这一指标，可以从短期和长期两个角度来考虑。从短期来看，可以采用抽奖等奖励形式吸引粉丝。例如，关注即可抽奖，或者达到一定数量的粉丝即可发放福利。从长期来看，可以制定阶段性涨粉目标，并采取相应的策略。粉丝的积累并不是一直上升的过程，而是充满弹性的。当创作者发布与粉丝观念不同的短视频后，可能会出现粉丝流失的现象，这时，创作者需要考虑目标粉丝类型，并进行筛选与维护。

创作者可以在发布短视频后进行效果监测，也可以在发布短视频之前进行预告，从而查看粉丝反馈或者询问粉丝意见。发布预告有助于粉丝了解短视频内容，参考粉丝意见及时调整短视频内容，同时还能提升粉丝的观看兴趣和期待感。例如，B站的UP主可以发布动态，这样不仅可以维持曝光度、打造人设，还可以与粉丝实时互动，第一时间了解粉丝兴趣。

综上所述，网红IP类短视频是短视频行业在发展过程中形成的商业化范例。短视频成为一种全新的消费品，创造出较好的商业机会。在网红IP类短视频策划过程中，创作者需要综合考虑短视频的类型、目标用户，把握不同类型短视频策划的重点。对于短视频具体内容的策划，需要考虑主题、选题以及风格，打造优质内容，以巩固粉丝基础，提升商业价值。短视频制作完成后，还应进行效果反馈策划，对不同短视频平台的定位、目标用户以及推广方式进行考察，借助数据分析工具全方位监测短视频的完播率、互动量以及涨粉数。

第六章 草根恶搞类短视频策划

案例6-1 电视剧《狂飙》网络恶搞类短视频

国产扫黑除恶剧《狂飙》得到众多观众好评,成为"出圈"的主旋律影视剧。剧中不少演员精湛的演技、经典的台词,在网络视频平台掀起一阵"二创风",网友创作出风格各异的恶搞类短视频。例如,模仿国外电影剧情的"京海魔盗团";将人物嫁接到相亲节目"非诚勿扰";与流行歌曲拼贴的"差不多先生";用韩剧方式打开《狂飙》等。电视剧原先的剧情被完全解构,而成为各种让人啼笑皆非的搞笑短视频。曾有二创者对《狂飙》部分剧情重新进行配音(见图6-1),原剧中"老墨,我想吃鱼了"为剧中人物的一句经典台词,二创者将"鱼"替换为"肯德基",并增加了话外音,如果不是二创后的台词过于"抽象",观众几乎无法分辨出这是后期合成的声音。

图6-1 《狂飙》二次剪辑创作的恶搞类短视频

案例6-2 "佛山电翰"网络恶搞类短视频

"佛山电翰"(见图6-2)恶搞视频素材最早出自一名来自广东省佛山市的抖音短视频博主,因该博主长相酷似演员张翰,且视频场景位于某工厂,"佛山电翰"便成了一个极具辨识性的博主名称。视频中,博主与另外一位同事正在安装某种器械,两人整齐划一的动作,搭配着"魔性"十足的背景音乐,让原先看似单调无趣的重复性工作,变成了极具喜感的表演。网友纷纷模仿原博主的手势动作,将场景切换到在农场掰玉米、在铁道修铁轨、在学校食堂用餐等。拍摄者有普通车间工人、农民,也有学生和来自公共服务部门的消防员、交警等群体。近年来,类似具有"传染性"的恶搞类短视频在网络平台上不断涌现,尽管风格样式各异,但一般具有几个共性,如人物动作与音乐节拍同步协调、表演动作夸张搞笑、无明确的剧情意义等。

图6-2 "佛山电翰"恶搞类短视频

案例6-3 网络恶搞类短视频《张艺谋一天震惊800次》

该恶搞类视频素材出自电影《坚如磐石》发布于抖音平台的宣传视频花絮,导演张艺谋工作时的"震惊式"表情以及演员的表演方式(见图6-3),引发了众多网友的即兴模仿创作。

近年来，网络视频平台成为许多新上映电影用于作品宣发的渠道，电影方通常将台前幕后的制作花絮剪辑成短视频再进行传播推广，在提高电影社会关注度的同时，也让网友得以一窥电影生产制作的流程，满足了大众对电影制作幕后故事的好奇心。众多类似的短片甚至已经成为电影的"准预告片"，但"张艺谋一天震惊800次"之所以"走红"也有其他原因，与该电影的观众对电影宣传方式的不满有关。

图6-3　网络恶搞类短视频《张艺谋一天震惊800次》

不论是基于电视剧《狂飙》的二次恶搞创作，还是模仿网络草根博主"佛山电焊"日常工作的诙谐短视频，或是以表演的方式戏谑电影的宣传方式，内容各异的网络恶搞类短视频成为网络空间的一道亮丽景观。在移动互联网时代，网络技术的演变深刻地改变着社会文化图景，为丰富多彩的网络文化提供了生长土壤。网络文化具有开放性、多元性、分权性、集群性与参与性特征①，本质上是依托互联网技术所架构的传播结构而形成的，媒介技术与社会文化的连接和共存在历史上从未像如今一样紧密而又丰富多彩。

本章主要关注草根恶搞类短视频。作为网络文化的具体表征，这类短视频主要的创作实践群体为青年群体，所以网络文化在很大程度上等同于网络青年亚文化②，如网络"饭圈"文化、网络黑客、表情包、段子、网红等，广泛涉及网络文本、网络社区、网络行动者等内容及主体。其中，网络恶搞文化无疑是这支"文化万花筒"中格外绚丽的一抹色彩，它不仅是供人们观看和参与制作的文化内容产品，更被抽象为一类文化符号与精神，汇入中国网络文化的发展历程中，成为一个个里程碑式的文化标记，甚至深深地嵌入到伴随互联网而成长起来的一代人的文化基因中。

第一节　草根恶搞类短视频概述

一、"恶搞"的知识考古

现阶段，学界和业界对"恶搞"一词的词源追溯尚无定论，一说是来自日本动作游戏《死亡火枪》的主角发出的惨叫声"くそ"(kuso)，二说是来自动漫《圣斗士星

---

① 彭兰. 网络传播概论[M]. 北京：中国人民大学出版社，2017：326-327.
② 陈赛金. 近三十年中国网络青年亚文化变迁研究[J]. 中国青年研究，2023(3)：83-89+99.

矢》，学界和业界更认同第一种说法。"くそ"为口语中的粗话，意为"很烂，烂到让人发笑"。后来"恶搞"一词广泛流行于我国台湾的网络论坛，早期网友也不了解该词的具体意义，对其用法并无严格规范，只是将其当作一种口头禅，后来该词传入我国大陆，并逐渐形成今天的意义与用法，一种全新的亚文化类型由此确立。

在网络时代，恶搞作为一种网络行为与网络现象，一般是指对游戏、照片的移植、拼凑和修改，还表示人们用讽刺、戏谑或娱乐的态度对他人作品进行解构的创作风格[①]。恶搞文化成为一种网络文化后，其基本特征是反主流的，以对主流文化的嘲讽、颠覆、解构为基本任务[②]。从前互联网时代到新媒体时代，"恶搞"的含义基本没有脱离它诞生之初的含义——嘲笑、戏谑与发泄，并始终被赋予非主流、反叛与调侃等意义基因。

二、"草根"的意义溯源

"草根"一词在陆谷孙主编的《英汉大词典》中有三层释义：一是"群众的，基层的"；二是"乡村地区的"；三是"基础的，根本的"。该词在西方国家的意义体系中则更具有政治隐喻，用来特指一类政治运动——"grassroots movement"，即草根运动，根据维基百科的定义，它指的是"利用特定地区或社区的人民作为政治或经济运动基础的运动"。因此，不论是在社会学还是政治学的视域中，"草根"一般都被赋予"底层"的内涵，同时也可以拓展出草根群体、草根阶层、草根政治、草根气质、草根社区等多重概念。从结构主义的视角考量，"草根"一词总是在与"精英""主流""中上层"等概念的对比中显示出内在含义。如在文化范畴中，草根文化与底层文化、通俗文化、大众文化的概念相一致，与精英文化、高雅文化相对立[③]。

三、草根恶搞类短视频的概念

恶搞文化现象在历史上早已出现，20世纪初期，世界名画《蒙娜丽莎》就被人画上了小胡子，成为嬉笑逗趣的对象(见图6-4)，类似对平面图像的剪切重制

图6-4 被恶搞的世界名画《蒙娜丽莎》

是早期恶搞的主要形式，如用PS(Photoshop)对图片进行编辑。在国内青年亚文化发展

---

① 芦何秋，徐琳. 网络"恶搞"视频的文化考量[J]. 电影艺术，2008(1)：125-130.
② 彭兰. 网络传播概论[M]. 北京：中国人民大学出版社，2017：336.
③ 朱清河，张俊惠. "草根文化"的媒介依赖及其社会效用[J]. 现代传播(中国传媒大学学报)，2013，35(6)：16-20.

演进史中，恶搞文化与网络流行语、耽美文化等是出现得最早的一批亚文化类型。区别于早期的恶搞文化类型，本书讨论的是限于更狭义上的、以视频影像媒介为"母体"的一类恶搞内容。

从电影生产工业的历史演进脉络来看，20世纪20年代末，西方早期电影制作人就尝试对影像进行移置、拼贴，这种影像生产方式被视为实验电影时期的"拾得影像"(found footage)——对既有影像的二次创造，编纂电影与拼贴电影(collage film)等也是类似的概念，都指创作者对已有的影像文本进行发掘，并利用一种全新的创作思维，对这些影像进行再生产①。后来，西方影视圈中出现的戏仿类型片、影迷恶搞片等视频类型，也主要表达对导演控制影片的表现意义、操纵观众的知性思维的不满，它是针对已经或正在形成的"语言定式"和"思维定式"的插科打诨②。由此看来，植根于电影工业的生长土壤，草根恶搞类短视频与"拾得影像"的内在基因是大同小异的。到了前互联网时代，伴随着影像剪辑技术的大众化和网络内容的生产开放性，特别是以YouTube等同类视频网站的创建为标志，一种被称为"混剪"(super cut)的视频类型开始出现，当时有博主将其描述为"视频梗"。超级粉丝从他们最喜欢的电视节目、电影、游戏的某一集(或整个剧集)中对角色语言、动作或老套剧情进行剪辑、收集，并将其整合为体量较大的视频蒙太奇③。

在同样的历史时刻，国内对混剪的形式也进行了各种尝试。20世纪90年代的港产电影促使恶搞视频文化进入了大众的视线。1995年，由中国香港导演刘镇伟执导，周星驰和朱茵等主演的《大话西游之大圣娶亲》上映，掀起了"无厘头电影"的风潮，之后的许多恶搞电影都深受这部电影的影响。2001年前后，中央电视台内部流传开来的恶搞短片《大史记》在网上流行，这部被认为是中国网络恶搞剧的作品，对经典电影进行了"盗猎式"篡改，批评与颠覆了正统价值观。2005年底，随着被视为恶搞文化发展里程碑的《一个馒头引发的血案》的诞生(见图6-5)，一批经典的草根恶搞类短视频也随之出现。

从中国视频网站诞生与发展的脉络看，草根恶搞类视频是其中极具辨识度和代表性的视频类型。2005年4月，音视频分享平台土豆网正式发布，其最初的口号是"每个人都是生活的导演"。半年后，土豆网拥有了超过3万个视频与音频内容，而《一个馒头引发的血案》也正是诞生于此时期，并被认为是中国第一个

图6-5 恶搞类短视频
《一个馒头引发的血案》

---

① 王杉. 从编纂电影到混剪视频——基于现成物的拾得影像文化研究[J]. 当代电影，2022(12)：136-143.
② 芦何秋，徐琳. 网络"恶搞"视频的文化考量[J]. 电影艺术，2008(1)：125-130.
③ 王杉. 从编纂电影到混剪视频——基于现成物的拾得影像文化研究[J]. 当代电影，2022(12)：136-143.

真正广为人知的UGC长视频作品。之后，土豆网聚集了诸如叫兽易小星、三千白狐等众多知名内容创作者，恶搞视频也正是其中的内容产物之一①。以至于有学者认为，产生于2005年的网络恶搞视频是中国网络视频产生的标志，此后中国网络视频业逐步走向发展的正轨②。

有学者把恶搞文化划分为四个阶段，分别是PS阶段、Flash阶段、具有现实感和故事性的视频短片阶段和社交媒体时代的恶搞阶段③。纵观恶搞文化发展脉络，可以看到，草根恶搞类视频的生产主体逐渐由具有职业背景、掌握一定视频剪辑技术的专业人员转移到普罗大众，分发领域从传统门户类网站转入新媒体内容平台。本质上，草根恶搞类视频是工业化、大众化和商业化的产物，符合网络剧这类视听节目类型的部分特征——由草根网民针对网络用户制作、在网络新媒体上播放的网络视频短片④，与传统的电视剧类型存在不同之处，如在场面调度、蒙太奇剪辑、时间规定性等美学维度上存在差异。

基于以上讨论，本书将"草根恶搞类短视频"界定为：主要是以网络年轻用户为代表的内容生产主体，以名人明星、影视作品、社会新闻等为创作母本，对相关素材的画面、台词、配音等文本进行多媒体二次剪辑，或由真人在现实场景下拍摄或模仿，形成一类具有拼贴、反讽、戏仿等亚文化风格的创作视频。

第二节 草根恶搞类短视频的特征

一、草根恶搞类短视频的文化特征

作为一种文化类型，网络恶搞文化的意义表达必然依托于特定的符号表征，后者通常是指文字、图片、声音以及视频。依托新媒介技术成长的短视频平台，具有高度依赖技术支持、内容类型极为多样、受众参与度高且互动性强等特征⑤，正成为网络文化生长的中心地带，更为天然追求标新立异、解构抗争、与众不同等观念的恶搞文化提供了肥沃的生长土壤。

在移动短视频时代，随着低门槛的互联网使用技术对民众参与网络内容生产行为的赋权，互联网内容开启了以图像为中心的视觉化转向进程。快手和抖音等短视频平台已

---

① 曹书乐.云端影像：中国网络视频的产制结构与文化嬗变[M].上海：华东师范大学出版社，2020：30.
② Li LN. Rethinking the Chinese Internet: Social History, Cultural Forms, and Industrial Formation[J]. Television & New Media, 2016.
③ 曾一果.恶搞：反叛与颠覆[M].苏州：苏州大学出版社，2012：21-22.
④ 张健.视听节目类型解析[M].上海：复旦大学出版社，2018：300.
⑤ 孟建，张剑锋.数字人文：中国短视频研究的学术地图与脉络[J].现代传播(中国传媒大学报)，2022，44(8)：127-137.

经成为具有超大规模用户聚集的头部短视频内容平台，平台的技术探索、算法优化、视频拍摄文化培育与用户实践相融合，生成了层面极为丰富的、差异化的"重复性创作"内容生态系统①。近年来，网络短视频平台进一步迎来用户与内容增长的井喷期。2023年3月，第51次《中国互联网络发展状况统计报告》显示，截至2022年12月，我国短视频用户规模首次突破十亿人，用户使用率高达94.8%，"全民短视频"时代特质生长更为成熟②。

在现阶段的实践中，草根恶搞类短视频一方面延续了前互联网时代同类影像的内在基因，在形式与内容上表现得更加丰富多元；另一方面，媒介社会的进一步发展、内容平台与社交平台的深度互嵌、网民用户群体的年轻化等新的结构因素的转变，为相关视频内容的生产消费活动带来了更广泛的用户参与。例如，在一些网络饭圈、兴趣小组、创作社区中，恶搞短视频成为一种日常文化实践和社群行为。此外，内容变现等网络新经济模式的出现，进一步刺激了相关内容制作的现实热情，出现了一批专业的参与生产相关短视频的用户群体。

结合现阶段草根恶搞类短视频的产制形式，根据上文的定义，本书进一步将草根恶搞类短视频分为两类，这两类短视频分别侧重于影像制作流程中的拍摄环节和剪辑环节。

第一类草根恶搞类短视频是指由现实人物自导自演、有真人出镜、设计了剧情和桥段的原创短视频。从严格意义上来说，该类短视频还可以再分为两类：一是由专业视频生产者或创作团队自行创作剧本、自行拍摄和制作并进行垂直内容深耕的短视频；二是由普通网民自行拍摄以及剪辑的短视频，这类短视频多为网络用户的日常性拍摄实践，但是由于其体现出强烈的草根恶搞气质，也可以将其归类为草根恶搞类短视频。

第二类草根恶搞类短视频主要表现为在虚拟空间中对影像符号的再生产，例如网络鬼畜视频已经成为当下互联网空间中草根恶搞类短视频的主要"展演"形式。2008年，源自日本的鬼畜视频《最终鬼畜蓝蓝路》进入国内互联网，网民开始创作类似的视频，"鬼畜"这一网络恶搞形式自此开始走红。鬼畜视频可定义为通过调音、剪辑等制作技术，将大众所熟知的影音文本、广告以及网络热点事件以循环、反复、具有节奏感的方式表达出来，以此构建出新的文本③。在表现形式上，鬼畜视频可以分为ACG(anime，comic，game)等，并以鬼畜调教、音MAD、人力VOCALOID等形式出现④。如今，哔哩哔哩专门辟有"鬼畜"视频分类区。有学者认为，鬼畜视频是二次元粉丝群体在互联网场域中对影视作品进行改编，实现粉丝文化再生产的文本生产形态之

---

① 曾国华. 重复性、创造力与数字时代的情感结构——对短视频展演的"神经影像学"分析[J]. 新闻与传播研究，2020，27(5)：41-59+126-127.
② 第51次《中国互联网络发展状况统计报告》[N]. 光明日报，2023-03-03(4).
③ 陈维超. 青年亚文化视域下"鬼畜"视频研究[J]. 常州大学学报(社会科学版)，2019，20(3)：110-116.
④ 王蕾，许慧文. 网络亚文化传播符码的风格与转型——以哔哩哔哩网站为例[J]. 当代传播，2017(4)：69-72.

一[1]。总而言之，鬼畜视频实际上也是网络草根恶搞文化在新媒介空间下与粉丝文化汇聚而成的一股恶搞文化潮流。

草根恶搞类短视频之所以能够在网络上流行，很大程度上得益于新技术赋权。在当下的网络文化背景下，普通网民用户群体所生产的对主流文化造成冲击效应的网络亚文化产品是依托网络社交平台，在全球化、娱乐化以及消费化的社会时代潮流下形成的一种文化走向，体现了人们对自由表达权利的向往，更是社会情绪的一种生动表达[2]。该类文化现象长期游走在被视为具有微观政治意义的符号抗争游戏，以及低级庸俗的娱乐消遣之间。

一方面，草根恶搞类短视频进入人们的视野，成为文化保守者等批评者批判网络文化商业化和娱乐化的标靶。例如资本支持下的商业宣传、"博出位"等，让草根恶搞类短视频变得剧情低俗、广告植入明显、情节浮夸等。草根恶搞类短视频成为网络时代"娱乐至死"的外化表征，借助戏仿、滑稽改编、戏弄、贬低、打诨等途径，使得网民"心甘情愿地成为娱乐的附庸"，凸显民众的文化空虚、焦虑与迷失[3]。从历史性的视角来看，今天的恶搞者并没有形成固定的亚文化群体和亚文化价值观念，而早期的朋克、嬉皮士和光头党都有一个相对固定的亚文化团体，对国家政治和社会文化也有比较明确的看法[4]，今天的恶搞者更加追求娱乐价值，认同感更加多元，失去了传统意义上的政治抵抗、权力冲突等异质色彩，自然沦为社会所批判的对象和管理部门所规制的"乱象"。

另一方面，作为一种亚文化类型的草根恶搞类短视频，始终被视为具有模糊的抵抗情绪、鲜明的草根风格、叛逆的个性思想等反传统精神，充当普罗大众可亲力获得的"弱者的武器"。高度肯定大众文化生产与实践的文化研究学者费斯克(J. Fiske)，曾提出生产式文本(producerly)[5]等概念，他认为在对文化产品进行消费时，人们能够积极主动地将文化产品转化为自我所用的文本，在符号的战场上收获意义、快感与身份认同以及主动解读的权力，这是社会抵抗之外的另一种斗争形式——符号抵抗。在社会符号化的图像时代，短视频对于草根群体来说是一个进行符号再生产的意义系统，是一场改变原先话语系统和意义结构的符号游戏，更是一种以嬉笑怒骂为表达方式的微观政治实践，旨在反叛和颠覆权力阶层。就像有学者所认为的，尽管短视频作为一类现实生活的复杂拟像，或是一种被消费文化、商业意识形态和平台算法所主导的视频呈现和展演，但是由于大规模的社会参与，并且在无数次差异化重复中不断塑造和重塑社会的公共基础理解，大众自主生产的短视频可能成为一种具有社会创造力、文化与社会抵抗性的数

---

[1] 齐伟."臆想"式编码与融合式文本：论二次元粉丝的批评实践[J]. 现代传播(中国传媒大学学报)，2018，40(10)：113-119.
[2] 彭兰. 网络传播概论[M]. 北京：中国人民大学出版社，2017：337.
[3] 万锦祥，叶婷，彭璇璇. 网络恶搞文化的本质、危害及消解[J]. 新闻爱好者，2017(11)：66-68.
[4] 曾一果. 恶搞：反叛与颠覆[M]. 苏州：苏州大学出版社，2012：5.
[5] 约翰·费斯克. 理解大众文化[M]. 王晓珏，宋伟杰，译. 北京：中央编译出版社，2006：127.

字文化①。作为一种带有政治意义的文化实践，草根恶搞类短视频或体现草根阶层现实意志和情感意愿，集中反映了网民对公共事件与社会现象等的看法、态度和评价，潜藏着具有象征意义的大众民主。

总之，普通网民的身份、新媒体技术，加上形式各异的创作灵感，使得以短视频为代表的空间实践，得以输出一个复杂的文化表征系统②。草根恶搞类短视频是以往"沉默的大多数"走向前台，传递边缘声音的集中表达，也是社会情绪、群体情感的生动体现。同时，其本质上带有的"越轨文化"的亚文化属性，决定了其注定会被放置在大众的聚光灯下迎接各方的评价。学界对此类亚文化的评判也大致形成了英美文化研究的"解放性话语"与评判理论视角下的"政治经济决定论"的分野③，并对当代恶搞文化的侧重类型做出具体划分，分别是具有颠覆色彩的反文化、提供快乐的娱乐文化、追求低俗趣味的粗俗文化、反映精神现状的无厘头文化和消费时代的商业文化④。如何避免采用简单的二元对立思维，将草根恶搞类短视频以"高雅"与"低俗"的标准进行评判，并最终促进主流文化与亚文化的兼容并蓄或许才是人们真正需要面对的问题。

二、草根恶搞类短视频的内容特征

从小众范围内自娱自乐的产物，到进入公众视线中的文化现象，草根恶搞类短视频不断地蜕化演变，形成一类具有可识别特征的短视频，这是不同类型恶搞视频在表征和意义上的共性，正是这些共性赋予了草根恶搞类短视频区别于其他短视频的差异与内涵。但是这些特征在不同时空中的表达程度是不同的，因为草根恶搞类短视频被作为结构性力量的现实社会与虚拟空间共同形塑与修正。总体而言，这些视频具有以下共性特征。

1. 恶搞对象的广泛性

"万物皆可恶搞"可以被称为草根恶搞类短视频创作者的教义，他们是真正意义上的詹金斯所言的"符号盗猎者"、本雅明笔下的"闲逛者"。他们游走于网络空间，在一片视觉符号的海洋中寻找心仪的创作脚本。从国内外影视剧、严肃新闻节目、各界名人，到草根民众网络冲浪时生产的视频碎片、只言片语，无不成为创作者拿来即用、用之即"火"的创作素材。恶搞对象的广泛性，集中体现出二次创作者的"后现代主义"精神——排除一切拥有绝对权力的中心点，将一切文化符号，特别是占据政治经济主导地位的生产者所生产的象征符号，引入一个可以进行去原型化、去本质化、去绝对意

---

① 曾国华. 重复性、创造力与数字时代的情感结构——对短视频展演的"神经影像学"分析[J]. 新闻与传播研究，2020，27(5)：41-59+126-127.
② 王建磊. 空间再生产：网络短视频的一种价值阐释[J]. 现代传播(中国传媒大学学报)，2019，41(7)：118-122.
③ 周志强. 否定性的批判实践——论文化研究与文化批评的分立[J]. 南京社会科学，2019(1)：125-133.
④ 曾一果. 恶搞：反叛与颠覆[M]. 苏州：苏州大学出版社，2012：67.

的符号生成阶段,注入创作者本身的所思所想。被恶搞对象原初的象征承载或是有意义的,是具有明确话语指向性的,而恶搞创作者的改造思想是漫无目的的,这种漫无目的最直接的表现无疑就是恶搞对象选取的广泛性。从影像叙事角度考量,任何一个被二次创作的视频素材,一般都具有完整的叙事结构,属于某一特定的叙事类型,承担着特定的叙事功能,并且具有特定的情节、情感、主题和风格等。而恶搞类短视频打破了影像的元叙事,将人物、台词、句法等叙事元素抽离,利用剪辑手法将它们重新组装,从而建构出一套完全不同的叙事样式。由此可知,影像叙事元素的多样性,加之对其进行拼装重构的无限可能性,都决定了恶搞对象的广泛性特征。在更为基本的媒介支持层面,恶搞类短视频创作者的创作热情源于短视频二次创作技术的便捷性和素材的易得性。不同于专业影像生产活动具有的系列规制,如对脚本、剧本、演员和拍摄等特定元素和程序的相对严格要求,恶搞视频等短视频的二次创作绝大部分是居于后台范畴的"编辑室生产",也就是集中于视频后期创作的画面、配音、字幕和音效等剪辑加工环节,这意味着单就影像的制作效率而言,掌握一定剪辑手法的"剪辑师"可以保持恶搞视频的高效产出。

2. 剪辑手段的多样性

本质上,草根恶搞类短视频的创作构成了符号再生产的过程,包括但不限于对图像、字幕、配音等影像元素的再加工。除了一类原创自拍类恶搞短视频,对影像的再剪辑、对符号的再生产构成了草根恶搞类短视频创作的全部,正如詹明信(F. Jameson)在阐释后现代时期艺术创作时所言的"拼凑"(pastiche)一般,这是一种几乎无所不在、雄踞一起的艺术实践[①]。在当代影视创作领域,短视频加工剪辑已经成为一种专业化的职业技能,就短视频的二次剪辑而言,由于视频本身的类型特征,剪辑手法表现得更为类似。

草根恶搞类短视频常见的剪辑手法有以下几种。

(1) 剪辑拼贴。将不同来源的短视频素材剪辑拼贴起来,组成一个新的有趣的故事情节。

(2) 音乐配合。通过将特定音乐和视觉素材进行匹配,创造出新的视频,增加节奏感和情感共鸣。

(3) 倒放剪辑。将短视频素材进行倒放处理,创造出一些诙谐或怪异的效果,例如人类走路时像倒退。

(4) 特效处理。通过特效技术,对短视频素材进行变形、扭曲、加速、减速等处理,创造出一些有趣的效果。

(5) 合成技术。将不同的短视频素材合成在一起,创造出一些原本不可能出现的场景,例如将一个人的头部合成到另一个人的身体上。

(6) 声音处理。通过对音频素材进行调整、重叠等处理,创造出一些搞笑的声音效

---

① 詹明信.晚期资本主义的文化逻辑[M].陈清侨,等,译.北京:生活·读书·新知三联书店,1997:450.

果，例如卡通音效。

(7) 画面分割。将短视频画面分割成多个部分，通过不同画面部分的拼接，创造出一些有趣的视觉效果。

在鬼畜视频生产流程中，上述剪辑方式逐步定型为较为固定的剪辑"范式"，如"鬼畜调教""音MAD"和"人力VOCALOID"等①。总之，草根恶搞类短视频特别是鬼畜视频的剪辑方式不一而足，上述所列举的剪辑手法常常被组合使用，以创造出形式各异的恶搞类短视频。

3. 影像表达的狂欢性

草根恶搞类短视频的狂欢性因不同年代而具有不同的风格特征。在早期阶段，恶搞戏谑的风格色彩集中于表现在影像符号的"所指"层面，也就是通过影像呈现快乐主义、解构传统、消解崇高的后现代主义风格，看上去是无厘头式的为娱乐而娱乐，但是话语的指向引发了观众对现实问题的思考②。例如早期的网络短剧《万万没想到》，对历史故事和神话传说进行再演绎，引发了一场解构传统经典叙事的狂欢。在当前的网络空间中，草根恶搞类短视频的狂欢焦点更多转移到符号的"能指"层面，也就是符号本身。符号狂欢(simulacra and simulation)理论认为，现代社会的文化和媒体产生了大量的符号和影像，这些符号和影像通过不断模仿和复制，已经超越了它们所代表的现实本身，构成一种自我存在的虚拟世界。恶搞类短视频实际上是一种符号狂欢实践，原先由影像话语秩序支撑的美学秩序、道德秩序、文化秩序也无一例外地受到嘲弄和颠覆③。草根恶搞类短视频的影像表达无疑也具有虚无的狂欢感，经由各式剪辑手法所生成的影像就像一个五彩缤纷的"符号大杂烩"，各种抽象的图像、声音挤满了屏幕，除非观众对具体的"梗"有过了解，否则就如同来到一片陌生的符号世界，无法领会明确而有序的意义。

因此，草根恶搞类短视频的创作者也并非像他们所反对的权威文本一样，旨在为观众提供某种具有明确意义指向的视听读本，享受一场由画面、声音、节奏带来的狂欢乐趣，是他们最终要抵达的彼岸。如果说以往的恶搞视频还在追求特定的叙事秩序，如今的恶搞视频则越加滑向了无尽的狂欢深渊。例如在以哔哩哔哩为代表的网络视频平台上，草根恶搞类短视频就集中表现为上文所言的"鬼畜"视频(见图6-6)，其在很大程度上已经成为草根恶搞类短视频的代名词，更是后者走向狂欢化风格的极致表现。

图6-6 网友根据"凤凰传奇"歌曲创作的恶搞类短视频

---

① 王蕾,许慧文.网络亚文化传播符码的风格与转型——以哔哩哔哩网站为例[J].当代传播,2017(4): 69-72.
② 张健.视听节目类型解析[M].上海:复旦大学出版社,2018: 304.
③ 芦何秋,徐琳.网络"恶搞"视频的文化考量[J].电影艺术,2008(1): 125-130.

4. 话语指向的现实性

自诞生之始，草根恶搞文化就带有亚文化的反抗性和颠覆性，力图否定精英阶层所设定的宏大权威叙事体系，这最早体现在恶搞短视频对影视剧母本的改编实践中。在互联网时代的社交媒体环境下，恶搞文化的反抗性超越了单纯的意义颠覆，更试图通过影像符号再生产实现叙事焦点的转移和主体思想的外化，因此呈现为具有微观政治意义的恶搞风格叙事，深入展现社会热点、焦点、难点、痛点或"痒点"，又将镜头聚焦于一个个鲜活的生命个体①。简言之，网络空间赋予民众自由表达的渠道，网络恶搞是这种自由的委婉表征，在根本上它是人们向往建立的无限制和无约束的"互联网乌托邦"的精神遗产。当人们感知到互联网的底层逻辑根植于政治权力和商业利益交织的现实语境中时，恶搞短视频无外乎是最具有隐蔽性的反抗策略之一，它成为一种"弱者的武器"，外显为幽默搞笑的插科打诨、戏谑调侃，其所依托的变幻莫测的符号奇观背后，是人们在现实社会中所认知或是体会到的种种现实境况，表达着一种民间话语形态②。

有学者探讨了恶搞鼻祖胡戈的二次创作影像《一个馒头引发的血案》，认为其最终演变为一场引发草根网民与名人大腕之间话语冲突的网络文化事件。研究认为，围绕《一个馒头引发的血案》展开的网络讨论，在网民群体中形成了一类"戏谑"的网络情感动员机制，网民通过对胡戈的认同，表达了价值取向，同时也表达了对精英文化的批判，更反映了"草根文化"与"主流文化"的价值冲突。造成这种网络情感动员现象的，正是《一个馒头引发的血案》内嵌的现实意义情节，如拖欠工资、农民工、城管腐败等时事热点话题，引发了广大网友的共鸣与共情。当陈凯歌表示要对恶搞者提出诉讼后，网民一边倒地支持胡戈，并对陈凯歌进行嘲讽。总之，《一个馒头引发的血案》恶搞短视频成为彼时供网民狂欢的网络文化事件，同时广泛牵涉社会、伦理、道德等深刻的时代议题③。

5. 时间存续的短暂性

大众文化在当下主要以媒介文化为呈现样态，草根恶搞类短视频也表现出媒介文化的主要特征，如内容上的丰富性、创作者的多元性、传播空间的脱域性和时间的压缩性。其中，时间因素对文化形成和发展的影响是深刻的，与传统古典文化被认为经受历史和时间的考验，具有本雅明所言的"灵韵"不同，当下的大众文化从文化工业模式演化而来，短视频为公众文化创造力的培育、公众文化创造力的训练，提供了宽松的时间环境④，从而形成了一类以速度为重要特征的文化现象——短视频的快餐文化。短视频

---

① 张健. 视听节目类型解析[M]. 上海：复旦大学出版社，2018：302.
② 何志武，葛明驷. 网络原创视频话语形态的转向[J]. 当代传播，2014(1)：74-76.
③ 杨国斌. 悲情与戏谑：网络事件中的情感动员[J]. 传播与社会学刊，2009(9)：39-66.
④ 王欢妮. 短视频的媒介时空对公众文化创造影响研究[J]. 中国电视，2022(2)：68-71.

的快餐文化注重瞬间的享受和满足，而不是长期积累的体验和思考，与现代人的快速消费、快节奏生活和"精神懒惰"等不谋而合。草根恶搞类短视频是快餐文化的产物，担负着休闲娱乐的文化产品功能，成为人们碎片化时间中的娱乐填充品，特别是在文化类型单一和快节奏的生活日常中，人们倾向于寻求视听感官的瞬间刺激和精神的短暂放松（见图6-7）。"碎片"（fragments）一词在文化批评理论中，主要用来描绘现代工业化社会中事物的破碎状态，以及人们体验状况的破碎——失去了完整性和联系性[①]。与永远无法得到满足的娱乐心态相比，短视频的观众对单个视频投入的时间是有限的，于是，在"注意力经济"为王的网络空间中，在碎片化的现实生活体验中，观众观看短视频的时长是衡量视频价值的标尺。由此，草根恶搞类短视频的生命周期都较为短暂，摆脱不了被一看了之的宿命，但这也正是短视频文化的天然特征。短视频正是在内容转瞬即逝、变幻万千的不断更新中，才成就了与传统精英文化全然不同的丰富性和创新性特点，汇聚为一场场标新立异的影像狂欢。

图6-7 恶搞类短视频《海公牛》

第三节 草根恶搞类短视频的类型

在网络内容平台上出现的草根恶搞类短视频种类繁多、形式不一，现阶段还无法对所有短视频做出类别上的定义。因此，本节仅介绍几类较为常见的草根恶搞类短视频，这些短视频的素材分别来自影视节目、名人明星、草根素人，这几类短视频为当下草根恶搞类短视频的主流类型。

一、影视节目的二次创作

电影和电视剧等成规制的影像内容，影响力大，传播范围广，剧情丰富，又有各类明星出镜，一直以来都是草根恶搞类短视频的素材库。例如，以电视剧《三国》为素材创作的恶搞类短视频《接着奏乐接着舞》（见图6-8）、以电视剧《甄嬛传》为素材创作的恶搞类短视频《臣妾要告发》等二次创作短视频广受欢迎。但需注意的是，并非任何影视作品

图6-8 恶搞类短视频《接着奏乐接着舞》

---

① 汪民安.文化研究关键词[M].南京：江苏人民出版社，2006：324.

都能作为恶搞类短视频的创作素材，能够成功"出圈"并能引发恶搞热潮的影视作品一般具有以下几个特征。

1. 年代久远，具有复古风情

时下众多引发网友恶搞的影视剧"新段子"是以"老梗"为主的，这些影视剧大多采用当时的标准电视制式进行拍摄和制作，但由于受到拍摄设备和后期制作技术的限制，其画面清晰度、色彩还原度等方面的表现相对较差。在互联网环境中，网络视频经过层层剪切拷贝，不断复制加工，进一步降低了影像画质，最终，影像在画质与画幅上所展现出的年代感与"劣质感"，本身就给人一种怀旧与复古的感觉。一些创作者为了追求特定的风格意义，以及迎合时代的复古情节需要，会将一些年代久远的影视剧作为恶搞对象，如《西游记》《新白娘子传奇》《三国演义》等。

2. 演员表演力强，经典永流传

如果影视演员演技高深，在电影、电视剧等领域具有深厚的表演功底和丰富的表演经验，将角色形象演绎得十分到位，他们将给观众留下深刻印象。由于演员塑造的角色类型各异，他们被刻上了鲜明的个性标签。例如对于喜剧类演员，近年来网友根据电影《夜店》改编的"王迅找茬梗"，对演员郭冬临在电视剧《程咬金》中的表演的恶搞等，都凸显了演员深厚的喜剧表演功底以及作为"喜剧人"的人设形象。

此外，过去流行警匪犯罪片催生了大量的"恶人"角色形象，纷纷成为当下网络恶搞的素材原型。例如张学友在电影《旺角卡门》中饰演的"乌蝇哥"(见图6-9)、孙红雷在电视剧《征服》中饰演的"刘华强"等，这些"恶人"角色走红的原因之一是他们的表演满足了当下人们的情绪化表达需求，浮夸的动作、"不文明"的言谈、冷峻的神情、粗暴的行为等，恰恰成为现代都市人群排解压力或者寻求轻松幽默的影像表征。

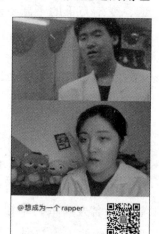

图6-9 网友模仿电影《旺角卡门》中的"乌蝇哥"

3. 演技台词浮夸，加工空间大

部分恶搞类短视频将演员"雷人"的表演风格、不合时宜的台词、夸张的演技等作为素材。恶搞类短视频《职业法师刘海柱》的素材来源于2013年的电视剧《东北往事之黑道风云20年》，喜剧演员许君聪在部分桥段的台词十分粗俗，打造出"名场面"，给观众留下深刻印象，以至于该片段被不断剪辑加工，形成哆啦A梦版、大耳朵图图版、澎湖湾版等多个版本的恶搞类短视频。一些恶搞类短视频表达了观众对一些职业能力不足的演员的嘲讽，例如在电影《硬汉狙击》中，扮演者谢孟伟持枪路过树林的片段就引发了网友的二次创作，特别是由于演员早年饰演过"嘎子"这一经典形象，这与其在该电影中略显浮夸的表演形成对比，由此引发了一波"嘎子偷狗"的网络恶搞。

4. 作品质量较高，观众反响好

影视作品引发网友二次创作，更源于影视作品本身具有较广泛的受众圈和较高的知名度，这体现出影视剧制作水准的重要性。例如近年来火遍全网的扫黑除恶剧《狂飙》成为多个恶搞类短视频的素材。被嵌套进电影《速度与激情》的"有田下山"，被打造成时代巨星的"迈克尔·杰克驴"，将剧中演员剪辑进综艺节目《非诚勿扰》，用新闻播报的方式加工"徐忠赴京海调研养老服务工作"桥段，这些二次创作都是网友的恶搞作品。

网民对经典影视剧的二次创作模式，与电视时代的粉丝参与方式殊途同归。20世纪下半叶，亨利·詹金斯(Henry Jenkins)在考察粉丝同人作者时，指出了他们多种重写电视剧的方式，如背景重设、拓展原文本时间段、重聚焦等。这些重写方式表明了粉丝社群具有标志性的解读、挪用和重构策略，与当前主要利用网络剪辑技术实现二次创作的目标不同，彼时的粉丝主要是在电视剧的剧本上做出改变和微调，生产出小说、剧本等文化果实①。因此，与历史上同类型的大众文化内容生产一样，网络恶搞类短视频作为一种新型大众话语模式，基于自媒体微叙事的平民立场消解了经典意识所秉持的价值典范和审美趣味，无意中也拓展了艺术的发展空间②。

二、名人明星的戏谑调侃

名人明星通常具有较高的知名度和广泛的影响力，因此容易引起公众的兴趣和注意。他们的形象和行为也常常受到媒体的关注，成为社会舆论的热点话题。他们通常是社会权力和财富的象征，其形象和行为有时甚至被视为现代社会价值观的一种体现。对名人明星的调侃或单纯的即兴创作(见图6-10)和情感发泄，有时候也是人们表达对一些社会价值取向以及娱乐界风气不满和抵制的一种方式。

早在2015年，一位名叫"绯色toy"的短视频博主在哔哩哔哩平台发布了恶搞类短视频《我的洗发液》，素材取自演艺巨星成龙在2004年拍摄的洗发水广告。成龙在广告中用"duang"这个语气词来形容头发的柔顺，经过网友恶搞，"duang"成为一个流行网络热词，这则恶搞案例甚至被认为是国内鬼畜视频创作的鼻祖。

图6-10 网络短视频博主模仿歌手伍佰的表演风格

在《大众偶像的胜利》一书中，洛文塔尔认为，在社会盛行的文化工业浪潮下，

---

① 亨利·詹金斯.文本盗猎者：电视粉丝与参与式文化[M].郑熙青，译.北京：北京大学出版社，2016：155-167.
② 王静.自媒体微叙事[M].北京：中国传媒大学出版社，2020：116.

20世纪中叶，美国大众的偶像从"严肃及重要职务人士"(如政治家)转变为活跃于娱乐界的"消费偶像"，这意味着一种社会教育和动员方式的变迁①。在当今社会，伴随着娱乐行业、消费文化、粉丝经济等领域的蓬勃发展，在"追星"成为人们的一种休闲娱乐方式的同时，各种花边新闻、明星绯闻乃至娱乐"旧闻"更为频繁地占据媒体的报道版面，不时引发人们对娱乐圈不正风气的声讨和批评。以此看来，网络恶搞类短视频对演艺人士和娱乐明星的调侃和嘲讽，不失为人们对部分"消费偶像"表达不满与抗议的一种"舆论监督"形式。

值得一提的是，除了天然带有娱乐属性的演艺界，更具精英色彩的知识界也进入恶搞的全民狂欢浪潮中。例如近年来，中国政法大学教授罗翔因其幽默犀利的语言、深刻广博的法律知识，持续引发网友的追捧，更诞生了"法外狂徒张三"的知名热梗，各种恶搞类短视频层出不穷。本人更是走出法律圈，走进娱乐圈，受邀参与喜剧节目《脱口秀大会》，融合法律知识与脱口秀文化，以幽默风趣的方式为观众普及法律知识，"一本正经地讲法律、说段子"成为外界对这位法学教授的第一印象。这类恶搞对象同时标志着在当下的网络空间中，严肃与活泼、教育与娱乐等以往被视为具有排斥属性的"知识"类型之间的边界呈现消弭与融合趋势，也反映了寓教于乐、嬉笑打趣等非正统的社会观念引导方式，更易被年轻群体所接纳和包容。

三、草根素人的"意外"走红

相较于名人明星所具有的高媒体曝光度的天然优势，普通民众在现实以及网络中属于"沉默的大多数"。尽管《星光大道》《超级女声》《快乐男声》等草根明星养成类节目给了普通民众在聚光灯下成名的机会，但根本上仍是主流媒体以及精英阶层在市场逻辑主导下对平民的一类"他者"包装。筛选草根明星的标准植根于演艺界的审美范式，这些节目的最大突破或许在于将明星的"晋升机制"前台化与公开化，经历层层海选，最终打动文化精英的仍然是草根明星的潜力和气质。

新媒体技术对社会的赋权使普罗大众在网络平台拥有了选择喜好的投票权和生活日常的可见度。一方面，作为展示者的用户，低门槛的视频拍摄与制作技术让他们成为主动的摄影师和个性的剪辑师，生产出形式各异的视频内容；另一方面，作为观看者的用户，在智能算法技术的加持下，获得了表达喜恶意向的选择权，为自我营造出一个量身定做的个性化内容空间。无论是作为展示者还是观看者，在本质上，网民群体在短视频平台的活动是以自我为主体的日常媒介使用。因此，在五彩缤纷或者良莠不齐的短视频"万花筒"里，网络用户开辟出不同于主流华丽秀场的互联网文化空间，越来越多的草根素人通过恶搞影像收获了人们的关注。

---

① 伊莱休·卡茨，等.媒介研究经典文本解读[M].常江，译.北京：北京大学出版社，2011：95.

在发布即"可见"的媒体环境中,尤其是通过平台的算法机制,提升了普通人"被看见"的概率,这使得大量素人在此机制下涌现,越朴素纯粹、越脱离精英气质的"自我呈现",越能获得人们的关注和认可[①]。近年来,在网络上走红的草根素人层出不穷,他们中的大多数是日常生活展示者,不具备天然的曝光度,走红的缘由往往是他们生产的短视频内容或短视频风格引发人们的关注乃至效仿。例如近年来火遍全网的"月薪3200""你这背景太假了""失败的man""蓝色妖姬"等恶搞类短视频,素材都来自普通网络UP主。

以其中的恶搞视频"月薪3200"为例。在最初的短视频中,创作者对自己的生活处境进行调侃,用"接地气"的演技把月薪3200元的生活演绎出月入百万的感觉,呈现了一个普通工作者的自嘲与无奈。视频走红以后,"高考3200分,清华都不敢想的男人""年纪轻轻就获得了3200枚勋章""年纪轻轻就有了3200家公司""年纪轻轻就拜了3200个义父"等二次创作短视频源源不断出现,衡量月薪的数字单位"3200"脱离了货币的含义,成为一个引发广泛传播的"迷因",其蕴含的"贫穷、落魄、拮据"意义在恶搞中走向了另一个极致,被解构为一个抽象、空洞和无意义的纯粹数字,只被单纯地表征为一种不可能的期许符号。换言之,人们有可能获得3200元月薪,却永远无法获得网友将其移植到他处语境中的含义,如高考分数、游戏勋章、公司等。"3200"成为仅供网友狂欢的象征符号,这是经由对原初符号的解构与再生产所实现的,人们除非了解其原先出处,否则会对其广泛套用感到疑惑。这也正是作为亚文化的草根恶搞文化的意义所在,在符号的抽离与再生中,逃避与躲闪周遭环境的审视与控制,委婉与间接地表现戏谑和调侃,欢笑声背后,隐含并折射出当下社会民众对于生存、就业、学业等话题的复杂矛盾心理。

第四节 草根恶搞类短视频的内容策划

短视频的策划制作涉及创作者想要生产什么样的短视频、想要为哪部分受众人群生产、要注意哪些方面等问题,具体包括前期的内容定位、用户定位、选题考量、特色打造,中后期的制作加工和宣发等维度。鉴于前文已详细介绍过草根恶搞类短视频的类型、特征、风格等,创作者也可以依据这些理论性叙述全面把握视频创作的尺度与要点。

与如今大部分网络剧"制播合一"(制作与播放平台的统一)成为共通模式的情况相比[②],由于草根恶搞类短视频不属于主流的视听内容产品,其策划与制作更关注"草根"二字。早期以及当前大部分创作者使用的是较为初级的拍摄与剪辑设备,选择的是

---

① 王建磊,冯楷.从补偿到泛在:短视频的媒介演进与价值转向[J].中国编辑,2023(Z1):100-104.
② 张健,刘勇衫."制播分离"还是"制播合一"——媒介融合背景下电视剧与网络自制剧的制播模式考察[J].中国电视,2015,No.357(11):47-52.

较为日常的场景，"较随意"地组建创作团队，很多创作者甚至是单打独斗，身兼数职完成视频制作。这些因素使得草根恶搞类短视频的话语表达相对杂糅与琐碎，其中以二次创作类短视频为代表。

随着部分创作者的内容生产逐步从业余过渡到专业化，草根恶搞类短视频的弱项与不足在一定程度上被克服，化短板为优势，该类短视频所具有的个性化、日常性与小众取向等特点，恰恰可以为短视频的策划与拍摄提供更为独特的创作思路。

一、深耕垂直内容，强化标签意识

在当下的网络视频平台上，草根恶搞类短视频形式类别多样、风格取向各异，为避免内容的雷同化和同质化，创作者应从自身实际出发，量身打造具有特色性、辨识度、新颖性的内容产品，突出选题的个性化与差异化。

以自导自演式的原创类恶搞短视频为例。一个较为普遍的现象是众多创作者将表演舞台定位于日常生活。例如活跃于抖音短视频平台的"疯狂小杨哥""太阳妹妹(晨晨)""西木西木""阿星and阿奇"等博主，这些创作者通常将拍摄场景置于家中、学校、街道乃至于田间地头等。在剧情的推进中，并没有过多表演成分，情节叙述的视点往往来自其中的主角，"笑点"主要由表演者通过调侃的话语和夸张的动作来表现，视频所设定的选题主要基于家人、朋友和社会成员之间的关系，围绕家长里短、校园生活、情侣恋爱等主题展开情节叙事，剧情浅显易懂，笑点简单明了。再如"papi酱""陈翔六点半"等更具有知名度的抖音号，主要围绕诙谐幽默、内涵丰富、观众易于接受等选题展开叙事[1]，日常性与亲近性是草根恶搞类短视频的主要特征。

草根恶搞类短视频对人物的情境表演、台词把控、表情管理等方面具有较高要求，例如在视觉层面要求运用夸张的表情、动作，在听觉层面要求有通畅流利的语言表达、显著的个性声音识别度，在日常生活演绎中将"包袱"抖出，笑点不能脱离生活。这类恶搞视频作为一种短片，必须是一个完整的作品，在保证故事完整性和可观赏性的前提下，还有一定的思想表达[2]，换言之，就是用轻松搞笑的日常叙事，表达一定的价值理念，让视频创作部分回归到"恶搞"二字的原初含义。当下部分恶搞类短视频也关注到社会所关切的价值观念，如被广泛讨论的婚恋议题、职场环境、个人成长、城市生活等。简言之，这类视频应能实现三个层次的目的，即让人快乐、让人感动、让人思考[3]。

---

[1] 胡智锋，刘俊. 网络视频节目策划[M]. 上海：复旦大学出版社，2021：339.
[2] 周建青. 新媒体视听节目制作[M]. 北京：北京大学出版社，2014：148.
[3] 张健. 视听节目类型解析[M]. 上海：复旦大学出版社，2018：240.

二、立足经典文本,紧跟"剧场热点"

除了由创作者个人或团队自导自演的草根恶搞类短视频,在哔哩哔哩等内容平台上较受欢迎的还有基于影视剧等节目的恶搞类短视频。

策划该恶搞类短视频时,可采用"新旧交替"的创作策略。如果创作者将二次创作的影视目标定位于古装类影视剧,就可以有目的地观看较为经典的历史古装剧并进行"槽点"发掘,在原影视剧中嵌入杂糅的新画面、新旁白,但具有创意性的前提是原影像的"槽点"或者"笑点"足够吸引人。以近两年较为流行的"职业法师刘海柱"这一恶搞梗为例,该素材出自电视剧《东北往事之黑道风云20年》,因为相关片段中的一位主角表演浮夸,打造出令观众印象深刻的名场面,后来,不少创作者将该画面延伸制作成哆啦A梦版、澎湖湾版、迈克尔·杰克逊版、青花瓷版等鬼畜恶搞视频。还有一类恶搞类短视频从热门影视剧中选材,例如创作者对近年来风靡全网的《狂飙》进行再创作,诞生了不少令人啼笑皆非的恶搞类短视频。

值得关注的是,普通网友"意外走红"的影像也是一个较好的策划点,创作者可将内容定位至社会热点人物或事件。以"你这背景太假了"为例(见图6-11),这个梗出自B站UP主"疆域阿力木",博主是一位电商行业的带货主播,经常在网上发布其在新疆地区的工作生活日常。在一个拍摄地为一条溪流的短视频中,博主犹如经由抠图技术拼贴至画面中,被网友吐槽"背景太假",该短视频后来成为网友的抠图素材,配上魔幻的音乐或与其他角色联动,出现在众多鬼畜视频中。与此相似的还有"我删掉了王者荣耀""爷们要战斗""阳光开朗大男孩"等搞笑梗,无一例外都出自一些素人网友的自娱自乐之作。

图6-11 网友根据"你这背景太假了"剪辑的恶搞类短视频

三、遵守伦理规范,笑亦有"笑道"

在影像的视觉表达层面,相较于其他类型短视频,草根恶搞类短视频具有娱乐休闲、搞笑戏谑和碎片拼贴的特征,与当下短视频时代大众的审美趣味不谋而合,迎合了大众在"加速"的现代生活中的碎片式文化接受心理,因此,相对于以往的"反文化"气质,当下的恶搞文化更趋近于"找乐文化",快乐至上是产消者的原则[①]。

在快速变迁、剧烈变动的现代生活中,人们渴望通过快乐来缓解疲倦的身心,收获短暂的愉悦,草根恶搞类短视频的"社会功用"也正是如此。但是,创造健康有益的快乐源泉势必是以创作者专业、敬业,乃至于苦心孤诣的创作态度换来的,当"快乐主

---

① 曾一果. 恶搞:反叛与颠覆[M]. 苏州:苏州大学出版社,2012:106.

义"成为无所不包的原教旨信条①，需要警惕不少网络恶搞视频中所出现的不良价值观导向、版权侵犯等问题，这些问题势必会让原本就在道德红线边缘游离的恶搞视频更加被动。从恶搞类短视频孕育伊始，争议就随之相伴，从2006年《闪闪的红星之潘东子参赛记》篡改红色经典引发的争论②，到近年来各种博眼球、无下限的低俗恶搞风等，创作者应思考如何避免让短视频的创作目的变成简单地为搞笑而搞笑，如何避免流于通俗意义上的插科打诨、哗众取宠，如何在遵循市场规则、法律秩序、道德伦理的前提下创作出优秀的文化产品。

草根恶搞类短视频的娱乐化、碎片化表征，又决定着其必然要背负"娱乐至死"的"骂名"。当我们将它视为一类特定的短视频类型，并默许它是一种被社会大众所接受与认可的影像文化时，我们需要思考，在视频影像的生产制作层面，如何引导专业或者业余的草根恶搞类短视频生产者以更为成熟的创作意识、更为严谨的创作态度以及良好的规范意识，生产创作出更具有受众认可性、市场贴合性、文化创造性、伦理适宜性等正向特质的作品。

第五节　草根恶搞类短视频的发布策划

一、草根恶搞类短视频的发布时间和发布平台策划

短视频完成制作包装后，即可进入发布与推广环节。在新媒体时代，各大平台上的海量内容与用户有限的注意力之间形成了突出的矛盾，如何提升短视频曝光度成为一个难题。从作品发布层面来看，创作者需要在发布时间与发布平台两方面采取适宜的策略。

在发布时间上，短视频作品的发布既要保持一定规律，又要有"出其不意"的安排。保持一定规律指的是定期更新和发布视频，按照固定的时间表或频率定期发布新视频内容。这有助于保持观众的兴趣和参与度，并建立观众对视频的预期，从而避免观众流失，进而提升观众的忠诚度，推动粉丝量的增长。当观众知道创作者会定期发布新内容时，就有可能订阅或关注账号，为短视频创作带来更多的曝光机会。"出其不意"指的是要抓住一些关键的时间节点，选择正确时机推广短视频，在营销学意义上指的是适当的档期营销③，例如在母亲节、父亲节推出亲情类短视频，在七夕推出爱情类短视频等，效果会更好。

---

① 周志强. 从"娱乐"到"傻乐"——论中国大众文化的去政治化[J]. 天津师范大学学报(社会科学版)，2010，No.211(4)：36-43+76.
② 刘瑞一. 中国网络视频的缘起与流变[M]. 北京：人民日报出版社，2021：46.
③ 周建青. 新媒体视听节目制作[M]. 北京：北京大学出版社，2014：170.

在发布平台上，这里以B站为例，B站最大的特点是用户和UP主可以通过良好的交互机制，形成兴趣社区①。短视频创作者应培养自身的"社区意识"，将内容成果置于更大圈层内的草根恶搞社区中，如B站中的"鬼畜"栏目，众多"资深鬼畜爱好者"在此聚集，创作者以此作为内容的发布空间，强化栏目打造，更易集聚人气和短视频爱好者。

通俗而言，创作者应明确短视频的创作目的以及目标用户，将目标用户定位得越准确，短视频就越有可能得到他们的关注，引发他们的共鸣。草根恶搞类短视频属于一种青年亚文化，因此一般意义上，青年群体是较为主要和稳定的短视频用户群体，第51次《中国互联网络发展状况统计报告》显示，截至2022年12月，处于20～39岁这一年龄段的网民群体占比达到33.8%，显示出中青年群体是上网群体的主力人群。

二、草根恶搞类短视频的用户反馈策划

草根恶搞类短视频的目标用户群体既具有明确性又具有模糊性，明确性在于中青年群体是上网人群的主要组成部分，观看碎片化、娱乐化的短视频已经成为他们的休闲方式之一；模糊性在于网络用户的兴趣爱好是多元且易变的，不存在完全稳定和固定的短视频用户。因此，明确目标用户时，应当认识到当下短视频用户的"流动性"特征，关注用户的反馈并倾听他们的意见尤为重要。

1. 收集用户反馈中的价值信息

在分析短视频用户定位的过程中，创作者不仅应注重在效果反馈层面理解用户的需求和兴趣，还应深入了解他们的期望和偏好，以便创作他们感兴趣的内容。具体可以从以下几个方面入手。首先，通过开展调查或收集用户的反馈来了解他们对短视频内容的喜好和期望，比如在短视频播放区增添问卷调查，询问用户的观后感，进一步延伸至用户对不同主题、风格和内容形式的偏好。其次，部分用户的评价可能会包含对短视频制作的建议，比如观众反映恶搞类短视频中的"梗"过于隐喻不易理解、过于低俗不宜传播、过于密集不便消化等，创作者有必要采纳用户提出的有价值的评价，从而在后续的创作中扬长避短、有的放矢。

此外，在"注意力经济"时代，用户观看短视频的一举一动都具有可测量性。创作者可以通过各种分析工具和平台提供的数据，如用户的观看次数、观看时长、互动指标等，获取具有参考价值的量化数据，以便了解用户的行为模式和兴趣，分析用户的观看习惯和喜好，及时发现用户对哪些内容更感兴趣，以及哪些短视频表现方式更受欢迎。创作者也可以通过社交媒体来了解用户在社交媒体平台上的兴趣点和参与度，以及用户关注的其他频道和创作者，从而了解用户会对哪些内容做出积极的回应和互动。创作者

---

① 曹书乐.云端影像：中国网络视频的产制结构与文化嬗变[M].上海：华东师范大学出版社，2020：53-54.

还可以通过社交媒体呈现的流行趋势和话题标签来了解当前热门和流行的话题，以便在今后的短视频创作中涵盖相关内容。

2. 建立亲近的互动社群

积极与短视频用户互动并创建一个社区环境，不仅可以促进创作者与用户之间的互动和交流，还可以增加用户的参与度和忠诚度。

(1) 回复用户评论和留言。当用户在短视频评论区发表意见时，创作者可以选择性地回复有针对性和典型性的意见，以此凸显创作者对用户的关注，从而与用户建立起更为紧密的联系。

(2) 鼓励用户参与互动。创作者可以在短视频中或短视频描述中鼓励用户评论、点赞或分享，常见方式有提出问题、征求建议、发起话题讨论或与用户互动，激发用户的参与欲望，进一步鼓励他们在评论区进行互动和交流。

(3) 创建社交媒体群组。在社交媒体平台或专门的论坛上创建一个交流空间，如特定的关于"网络恶搞"的群组、页面或讨论区，让用户可以在其中分享观看意见、提供短视频素材，创作者可以定期发布内容，引导讨论，通过微博话题引发讨论、促进传播，通过微信点赞等方式进行推广等。

(4) 创造共同体感。创作者可以让用户了解恶搞类短视频是怎样被拍摄与制作出来的，如与短视频用户分享创作者背后的故事、创作过程或幕后花絮等。这样不仅可以打破短视频制作的神秘感，还可以提升文本创作的公开性。此外，创作者也可以通过分享自身的创作理念，引发用户的共鸣和认同感，从而使用户更加愿意参与互动，支持短视频内容创作。

第七章 创意剪辑类短视频策划

案例7-1 创意剪辑类短视频博主"黑脸V"

"黑脸V"是一位短视频博主,也是抖音和快手的知名主播,截至2023年10月,他在抖音平台上的粉丝已经突破2300万。"黑脸V"以其独特的创意和表演风格,制作了许多有趣且令人惊奇的创意剪辑类短视频。他的短视频通常以生活中的小事为起点,通过简单而有趣的创意将其改编为个人化的表演。他巧妙地运用换妆、特效等手法,赋予作品更多的视觉效果和趣味性。除此之外,他还拥有独特的语言幽默和情绪表达能力,成功地吸引了大批年轻粉丝。在《关闹钟》(见图7-1)这部短视频中,"黑脸V"将手机按键进行创意改编,通过换妆和表演技巧,将自己变身为各种不同的角色,还在画面中添加了大量的特效和配乐,形成了一个生动有趣的故事情节。他的创意和制作技巧充分展示出短视频产业的活力和发展潜力,也为其他短视频爱好者提供了创作灵感。

图7-1 短视频博主"黑脸V"

案例7-2 创意剪辑类短视频博主"胥渡"

"胥渡"(见图7-2)主要活跃于抖音平台,他以耳熟能详的背景音乐和生动形象的短视频展示,引起了众多年轻观众的关注和喜爱。截至2023年10月,他在抖音平台的粉丝已经超过300万。胥渡的作品涉及多个领域,包括情感、生活、职业和旅行等。他经常通过歌曲、台词或剪影的形式表达情感和人生观,将自己的人生经历与观众进行分享与交流。在旅行领域,他通过记录自己的旅行足迹、分享当地美食和文化等方式,传递爱旅行、爱生活的态度和精神。胥渡的作品内容贴近生活、贴近观众,不仅有文艺气息和良好的审美体验,同时还充满了温暖和正能量。他的短视频制作精良,画面清晰流畅,语言简单明了,能够准确地抓取年轻人的口味和需求,深受观众喜爱。

图7-2 短视频博主"胥渡"

案例7-3 创意剪辑类短视频博主"梗姐姐"

抖音"梗姐姐"(见图7-3)是一位拥有超过1000万粉丝的知名网红。她的短视频主要分享"梗"和小知识,有时还会分享自己的生活和心情,内容非常丰富,包括影视剧的相关知识、名人趣闻、历史文化知识、生活小技巧等方面。视频风格幽默生动，她擅长用轻松幽默的语言解说"梗"的来源和含义，强调"梗"传达的正能量和积极态度。"梗姐姐"的主要粉丝是年轻人、影视爱好者和"梗"爱好者。视频时长通常在20秒到1分钟。视频拍摄手法简单，经常加入特效和动画，以增强观看效果，非常贴合年轻人的观看习惯。同时，在视频中"梗姐姐"也会采用丰富多彩的表情和语言，来表达不同的情绪和心情，风格轻松活泼，深受年轻人的喜爱。

图7-3　短视频博主"梗姐姐"

上述三个案例是否让你觉得创意十足？优秀的短视频不常有，出色的策划也不能简单复制。创作创意剪辑类短视频的难点主要是如何提高内容的创新性与传播效果。本章将从用户策划、题材策划、发布策划和反馈策划等方面，提出一套创意剪辑类短视频的策划框架和指导原则，以帮助同类视频创作者更好地运用创意剪辑类短视频实现既定目标。

第一节　创意剪辑类短视频概述

一、创意剪辑类短视频的概念

关于创意剪辑类短视频这一概念，参考系列丛书《短视频类型创作导论》中的界定，即"对已有的视听内容进行再创作，呈现的内容与叙事逻辑往往给人以耳目一新之感，且时长在5分钟以内的短视频类型"[①]。

二、创意剪辑类短视频的发展历程

创意剪辑类短视频起源于Vine平台[②]，它是在社交媒体兴起的背景下发展起来的。随着移动设备越来越普及，越来越多的用户开始使用手机拍摄、观看和分享感兴趣的视频内容。在这种情况下，社交媒体和短视频平台成为新的传播途径，创意剪辑类短视频随之诞生。同时随着短视频平台的迅速崛起和用户数量的快速增长，创意剪辑类短视频成为当今传播领域重要的短视频形式之一。以各时期典型应用为节点，创意剪辑类短视频的演进和发展可以分为三个阶段。

---

① 张健. 短视频类型创作导论[M]. 苏州：苏州大学出版社，2021：161.
② Vine是2012年推出的一款短视频软件，由美国Vine公司开发。

第一阶段：孕育期(Vine时代)

Vine是一款6秒小视频应用，在Vine应用中，用户可以利用6秒的时间，采用创意、搞笑和情感等风格进行表达和传播。这种短小精悍的视频形式出现之后，受到许多年轻人的喜爱，并且造就了许多成功的创作者，如Shawn Mendes和Logan Paul等。虽然Vine这个应用入口早已被关闭，但它却为短视频行业的发展提供了一个模板。

第二阶段：发力期(Musical.ly时代)

Musical.ly主要流行于欧美市场，用户可以通过音乐、唇唱、剪辑等方式进行音乐短视频的创作和传播。这款软件在功能上支持添加配乐、贴纸、特效等。具体玩法是用户在平台的在线音乐库或手机本地音乐库中选择一首歌曲，在15秒的演唱视频中表演出对应的嘴型，添加特效和剪辑后发布。在Musical.ly时代，用户通过富有激情的表演和创造力来展现自己的个性，许多创作者如Jacob Sartorius和Baby Ariel等也在这个阶段崭露头角。

第三阶段：爆发式增长期(抖音时代)

抖音作为一款来自中国的短视频社交平台，虽然在上线初期被很多人称为"中国版Musical.ly"，但事实上，相较于Musical.ly，抖音的内容生态建设更加标新立异。凭借高效的推荐算法和高效的商业化运营，抖音在海内外市场引起了很大的关注。在抖音时代，用户可以通过更多的创意手段来展示自己的个性，如特效、镜头变换等。抖音的快速崛起也带动了创意剪辑类短视频的发展，许多新的创作者在这个平台上获得了成功。

总体来说，创意剪辑类短视频的发展历程充满了创新和变化，它不断更新着手段和方式，充分满足了人们对即时互动和创意表达的需求，吸引着大批注重个性化表达的年轻用户。随着短视频行业的发展，创作者迫切希望自己的短视频能够进入更大的流量池，从而获得更多的关注，但他们发现这并非想象的那么容易。

创意剪辑类短视频的发展受到视频媒体和受众传播的共同影响。首先，技术的应用提供了更智能化的剪辑和特效功能。随着网络条件渐趋完备，智能化技术在图像识别、语音识别和自动剪辑等方面的应用改变了创意剪辑类短视频的制作方式，短视频中的音乐、文字、动画等元素能够更好地结合在一起。随着虚拟现实技术与增强现实技术的不断发展，创意剪辑类短视频也将逐渐融入这些技术中，用户的创意将不被限制，从而创作出更具沉浸感和交互性的短视频作品，提高观众的娱乐体验和参与感。其次，用户生成内容的快速增长也将推动短视频的发展。保罗·莱文森在他的著作《数字麦克卢汉》中提到了"补偿性媒介"理论，他认为人们之所以选择后一种媒介，是对以往特定媒介本身不足所提供的一种补偿，是一种补救的措施[①]。创意剪辑类短视频既能迎合观众对视听元素的需求，又能适应当下快节奏的阅读方式，弥补了原有社交软件的短板。开放的网络空间为短视频提供了更宽松、包容的传播环境，越来越多的用户积极参与到创意

---

① 保罗·莱文森. 数字麦克卢汉[M]. 何道宽, 译. 北京：社会科学文献出版社，2001：117.

剪辑类短视频的创作中。短视频产业的日益壮大不仅是技术和平台的进步，更为用户生成内容带来了更为广阔的发展空间和蓝海市场，为用户与平台共同创作和推广内容搭建了良好的生态环境。在过去的几年里，用户生成内容的增长不仅推动了短视频的发展，也打破了传统产业的格局，让普通人也能参与到内容创作中。

三、创意剪辑类短视频的特征

从广义上来说，任何具有一定创意，并经由实验性剪辑而完成的短视频都可以称为创意剪辑类短视频。但与常见的其他短视频不同，创意剪辑类短视频更注重短视频创意元素、剪辑技巧和艺术美感的融入。这类短视频通常需要创作者进行较多的创意构思和后期处理，以达到更高的制作质量和更好的观看体验，在创意与剪辑相互成就的同时，衍生出创意剪辑类短视频独有的特征。

1. 创意性强

创意是吸引观众的关键因素，创意剪辑类短视频的内容创意涉及内容叙事和剪辑方面的创新。因此，无论是选择短视频的题材和内容类型，还是进行叙事和剪辑，都需要运用相应的创意策略。创意剪辑类短视频通过巧妙组合不同的素材和编辑方式，能够呈现新颖独特的视觉效果，引起观众的共鸣，给观众带来惊喜。在本章案例7-1中，创意剪辑类短视频博主"黑脸V"的主页简介为"一个创意，一种态度"，"黑脸V"作为抖音技术类头部网红，正是靠着自己新奇的创意，以及幽默、机智的表演和独特的黑脸元素，创造出既有创意又有趣味的短视频作品。随着虚拟现实、增强现实、无人机摄影等技术的不断发展，将会有越来越多的短视频创作者借助这些新手段来丰富短视频创意。虚拟现实和增强现实技术可以为短视频观众带来沉浸式和交互式的观看体验，航拍技术可以为短视频观众提供独特的视角，创造出惊人的视觉效果，从而打造出超现实世界。创意剪辑类短视频的创作者可以灵活运用这些技术，将其融入短视频的创意策略中，以提升内容的创新性和吸引力。

2. 剪辑节奏明快

创作者在短视频创作中运用创新的剪辑技巧，不仅能吸引用户的注意力，还能给用户带来新奇的视觉体验。创意剪辑类短视频时长在1至3分钟之间，为了能在这短短几分钟时间内呈现完整的故事情节或者传递明确的信息，创作者常常采用快速的剪辑节奏，让画面和声音跟随节奏切换。明快的剪辑节奏可以增强创意剪辑类短视频的吸引力，让观众感到愉快和兴奋。在剪辑过程中，情节呈现和音乐使用的有机结合也是需要注意的要点，也就是我们所熟知的"卡点"，其原理也很简单，就是在音乐的鼓点位置进行画面切换。一般来讲，节奏感强的音乐更适合作为卡点视频的背景音乐，因为音乐节奏感越强，越容易找到卡点的位置，越能突出短视频的整体效果。但需要注意的是，"卡点"剪辑并不是用得越多越好,过度的快速剪辑会让观众感到头晕、疲乏甚至反感,导致观众提前退出短视频。因此,创作者在使用快速剪辑技巧时也要注意适度,切忌过度使用。

3. 素材多元化

创意剪辑类短视频是一种集合音乐、电影、电视剧等多种素材的创作形式。创意剪辑类短视频的魅力在于它能够将视频片段、音乐、图片等不同素材进行巧妙组合,这种多元素材的组合可以展现出多样化的风格和主题,极大地丰富观众的视听感受。在创意剪辑类短视频的制作过程中,创作者应精心挑选素材,以确保素材与创作者所要表达的主题和情感相契合。其中,音乐素材在创意剪辑中起着重要的作用,创作者可以通过音乐的节奏、旋律和所表达的情绪来增强视频的表现力。视频片段和图片素材的选择也要与主题相呼应,并能够有效地传达创作者想要传播的信息。

第二节 创意剪辑类短视频的类型与用户策划

一、创意剪辑类短视频的类型

在策划创意剪辑类短视频时,创作者应考虑将不同的短视频类型对应不同的目标用户群体,还应根据目标用户的兴趣、需求和使用习惯进行精准定位和创作。创意剪辑类短视频可以分为如下几类。

1. 创意音效剪辑

这类短视频主要依托音乐节奏进行剪辑,通过将音乐与影像巧妙结合,能够营造出强烈的节奏感和冲击力。创意音效剪辑类短视频的目标用户主要是对音乐和视觉有着强烈追求的年轻人和音乐爱好者。创意音效剪辑类短视频的核心是音乐,节奏和旋律通常非常明显,能够让用户对音乐产生非常深刻的印象。为了达到更好的艺术效果,在画面处理方面创作者通常会做出很多的创意设计,以强化和突出音效。当视频录制的收音效果较差时,创作者可以对画面进行二次配音,还可以选择变声或辅助配音软件,用更生动的语言去补充画面内容。

2. 视觉特效剪辑

视觉特效剪辑类短视频是创作者通过对画面特效进行加工和处理制作而成的。视觉特效剪辑类短视频的创作者需要具备一定的技术水平和专业知识,同时也需要富有创意和想象力。这类短视频通常会使用高级视觉技术制作手段,例如画面缩放、画中画等,通过炫酷、惊艳的视觉效果,赋予用户广阔的想象空间。例如,创作者可以利用缩放功能，画面放大有利于凸显事物特征，画面缩小便于展现全景全貌；介绍视频拍摄环境时，切换画中画可以添加贴纸等素材，让画面增添趣味性。视觉特效剪辑类短视频的目标用户主要是那些对科幻、奇幻和特效感兴趣的年轻人和影视爱好者，他们热爱新鲜事物，喜欢探索未知的奇妙世界，这一类型的短视频很好地满足了他们的需求。

3. 创意动画剪辑

创意动画剪辑是一种结合影视动画、音效、音乐等元素的视频制作方式，创作者主要通过创意、改编、拼接、配音等手段，创造出与原始素材不同的动画元素，形成独特的创意效果，再通过对动画元素加工和处理，制作出有趣、有吸引力的短视频。从2D到3D，从手绘到CG，从简单到复杂，创意动画剪辑类短视频风格多样，它最突出的特点是生动，其目标用户主要是动漫爱好者，大多为儿童和青少年。

4. 创意情节剪辑

创意情节剪辑不同于以上三种剪辑类型，创作者可以根据自己的喜好随意发挥。创意情节剪辑的剧情一般都遵循开端、发展、高潮、结局的情节架构，并根据前因后果等对视频内容进行排序调整。在这一过程中，创作者可以巧妙运用剪辑，将故事情节生动地组织出来，从而吸引用户的注意。创意情节剪辑类短视频注重剧情设置，力求让观众沉浸在故事情节中，从而获得更好的观感效果。这类短视频的目标用户主要是喜欢故事情节并渴望获得情感共鸣的观众。

二、创意剪辑类短视频的用户策划

在确定创意剪辑类短视频的目标用户和内容类型后，制定针对目标用户的传播策略至关重要。创作者可以从用户喜好、视频题材、剪辑技巧和品牌形象四个角度进行分析，以此为基础制定策略，确保吸引目标用户的注意力并达到预期效果。

1. 根据目标用户的兴趣爱好，制作有创意的短视频

(1) 创作者对目标用户进行调研和分析。通过调查问卷、观众反馈和社交媒体数据分析等手段，了解目标用户的年龄段、性别、地域分布以及主要兴趣爱好。这些信息可以帮助创作者更准确地把握目标用户的需求和喜好，为创意剪辑类短视频的制作提供指导。

(2) 创作者根据目标用户的兴趣爱好确定短视频的题材和内容类型。例如，如果目标用户喜欢音乐，创作者可以制作与音乐相关的短视频，包括音乐剪辑、歌曲翻唱或音乐创作等；如果目标用户对美食感兴趣，创作者可以制作展示美食制作过程或介绍美食文化的短视频。根据目标用户的兴趣爱好精准定位题材和内容类型，能够提高短视频的吸引力和共享度。此外，采用明星代言以及有效使用SEO(search engine optimization, 搜索引擎优化)、SEM(search engine marketing, 搜索引擎营销)等互联网技巧，也可以让

短视频获得更多的用户点击量，增加用户黏性。

2. 选取热门题材剪辑，吸引年轻用户关注

创意剪辑类短视频的目标用户的兴趣爱好和审美趣味具有很强的时代性和受众性，他们更喜欢热门题材，因此这些题材能够吸引他们的注意力。当下口碑良好的创意剪辑类视频账号通常都会关注时下热点话题，多数以流行歌曲、电视剧、电影等为素材进行创意剪辑。此外，创作者可以适度参考其他创意剪辑类短视频的作品，挑选经典的剪辑手法和风格作为灵感源泉，既创新又不失经典；也可以将不同的热门素材组合在一起，形成一段有背景故事的短片。例如，哔哩哔哩的创作者"虫哥说电影"（见图7-4），该账号精选了一系列电视剧素材进行创意剪辑，制作出许多高能合集、狗血神剧合集等方面的短视频，构成了各个剪辑系列，让观众对曾经看过的电视剧产生了新的回忆。"虫哥说电影"在哔哩哔哩平台上拥有大量的粉丝和关注者，每个视频都获得了大量的点赞、评论和分享。

图7-4　短视频博主"虫哥说电影"

"虫哥说电影"更新频率较高，尽量在发布短视频的同时，再发布同类素材多个剪辑视频，既提高了留存率，也保持了用户新鲜度。

3. 精益剪辑技巧，增强用户沉浸式体验

创意剪辑类短视频的用户非常崇尚专业性，他们喜欢关注一些能够展示专业性的短视频账号，这些账号通常会提供高质量的内容。因此，该类短视频对剪辑技术有较高要求。选择高质量的素材可以使短视频画面更加精致美观，增强用户的视觉体验。在短视频剪辑过程中，创作者可以尝试使用一些艺术表现手法，如黑白快照、光影渐变等，使短视频更富有情感和美感。短视频画面变化不宜过快或频繁，否则会让用户感到视觉疲劳，从而影响用户的观看体验。音效和配乐也是短视频剪辑的重要组成部分，具有画龙点睛的作用，可以增强短视频内容的表现力和表达效果。短视频《爱护动物》(见图7-5)中就利用蒙太奇手法，通过使用快速镜头切换以及生动的剪辑手法，将森林场景中从不同角度展示的不同色彩的羽毛、象角、虎皮等野生动物元素拼接在一起，形成非常震撼的画

图7-5　创意剪辑类短视频《爱护动物》

面效果，同时对传达保护野生动物的主题具有积极意义。

4. 打造独特品牌形象，给予用户正面反馈

创意剪辑类短视频主要吸引年轻用户，而年轻用户也希望找到一个亲和力强且可靠的账号。在制作短视频的过程中，创作者应注重品牌形象的建立，以便用户记住和信任品牌。比如，年轻人普遍喜爱萌宠，创作者可以将小动物作为账号代言人；也可以采用年轻人喜爱的流行语和表达方式，选择年轻人喜欢的主题内容，以此体现品牌的价值观和文化内涵。通过与目标用户产生共鸣，可以增加账号的亲和力和可信度。

在账号建设中，创作者可以通过账号名称、头像等来体现账号独特的风格和特点，从而打造个人IP。个人IP不仅可以成为独特的品牌标识，还可以使账号与其他账号区分开来。除此之外，借助各种机会展示形象，提高品牌价值也是非常重要的。比如，在短视频中引入品牌标志性元素、故事情节或品牌声音标识，以增强品牌的识别度，加深用户的印象。这里仍然以图7-5提到的黑脸V为例，黑脸V的短视频中常常包含关注民生和年轻人心态的内容，能够增加用户对账号的信任与好感。除此之外，黑脸V的短视频通过运用独特的剪辑手法、配乐等元素，使其具有极高的趣味性和可读性，同时也展现了品牌所追求的年轻、时尚、有活力的形象，这不仅使用户形成了深层次的品牌认知，还有效提升了用户的忠诚度。

第三节 创意剪辑类短视频的选题策划

对于短视频而言，内容永远是最重要的因素，"内容为王"的驱动力仍具有价值。跟风拍摄潮流视频并不难，但在持续生产原创内容的同时对主题进行深度挖掘并不是一件容易的事情。只有选择适合的主题并进行精准定位，才能吸引用户的注意力。短视频的主题并不是随意确定的，而是需要创作者精心策划。

一、创意剪辑类短视频的热门题材

1. "CP"向题材

2023年1月，一则以动画片《喜羊羊与灰太狼》为素材来源的二创短视频作品正式发布，迅速在网络平台走红。该短视频以美羊羊和沸羊羊的恋爱"CP"为内容，自发布至2023年10月，已有400余万次播放。翻看各大平台，不难发现以动画片《喜羊羊与灰太狼》为素材来源的二创短视频作品多种多样，包括重新剪辑的视频、模仿画风的插画、抖音和快手视频等。这类"CP"向短视频描绘了一种令人感动和难忘的爱情故事，引起了观众的共鸣和回响以及情感投射，从而提升了短视频的关注度和传播力。这种方式也能为创作者提供更多创作灵感，涵盖更多主题和受众群体，使短视频创作更具

多样性和广泛性。值得关注的是，在发布和传播过程中，这些"CP"向创意剪辑类短视频往往会被各种博主二创和引用，在一定程度上加强了传播效果，扩大了受众范围，同时也为观众提供了更多的欣赏方式，拓展了创作者的创作领域。

2. 知识向题材

知识类短视频存在的原因主要是观众在获取知识和信息方面有了更高的期望。知识类短视频专注于知识传播和经验分享，而非追求感官刺激。传统的文字或冗长的叙事可能不够吸引人，而创意剪辑技术可以将复杂的知识以更简洁、更有趣的方式呈现，更易于观众接受和记忆。从"百度一下，你就知道"到"抖音一下"，短视频平台进军知识圈相对容易许多。近些年，短视频头部平台，如哔哩哔哩、抖音、快手等不断尝试将知识板块作为平台分类垂直领域中的一项。众所周知，哔哩哔哩平台已经是中国知识类视频储备量最高的平台。除了哔哩哔哩，抖音平台也在努力争夺知识类短视频这个新赛道。具体来说，抖音平台推出了"抖音知识付费课"等系列课程，这些课程涵盖语言、职场、兴趣等多个领域，用户可以通过购买课程进行学习。与此同时，抖音平台还推出了"知识直播间"等功能，用户可以在直播间与主播互动交流，获取有趣的知识和学习经验。

3. "梗"向题材

近年来，"梗"文化在互联网中占据了一席之地，网络中"梗"的丰富程度难以想象，乃至于有短视频账号，如"梗百科"等，专门用来解释"梗"。我们打开抖音，有时会发现一些日常生活中的人物或事件莫名其妙地成为热门话题，原因之一是事件中的声音和图像元素被创意仿效或剪辑，从而呈现出全新的视觉和感知效果，衍生出许多具有发散性的作品。短视频博主"梗姐姐"创作的"曹操盖饭""曹操撤回了一碗饭"，就衍生于《新三国》中曹操砸饭碗的镜头。网络热梗原本被作为一种笑点表达方式，来表达人们在某种时刻的特殊情感，却在传播中逐渐失控，爆发出诸多问题。大多数情况下，当某个网红的原创短视频热度和点赞量上升时，就会出现一大批人跟随模仿和造梗，与创意初衷背道而驰。因此，在"梗"向短视频制作过程中，创作者需注意保持冷静的态度，不可为追求流量一味"玩梗"。

4. "cut"向题材

"cut"向短视频是指截取已有的影视片段，以快节奏、快速切换的方式重现的短视频内容。通常一段"cut"向短视频里包含许多段落，每个段落都有明确的主题和剧情，通过快速切换，让观众在短时间内接收大量信息和视觉刺激。在短视频时代，受众的注意力被切割，通过一部剧的起承转合来了解剧情脉络发展的耐心已然消磨殆尽。在这种背景下，短小精悍且看点十足的"cut"向短视频俨然成为流量收割机。许多用户通过关注电视剧博主或娱乐视频大V来了解热门电视剧的剧情，已然成为常态。

5. 怀旧向题材

2021年3月23日，抖音账号"哦吼小闪电"发布了一条和朋友合唱《快乐星球》的短视频，在全网形成了近乎洗脑式的传播效应。在抖音平台，截至2023年10月，该短视频播放量达31亿次。《快乐星球》是2004年开播的一部非常受欢迎的童年剧之一，"哦吼小闪电"发布的短视频唤起了广大网民对这部童年剧的集体记忆，让观众在心灵上产生共鸣。虽然在此之前"哦吼小闪电"已经是短视频领域的知名博主，但围绕"快乐星球"这一主题，他趁势打造出了一个专属互动空间。除此之外，"哦吼小闪电"还不定期举办一些线上活动，比如线上粉丝见面会等，以线上互动的形式增强与粉丝的联系。

虽然创意剪辑类短视频正值风口，但内容创意依然匮乏，持续创新优质内容也是创意剪辑类短视频创作者未来取得突破的关键。在短视频赛道竞争白热化的背景下，创作者想要源源不断地产生好创意绝非易事，即使是最有才华的视频创作者，有时也会遇到瓶颈期。创意剪辑类短视频的题材(见表7-1)策划可以从日常生活、热门话题、社会趋势等角度出发，选择有趣、有看点、有意义的短视频主题。

表7-1 创意剪辑类短视频的热门题材例举[①]

题材类型	主题	热门影响	案例详情
"CP"向	沸羊羊与喜洋洋的区别	播放量66.3万	
知识向	清朝皇室帝王对话	系列累计播放量6.1亿 该作品点赞100.8万	
"梗"向	#解梗笔记#你还知道三国里的哪些万恶之源？	系列累计播放量3.9亿 该作品点赞7.9万	
"cut"向	"经典永不褪色"佳片混剪	系列累计播放量3.3亿	
怀旧向	"什么是快乐星球"系列话题	抖音话题累计31.1亿次播放	

二、创意剪辑类短视频的选题策划内容

1. 关注用户画像与热门话题

创作者需要分析目标用户的兴趣和爱好，以确定适合他们的内容，这是创意剪辑类

---

① 笔者根据网络发布内容自行整理。

短视频题材策划的核心。抖音平台经常会有一些热门话题和时事热点，这些话题通常会引起用户的关注和热议。通过分析网络热点话题及热门短视频话题，可以对热点话题的类型进行横向划分，大致可分为常规性热点、突发性热点、预判性热点，见表7-2。短视频创作者需要对热点话题保持关注与敏感，同时在合规的前提下，灵活捕捉和跟进这些热点，提高短视频获取流量的效率。

表7-2 抖音热点话题类型及特点[①]

热点话题类型	事件类型	特点
常规性热点	国家法定节假日、纪念日、大型赛事活动等	备受大众关注；可以提前收集素材；容易同质化，考验创作者的创意
突发性热点	突然发生的社会事件、娱乐八卦等不可预见的活动或事件	传播速度非常快，内容曝光度高；时效性强，考验创作者的敏感性
预判性热点	即将举办的演唱会、即将上映的电影等预告性事件	流量池精准，内容曝光度高；素材收集难度较大

创作者需要认真思考怎样将热门话题与账号特点相结合，并合理运用于内容创作中，创作出个性鲜明、独具创意的短视频。如果目标用户是明星的粉丝或热门话题的追随者，创作者在制作这类短视频时，应深入了解明星或热门话题的特点，以便准确把握用户的兴趣和需求。比如，通过独特的创意和精彩的剪辑方式，可以展现明星的魅力和个人特点，从而引起粉丝的共鸣和反响，而平台系统也会综合考虑短视频的话题标签、内容质量等因素，以此为依据向更多相关用户推荐视频，从而提高视频曝光量。创作者切忌盲目跟风，强行去蹭毫无关联的热点，甚至触碰法律法规、道德伦理、国家政治、民族利益等底线，这样不仅会降低账号权重，还会减少流量推送。创作者在添加热门话题标签时应该注意话题的准确性和适当性，不要随意添加无关的话题，也不要过度依赖热门话题来获取流量，应以内容质量为主。

2. 开拓时事热点与社会新闻领域

回顾短视频行业的发展，不难发现，为了追求更高的关注度，最终实现流量变现的目的，一些短视频创作者常常选择创作一些更为简化、戏剧化、引人注目的内容，而不是关注时事热点和社会新闻题材。从当前情况来看，针对社会问题，通过创意剪辑的形式制作短视频，并将这些事件传达给更广泛的观众，可能会成为未来创意剪辑类短视频发展的新趋势。例如，在疫情期间，可以制作一些生动的宣传短片，记录大众的日常防疫情况。通过独特的创意和精彩的剪辑，展现抗疫工作的艰辛，同时传达正确的防疫知识，引起观众的共鸣和关注。这样的视频可以通过娱乐化的方式提供教育价值，让观众在欣赏视频的同时获得有益的信息，还可以增强用户黏性。

---

① 笔者根据网络发布内容自行整理。

3. 结合娱乐与幽默类内容

娱乐和幽默类内容一直深受用户欢迎。创作者在制作这类短视频时，应根据目标用户的喜好，深入挖掘用户的内心需求，在短视频内容中体现他们的世界观和价值观。幽默是一种情感表达方式，能够引发观众的共鸣和情感共振，增强短视频的亲和力和趣味性。短视频中巧妙运用搞笑元素、讽刺手法和幽默对话等技巧，观众会更加愿意分享和品味这些内容。有时，为了体现专业性，创作者还可以运用心理学和社会学等学科知识来深入了解目标用户的内心需求，通过研究用户的行为模式、喜好以及与娱乐、幽默类内容相关的文化背景，可以揭示用户对于创意短视频的期待，这也有助于创作者创作出更具个性化、针对性强的短视频内容，以满足用户的心理诉求。

4. 善用科技增强创造力

科技的进步和时尚的发展不断改变着人们的生活方式，新的消费模式和创新科技产品也不断涌现。如今，人工智能技术的迅速发展引起了广泛关注，创作者可以将其作为启发灵感和内容创作的辅助工具，甚至可以使用Chat GPT模型和剪映App来快速生成内容和制作短视频，从而赋予作品新鲜感和科技感。

在进行创意剪辑类短视频的题材策划时，创作者不仅需要有创新的想法，而且还需要留心时事，了解市场发展趋势，完美地将知识与艺术、娱乐和科技相结合，给用户带来更多乐于与他人分享的体验。例如"柳夜熙"账号主页的介绍"一个会捉妖的虚拟美妆达人"非常引人注目，这一账号的两大标签是元宇宙和美妆。其实在短视频平台，并不缺少美妆达人，但配上赛博朋克色调的美妆就显得新奇，同时，从她富有创意又极具辨识度的古风造型也可以看出她的形象兼具传统的美丽和现代科技感。

第四节 创意剪辑类短视频的叙事策划

创意剪辑类短视频的用户群体十分广泛，创作者可以根据用户的不同年龄段、兴趣爱好、职业等因素进行细分，以便选择适合的短视频类型，在此基础上进行短视频的叙事策划，可以提高用户的体验，以及降低用户观看短视频的疲劳感。

一、多视点互动带来沉浸式观看体验

多视点互动是一种新的视频表现形式。创作者可以在创意剪辑类短视频中嵌入多个视点、多个角度、多个情节，让用户在观赏过程中主动参与短视频的制作，从而提升观看体验。

近年来，虚拟现实技术在短视频生产线上发挥了极大的作用。虚拟现实技术能将现实世界和虚拟场景相融合，从而使观众参与到虚拟场景中来，获得更强的参与感和互

动感。在短视频领域也出现了一批"元宇宙博主",比如抖音虚拟主播"柳夜熙",上线之初便快速获得了大量粉丝。与其他虚拟偶像首次亮相的方式不同,柳夜熙在一部有完整剧情的网络微短剧中完成初次登场①。2021年10月,抖音平台发布了"柳夜熙"的短视频账号(见图7-6),视频镜头从远拉近,主体人物在一个梳妆台前打扮,观众即将看到正脸时,镜头忽而转向主体人物身后的一群人。一个小孩质疑柳夜熙不是人,从而制造了对立矛盾,独特的创意为账号IP和内容定位奠定了基础,抓住了抖音用户群体的偏好。截至2023年10月,该账号粉丝达842万,抖音点赞量超过4000万,仍具备较高的话题度和用户期待值。虽然搭载了元宇宙的概念,但"柳夜熙"爆火的根本还是创意本身的魅力与生命力。

图7-6 抖音虚拟主播"柳夜熙"

二、多线索叙事力求创新创意

多线索叙事是一种叙事技巧,创作者可通过多个故事情节的巧妙交织和呈现,创造出较为丰富的叙事空间,构建意外的反转,凸显隐蔽的深意,为短视频注入神秘感和趣味性。创作者在不同的故事情节中强调具有双重意义的主题,并让不同主题相互印证,可以使观众产生深刻的印象。

将不同的情节连接起来并逐步揭示是一种非常重要的叙事技巧,也是短视频创作的常用手法之一,要求创作者具备良好的故事建构能力。采用这种技巧能够吸引观众关注情节的发展和转折,使观众在逐步揭开谜团的过程中,体验到故事的复杂性和张力;同时也能够拓展更大的创意空间,创作者可以通过情节的展开和关联,创造出独特而引人入胜的叙事结构,使观众在观看过程中不断猜测和思考,从而引发更多的兴趣和探索欲望。

以抖音平台上的《狂飙》系列"cut"为例,短视频创作者频繁切换和组合重要的情节和元素,形成了独特的叙事结构,并穿插多条线索和情节,这些线索和情节各自独立又相互联系,呈现不同情节的逻辑关系,让整个视频更加完整且富有趣味性。

三、非线性叙事结构丰富画面内容

叙事形式的多样性是短视频吸引观众的重要因素之一。创作者可以采用交错、倒

---

① 胡筱,薛莲,周隽. 虚拟数字人出演网络微短剧国际化传播策略——以"现象级"虚拟数字人柳夜熙为例[J]. 编辑学刊,2022(5):27-33.

叙、前后叙述等方式改变故事发生时间的顺序，打破时间和空间上的单一性。其中，交错叙事是最常用的一种方法，创作者可以把不同时间段的故事情节穿插在一起，形成一条线索。例如，一个故事包含两个时间段的情节，交替播放两个时间段的情节可以展现人物的成长和故事的发展，从而使故事更富有层次感，使观众更有参与感。倒叙叙事可以使故事情节更加紧凑，给观众带来惊喜和震撼。在一些惊悚类或悬疑类短视频中，倒叙叙事常被使用，观众可以先看到结局，然后慢慢解开故事的谜团，产生不一样的情感体验。前后叙述可以让观众按照时间顺序感受到故事情节的变化。这种叙事方式适用于某些情感类短视频，不仅可以让观众更加深入地感受故事情节的发展，还可以与人物的情感变化形成更紧密的联系。

在创作短视频时，合理选用叙事形式是大有裨益的。为了改变故事发生时间的顺序，需要通过不同摄像机角度和视窗的切换展现不同的视角和场景，这种手法通常被称为多角度拍摄。多角度拍摄能够提高画面的可塑性，丰富画面内容，增强视觉冲击力，提高观众的观看体验。

四、运用平行交叉蒙太奇拓展叙事空间

"蒙太奇"一词源自法语montage，最初是建筑学用语，指的是"组装"或"拼接"。在电影艺术范畴中，蒙太奇被用来表示剪辑和组接。实质上，蒙太奇指的是通过不同的镜头剪接，从而达到某种表达效果的手法[1]。平行交叉蒙太奇是两种常用于电影和短视频制作的叙事技巧。其中，平行蒙太奇是指将两个或多个场景或者时间线并排呈现，通过交错剪辑和混合等手段来建立它们之间的联系和呼应，从而形成一种更加复杂和富有层次感的叙事形式[2]。这种手法通常用于展示不同角色的情感和行动发展，并给予观众更多的推理和联想空间，增强叙事的悬念和意义。交叉蒙太奇是指将两个或多个场景或时间线交叉进行呈现，通过切换不同的视角和时间点来展示不同的情节和情感，增强叙事的紧迫感和张力，使观众能够更好地参与情节的发展和解读。

短视频的制作涉及许多不同类型的影视艺术，不同的蒙太奇剪辑原则和技巧也会有所不同，创作者需要关注蒙太奇剪辑的实际含义，即通过情节的表现来吸引观众，并传达出视频所要表达的主题和意义。特效的运用是为了更好地服务于情节，而不是盲目追求效果，因此需要谨慎使用。在剪辑过程中，有些创作者会觉得短视频的叙事结构不够完美，因此希望通过加入各种特效来让表现形式更加绚丽。然而，这种做法往往被视为剪辑不够成熟的表现。

---

[1] 贾斌武. 现代电影观念的启蒙——论20世纪30年代中国影坛对蒙太奇理论的译介与探索[J]. 文艺研究，2018(3)：106-116.
[2] 邓烛非. 蒙太奇原理[M]. 北京：中国电影出版社，2019：71.

第五节 创意剪辑类短视频的风格策划

风格策划是创意剪辑类短视频策划的重要环节，在进行风格策划时，应注意以下几点。

一、平衡风格的统一性和多样性

短视频创作风格不应太过单一，创作者可以根据不同的题材、类型、叙事方式来调整短视频的风格。目前，精美、震撼、幽默是较为常见的创意剪辑类短视频风格。风格精美的创意剪辑类短视频具有强烈的艺术感和出色的表现力，能让用户产生清新和文艺的印象。风格震撼的创意剪辑类短视频注重运用视频特效，凸显视觉效果。风格幽默的创意剪辑类短视频内容通常取材于日常生活中的事情，能够引发用户的共鸣，创作者在剪辑时可以采用夸张等手法制造笑点，相较于前两种风格，风格幽默的创意剪辑类短视频更具趣味性和创意性，这也是这类短视频受欢迎的原因。

当然，创意剪辑类短视频的风格远不止这三种，用户的喜好也不局限于某一种风格。在实际创作中，创作者应根据短视频的内容定位和目标受众，灵活地选择不同的风格。例如，在展现自然风光时，创作者可以采用宏大壮阔的表现手法；而在表现家庭情感时，创作者可以采用温馨柔美的表现手法。

值得注意的是，对于同一个视频系列或者同一个账号，创作者应保持一定的风格稳定性。如果创作者在同一个视频系列中或者同一个账号下频繁改变创作风格，用户很可能产生认知混淆，影响短视频品牌的形象和稳定性。用户在短视频中获取高价值的内容时，停留的时间会更长，甚至会把这些短视频收藏起来，或推荐给更多可能喜欢它的用户，创作者的流量也会得到显著的改善。如果短视频风格频繁改变，不利于维护被某一种风格吸引来的新粉丝。如果创作者不得不使用多种风格，应该尽可能保持视觉风格的一致，例如统一色调、字体等。

二、遵循情节的发展安排故事线

观众观看一部电影时，如果情节快速推进，他们能够感受到剧情的高潮和故事的发展，从而保持关注，这也是优质的创意剪辑类短视频应能达到的效果。相较于情感的共鸣，短视频的趣味创意和表达有更强的驱动力，那么如何在注重创意和剪辑的短视频里讲好故事呢？在时间有限的短视频中，创作者应选择一个核心点来发挥，避免整个情节线过于复杂，难以引起观众的深度参与。这个核心点可以是一个特别精彩的场景，也可以是一个有趣的情节，或是一个令人印象深刻的人物等。选择这个核心点后，创作者应根据账号的定位确定故事选题，精心组织短视频内容和结构，将观众的注意力集中在核心点上，并用生动形象的语言和画面来表现它，让观众感受到强烈的视觉冲击和情感共鸣。一个优质的创意剪辑类短视频的故事线应该是有起伏、有高潮、有低潮和有转折，因此，在策划过程中需要注意片段之间的过渡。不同的镜头和画面所要表现的情境和情感是不同的，创作者在处理过渡时还要注意情节的衔接，确保转场自然。

三、剪辑节奏要张弛有度

短视频的节奏感是非常重要的，良好的剪辑节奏能够让观众的视觉感知更加流畅和自然，从而达到更好的观赏效果，带来更多的流量和收益。短视频平台中的剪辑转场等特效为创作者调整剪辑节奏提供了很多可能。剪辑节奏的三大基本要素是转换单元、重复和节拍。一般来说，数量较多的短镜头连接在一起会产生较快的视觉节奏，而在同一时间内切换较少的镜头会使节奏慢下来。同样，相同或类似的镜头重复得越多，视觉强度和张力就越削弱。运动的物体可以产生节拍，剪辑中的镜头切换也能产生节拍。但创作者需要注意，短视频的内容应适应节奏的灵敏度，不能制造过度的节奏变化，否则可能会让观众感到厌烦。音频和视频的节奏也应相互协调，避免在音频暂停时手摇摄像头等，应让剪辑的节奏始终保持一致性。

需要再次强调的是，把握剪辑节奏不是一味地堆砌效果和信息，更要考虑情感体验，让观众感受到温暖、兴奋、紧张或者惊喜等情感，这才是高水平的剪辑。在进行风格策划时，创作者可以有针对性地采用一些文艺类元素和技巧，如慢镜头、故事化表现、唯美音乐、动画手绘等。这些元素有助于凸显短视频的品位和质感，增加观众的记忆。总之，把握剪辑节奏是制作优质短视频的关键，创作者应有高水平的剪辑技术和理念，不断提升剪辑技能水平，从而制作出有质量和有内涵的短视频。

第六节 创意剪辑类短视频的发布策划

发布视频看似简单，但实际上发布时间、发布顺序等细节都会影响短视频的发布效果。创意剪辑类短视频的发布策划需要考虑多个方面，从短视频内容的制作到渠道的选择都需要有序落实。

一、选择合适的发布平台和渠道

短视频已成为当今流行的消费趋势，各大短视频平台也迎来了红利期。创作者在发布短视频内容之初，应根据目标用户群体的特征来选取合适的短视频平台和发布渠道。一般而言，自身内容生产能力、平台属性、平台支持力度、平台变现路径均为短视频创作者需要综合考虑的因素。依据这些因素，创作者可以选择一至两个短视频平台作为主要平台进行深耕，将其他短视频平台作为分发平台。

在当前三大头部短视频平台中，快手以二线及三线城市青年为主要用户群体，这些用户具有强烈的情感需求，因此创作者需要找到与之相关的切入点，选择一些普遍存在于年轻人生活中的细节和现象，强调情感内核，以创造出更具亲和力的内容。抖音平台内容更接地气，更适合大众化品牌和人群，功能容易上手，诙谐、有趣、有创意、活泼俏皮的短视频比较受抖音用户的欢迎。相比之下，B站的定位是二次元文化短视频平台，用户群体主要是"90后"和"00后"，二次元、动漫周边类短视频在B站会更受欢迎。不同的短视频平台都有自己的特点和优势，创作者需要针对不同的用户群体选择合适的发布平台和渠道。

二、形成规律的发布时间

选择合适的发布时间对短视频的传播和曝光来说非常重要。为了取得更好的传播效果，创作者应根据制作计划和发布平台的要求，制订发布计划并进行排期，同时还应考虑不同平台用户的使用时段和使用规律，从而选择合适的发布时间。基于平台机制，相对稳定的更新频率更有益于账号权重的提升。创作者保持适度的发布频率，定期推出新视频，不仅有利于吸引更多的粉丝关注，还能获得更多的流量推送。

以抖音为例，该平台使用算法为每一部通过审核的短视频分配一个初始流量池，并根据推荐反馈信息决定该短视频是否可以进入二次推荐。通过初始流量测试，如果短视频的数据反馈较好，系统就会为其继续推荐至下一个更大的流量池测试，实现层层叠加推荐。根据抖音的推荐机制，如果账号频繁退出或不参与其他视频的观看和点赞，就很容易被系统判定为不活跃账户。此外，因为各个行业领域的用户群体不同，活跃时间也会有所差异，创作者在发布短视频时需要考虑观众的特征，如年龄、兴趣爱好、地区作息时间差异等，据此调整发布时间。例如，针对年轻人的创意剪辑类短视频，可以在多数人下班高峰期或晚上发布，视频的触达率、曝光率和分享率可能会更高。

三、宣传推广和互动推广

社交媒体是以社交关系为基础的内容创作平台。作为视频领域的新形式，短视频可以与观众进行更加有趣、生动的互动与交流，因此具有更强的吸引力。创意剪辑类短视频的内容大多为创意故事，容易引起观众的情感共鸣，但创作者想要打造"病毒式"传播效应[1]，不仅要在内容策划上预设爆点，还要在发布短视频之前进行媒体宣传，从而引起关注，提高传播率。创作者还可以在短视频中添加一些有趣的互动元素，引导观众进行互动，以提高短视频的互动率和分享率，进而提高观众的观看率和参与程度。如果

---

[1] 陈永东. 短视频内容创意与传播策略[J]. 新闻爱好者，2019(5)：41-46

一段创意剪辑类短视频能够让观众感到有趣，那么观众就有可能向自己的好友分享这个短视频，从而加快短视频的传播速度，扩大短视频的影响力。如果创意剪辑类短视频剪辑得当，也可以让观众在互动的过程中获得更多的乐趣，从而提高观众参与感，促进观众的持续关注和分享。

正如之前提到的，抖音后台会根据点赞量、评论量、转发量和完播率等指标来推荐优质内容。因此，创作者想要增加短视频的曝光度，就需要在短视频发布策划过程中，利用所有资源来提升这四项指标。在许多短视频中，创作者会引导用户完成点赞、评论、转发或观看完整视频，比如在短视频的视频描述、视频开头和结尾处增加文案"最后一条90%的人都不知道""关注主播不迷路"等，或增加相应的动画，这些设计都是为了提升完播率。

四、警惕二创视频侵权

短视频具有灵活性和适应性高的特点，这使得现有的网络版权保护规则难以应对短视频版权纠纷的问题①。随着创意剪辑类短视频的普及，一些人为了快速获取流量和提高转化率，会选择使用他人的素材进行创作。这种不尊重原著作者、未经授权使用他人素材的行为是不可取的。2023年4月24日，"毛葱小姐(桃子)"发布了《在小小的花园里面挖呀挖呀挖》的短视频(见图7-7)，该短视频凭借简单的旋律和直白的歌词获得了大量关注。随后，主播网红、明星演员、普通网友等开始跟风拍摄"挖呀挖"手势舞，在各大社交平台掀起了一股热潮。

图7-7　短视频《在小小的花园里面挖呀挖呀挖》

二创视频在一定程度上促进了原视频在更大范围内的传播，但存在潜在的法律风险。根据我国法律规定，通过信息网络向公众传播未经著作权人许可的作品，属于著作权侵权行为。然而，随着网络短视频市场的规模不断扩大，著作权侵权问题日益严重，侵权现象随处可见，创意剪辑类短视频也不例外，存在巨大的侵权风险。就图7-7中的短视频而言，发布者在未经授权的情况下表演该歌曲是存在侵权隐患的，一旦侵权，不仅会损害原著作者的利益，而且也会给自己带来不利后果，甚至会导致法律纠纷和巨额赔偿。在制作创意剪辑类短视频的过程中，创作者应该严格遵守相关著作权法律法规，尊重原著作者的知识产权，避免使用未经授权的素材。如果确实需要使用他人素材进行创作，创作者必须取得原著作者的许可，或者选择那些无版权争议的素材，以避免侵权风险。对于那些不尊重他人知识产权、追求流量而侵权的行为，平台需要加强监管和依法惩

---

① 陈绍玲. 短视频版权纠纷解决的制度困境及突破[J]. 知识产权，2021(9)：17-30.

处，以维护良好的短视频创作环境。

第七节 创意剪辑类短视频的效果反馈策划

"拍一万个视频不如认真分析一次数据"，这是在短视频创作者群体中流传的一句话，这句话强调了短视频效果反馈策划的重要性。创作者应及时监测短视频的传播情况和用户反馈，根据分析结果及时调整发布策略并优化内容，那么相关数据该如何收集呢？

一、制作小组内部反馈

创意剪辑类短视频的制作小组内部反馈是非常必要和重要的。在制作视频的过程中，建立内部反馈机制，采集各方面的反馈意见，定期学习和总结，不仅有利于改进不足，还能提升创意剪辑类短视频的制作质量。

(1) 小组内部建立开放的反馈沟通机制。比如在制作初期讨论短视频的内涵和创意，在中期讨论各个镜头的协调情况，在后期则应重点考虑视觉效果和音乐的配合等问题。通过讨论和反馈，能够有效发现问题并及时改正。

(2) 制作小组应当建立反馈意见的收集机制，及时整理和分析不同成员提出的反馈意见，以确定短视频的基础方向。

(3) 制作小组应定期总结反馈的内容，将获得的反馈结果进行整合和提炼，总结出各方面的亮点和不足之处，及时指出制作中存在的问题，并改进不足，为下一次制作提供参考和借鉴。

(4) 制作小组应当建立督促反馈机制，不应只是简单地倾听反馈意见，还应积极采取措施促使每位成员认识到问题的严重性。同时，小组应当及时制定改进措施，采取适当的行动方案来解决问题，同时进行反馈，让每个成员理解其个人工作与整个团队的联系，从而形成共同进步的势能，为创作优质的创意剪辑类短视频服务。

二、互动评论反馈

短视频发布后，应设立评论或私信区域供观众提出反馈意见，包括但不限于视频分辨率、流畅度、镜头切换、音乐与画面的协调等，以此获取观众对短视频内容反馈的第一手资料，并在观众与短视频创作者之间建立深入联系的桥梁。在这个环节中，观众的反馈和评论反映了观众对短视频创意的认同度、观看体验和需求，为创作者进一步改进短视频内容提供了重要的依据和指引。如何做好创意剪辑类短视频的互动评论反馈环节的工作呢？具体包括以下三个方面。

(1) 建立互动环节。创作者可以通过设置关键问题、添加互动内容或设计有趣的互动话题等形式，引导观众参与评论。当然，互动环节不一定要设置在视频结束后，有时在中途适当地穿插一些互动活动也能有效吸引观众的参与。

(2) 回复评论并与观众互动。创作者需要时常回复观众的评论，在评论区与观众展开互动，发掘观众进一步的需求。在互动过程中应尽可能地传达友好、真诚的态度，让观众获得存在感。在回复评论时，可以使用真诚、富有幽默感和亲和力的语言，让观众感到温暖与接纳，增加观众黏性。

(3) 及时采纳和处理意见。创作者应时刻关注观众的反馈，分类整理每个短视频的评论区，根据实际情况采纳和处理观众提出的意见，采取相应的改进措施，并向观众展示改进成果，提升观众的参与感，增强观众黏性。

三、社交媒体反馈

短视频发布后，社交媒体平台成为创作者与观众进行实时互动交流的重要渠道。有些视频团队会把一些重要用户或活跃用户聚集到"私域"中并加以运营，从而形成粉丝圈层。抖音账号"柳夜熙"依据创意形式多样的高质量内容，收获了大量虚拟偶像粉丝，其在账号主页中公开了粉丝群号，通过社交媒体中的私域圈层，"柳夜熙"的视频创作者及运营方可以更加直接地与观众互动，获取他们的反馈意见，并将其记录下来以供未来制作类似短视频时参考，从而提供能够满足用户需求的产品和服务。常见的社交媒体反馈方式包括以下几点。

(1) 社交媒体投票或调查。创作者可以利用社交媒体平台提供的投票或调查功能，邀请观众参与对短视频内容、主题或未来创作方向的投票和意见收集。通过这种方式，创作者可以更全面地了解观众的需求和喜好，以便有针对性地创作短视频内容。

(2) 直播和问答。创作者可以通过社交媒体平台组织直播活动，与观众进行实时互动。在直播中，观众可以通过评论或提问功能与创作者进行互动交流，创作者可以回答观众的问题或分享更多相关内容，通过听取观众的反馈意见和需求，不断改进和优化短视频内容，为观众提供更好的观看体验，同时也能够与粉丝建立更稳固的联系。

第八章 技能分享类短视频策划

案例8-1 "陈圆圆超可爱"美妆技能分享类短视频

美妆技能分享博主"陈圆圆超可爱"(见图8-1)创作了"教粉丝化妆""解说式化妆"等系列短视频,截至2023年5月,该账号发布了296条短视频作品,收获529.4万粉丝,共获得4934.1万点赞量。其中,"教粉丝化妆"系列短视频一改传统意义上"单口式"输出美妆技巧的拍摄模式,博主用自己的脸进行教学展现,首创与粉丝互动连线、为粉丝现场改妆的短视频形式,通过面对面分享美妆技能,打破了美妆技能分享赛道以往的拍摄策划形式,形成了极具特殊性、原创性的短视频风格。把粉丝请进自己的视频中并与粉丝自然互动的做法不仅拉近了博主与粉丝之间的距离,更为短视频增添了生活气息和爆点,提升了博主的亲和力以及账号的粉丝黏性和活跃度,这样的短视频自然广受欢迎。

图8-1 "陈圆圆超可爱"美妆技能分享类短视频

案例8-2 "江寻千(九月)"中国非遗文化教学视频

拥有千万粉丝的博主江寻千(九月),是首个在短视频领域中将中国非物质文化遗产的制作工序等拍摄成技能分享教学视频的博主。江寻千将即将失传或人们只在书中看过却从未目睹的非遗美食、物件搬到镜头前,通过拍摄自己制作传统美食以及精巧物件的步骤和操作方法,向受众展示和揭秘制作工序,进而传播中华优秀传统文化(见图8-2)。江寻千十分了解环境对短视频整体风格基调的影响,于是采用"中国风"拍摄场景,加之她在视频中一贯呈现岁月静好、沉稳大方的样态,与中华优秀传统文化所传达的理念一脉相承,一时间收获大批粉丝的喜爱。截至2023年5月,江寻千在抖音短视频平台创建的"非物质文化遗产""糖画合集""九月手工自制"等子栏目合集播放量高达6.8亿,堪称"头部网红"。

图8-2 "江寻千(九月)"中国非遗文化教学视频

案例8-3　"大司马解说"游戏技能分享短视频

知名游戏博主"大司马解说"（见图8-3）凭借其独到的游戏技能操作分享加之幽默风趣的游戏解说，一跃成为游戏技能分享类短视频的头部网红，在多个平台累计收获4200万粉丝，获得数亿点赞和转发，坐拥独家短视频流量池。

从单一炫技到改打中低段位游戏进行实战教学，从只讲专业性操作词汇到金句频出，用通俗易懂的语言教授观众如何操作游戏按键才能提高技能，并同步讲解最新最流行的游戏，游戏博主"大司马解说"推出一系列游戏技能操作合集和难关破解教程，紧跟潮流，从而满足观众需求。值得一提的是，在2023年寒假期间，"大司马解说"凭借其自身热度，挽救了Steam推出数十年都无人问津的游戏《Goose Goose Duck》，引发全网多人联机互动的热潮。

图8-3　"大司马解说"游戏技能分享类短视频

技能分享类短视频往往是由具备某种特殊才能或拥有丰富经验的人创作的，他们基于自身生活和工作经验，在紧跟社会热点、关注用户需求的同时，通过精心策划和编排，将学习这项技能的全过程拍摄出来，通过新媒体平台进行发布与分享，供人们免费学习和观看。近年来，随着互联网技术的不断发展，在抖音、小红书、哔哩哔哩等自媒体平台上涌现出数批技能分享类短视频博主，各位博主可谓大显身手，通过展示独具匠心的技能，跻身自媒体行业。

第一节　技能分享类短视频概述

一、技能分享类短视频的发展背景

当下技能分享类短视频赛道正趋于饱和，创作者要想让自己的作品具备竞争力，不仅要在短视频的内容、风格和体裁方面注重创新性策划，还要对社会需求、用户双向互动、完成发布后"黄金24小时"的营销以及受众反馈等方面进行分析和策划。

技能分享类短视频有别于时政类短视频的即时性和政治性、创意剪辑类短视频的艺术性、草根恶搞类短视频的幽默性等特点，具有明显的实用性、可重复性以及易学习性，这也是短视频创作者在前期策划制作、后期营销策划时需要牢牢抓住的特征。技能分享类短视频更容易引发受众效仿、提问、收藏，从而增加互动频次，提升互动倾向，延长视频传播生命周期,扩大传播影响力①。

二、技能分享类短视频的概念

截至2023年10月,在知网上以"技能类短视频""技能分享类短视频"为关键词进行搜索,可以发现当前该领域主要研究内容集中在技能分享类短视频的传播过程或内容生产、营销策略、传播困境与对策等方面。在阅读梳理相关文献后,笔者发现,我国对于技能分享类短视频的整体研究较少,针对技能分享类短视频用户需求的研究更少。因此,本书将现阶段国内发展最好、公众使用频率最高的社交媒体平台——抖音作为研究对象,先通过分析抖音平台上的技能分享类短视频博主的作品,进一步探索此类短视频赛道的发展现状与问题等,再有针对性地提出对策和建议。

王福秋认为,面对互联网技术的飞速发展,创作者与受众之间的定位不再固定,技能分享类短视频已成为一种情感消费与价值认同,创作者应根据用户偏好进行设计。叶大军认为,当下技能分享类短视频要从单纯的技能讲解向公共服务领域拓展,从单向传播向多元互动传播延伸,提供多样化技能内容分享。不难看出,技能分享类短视频的创作者应当充分整合用户需要的日常技能信息,将丰富的经验总结成易于受众了解的、有引导力的技能教学操作短视频,为受众提供较为完备、全面的技能分享类短视频的生产实践。

结合各方观点和技能分享类短视频的生产实践,本书认为,所谓技能分享类短视频,是指用户将自己在平时工作、学习与生活中总结得来的经验、技能、技巧等以短视频的形式拍摄、制作出来并上传至短视频平台,希望其他用户来分享的一类短视频。创作者发布这类短视频,或是为了展示个人形象、维护社交关系,或是为了进行社会化媒体营销,这是一种注重双向或多向互动的传播方式②。

三、技能分享类短视频的特征

在新媒体视域下,技能分享类短视频具有以下几个显著特征。

1. 价值输出较多

创作者要想将自身所具备的对社会或者对他人存在价值的技能借短视频等媒介输出,需要清晰了解自身的优劣势,选择技能分享类短视频赛道中缺口较大但自身又极其擅长的技能,即迅速定位并寻找自身特点,分析所分享技能的特殊性和差异性,经总结和二度创作后,以一种通俗易懂的形式分享出来。

---

① 塔娜. 基于抖音平台的传播影响力评价研究[D]. 上海:华东师范大学,2023:8-11.
② 张健. 短视频类型创作导论[M]. 苏州:苏州大学出版社,2021:132.

2. 借势热点占比高

创作者应时刻保持两种"敏感度",即社会、行业热点话题敏感度和受众需求敏感度。前者可以帮助创作者寻找正确方向,确立短视频内容策划的大框架,这是短视频成为"爆款"的首要条件;后者可以帮助创作者更加精准地定位受众群体,了解其关注点和技能需求。创作者可以通过大量浏览同类短视频评论区和讨论社群等途径,寻找当下受众最关心且想要速成、轻松上手的技能,从而"对症下药"。

例如,在国内各大高校毕业季,摄影技能分享类短视频创作者敏锐地捕捉到社会广泛关注的"毕业季最美定格瞬间""最美毕业照""毕业照怎么拍"等热点话题,精准定位受众群体普遍为学生党,技能需求体现为摄影师如何拍、被摄对象如何摆造型、毕业照成片如何抓人眼球等。创作者可以基于以上需求发布短视频,以毕业季为主线,整体基调以青春洋溢、怀念校园生活等为主,短视频呈现的主题可以是摄影师亲自上阵在镜头前教观众如何摆姿势,也可以是选用年轻模特进行教学举例,短视频呈现的内容可以是针对毕业照应当如何调整相机参数、毕业照后期修图如何操作等。

3. 具备认知冲突差异

创作者应以逆向思维,反向输出,巧妙利用受众的猎奇心理或是常识认知冲突,以特殊的话语或有悖惯性思维的技能内容等为看点进行科普分享,从而吸引用户为作品停留。比如,运动健身技能分享类短视频创作者可以将一些日常生活中人们经常会做却普遍存在问题的运动动作挑选出来,一针见血指出该动作的错误做法,并展示正确做法,让受众自己发现问题,当受众有所获益时,就会主动将视频转发给周边的朋友,逐渐形成热度和稳定的流量。

4. 强烈的情感共鸣点

创作者寻找与受众共情的方式和要点,增强作品与受众之间的互动性,目的是将受众迅速带到创作者搭建的情景当中,身临其境地学习创作者分享的技能,并产生迫切想要学习的欲望,进而对视频内容产生极强的求知欲和探索欲,并进行收藏和转载。

从后期营销策划的角度来看,创作者应时刻关注短视频作品的三大数据详情,即播放数据、互动数据、观众数据。就播放数据来看,创作者应依据作品发布后"黄金24小时"的播放量、完播率、平均播放时长、2s内跳出率、5s完播率、播放来源等信息,有针对性地开展后期的营销工作,并相应调整下一次拍摄策划方案。对于技能分享类短视频来说,互动性尤为重要,因此对于后台互动数据的整理和评估也是非常重要的一环,创作者需要根据后台统计出的评论量、评论率、点赞量、点赞率、分享量、分享率、收藏量、收藏率、下载量等信息,针对短视频策划方案中有关"互动环节"的相关议题设置做出改变。"互动"强调的是创作者与观众、短视频与观众、观众与观众之间的互动,因此每一条短视频的观众数据、观众画像分布、观众评论都非常重要。创作者只有了解观众的偏好和兴趣，才能在策划方案时把握短视频的风格、话题的选用、内容的分布等要素。

第二节　技能分享类短视频的类型

如今，短视频拍摄的技术门槛逐渐降低，受众群体迅速拓展，同时互联网也为人们提供了展示自我价值与才能、维系发展社会关系的新媒体平台。在这一背景下，人人都可以成为短视频创作者，拍摄并制作属于自己的作品，发布到平台供人们观看。短视频策划与创作的包容性在逐渐提升，所涉及的范围也越来越广泛，其中技能分享类短视频因其内容的特殊性而获得众多观众的关注和喜爱。根据创作者分享技能的作用与性质，可以将这类短视频分为操作技能分享类短视频和智体技能分享类短视频两大类，按照技能对应的功能属性可进一步将其细分为六个子类别，分别是美妆技能分享类短视频、美食烹调技能分享类短视频、游戏技能解说类短视频、摄影技能分享类短视频、学习技能分享类短视频和运动健身技能分享类短视频。

一、操作技能分享类短视频

操作技能分享类短视频是指创作者实际动手操作并展示技能使用的全过程，注明对应技能适配场景，供受众免费观看、自由收藏和转载的一种学习资源共享视频。该类短视频自身具备内容优势和特殊性，因此在泛娱乐化的短视频赛道中占据一席之地。创作者在策划时需要格外注重化繁为简，以诙谐幽默的风格将技能对应的操作过程展现给受众。除此之外，该类短视频涉及的场景布置、语言动作等都需要纳入策划案之中，并进行细致规划。

1. 美妆技能分享类短视频

美妆技能分享类短视频在技能分享类短视频赛道可谓"元老级"的存在。这类短视频策划的核心理念在于用最简单的方式带着粉丝一同变美，主要以真人出镜讲解的方式，向粉丝传播化妆手法、护肤方式、祛痘要领等变美技能。需要注意的是，不同于测评、探店、种草推荐等短视频，这类短视频在创作时需要依据适用人群，直观简洁地讲述操作全过程，而不是发表过多对于某种产品的评价，策划的落脚点要放在技能本身及操作过程上，即需要将妆容特点以及实现这种妆容的手法和过程展示清楚。例如，近两年火速出圈的美妆教程分享博主"勇仔Leo"，在短视频中，他先用颜料在半张脸上展示化妆时每一步的落笔位置、轻重程度，再用化妆品对照颜料标注的位置，在另半张脸上教学实战。如此清晰且生动的呈现形式使"勇仔Leo"迅速成为该赛道的头部网红，在单平台就收获830.4万粉丝、7718.2万点赞量。不仅如此，通过分析"勇仔Leo"的抖音账号,可以发现其短视频策划框架搭建得非常完善,即围绕"全网最想教会你化妆的美妆博主"这一主线,发展出"反差色化妆""勇仔化妆基础课""勇仔勇说"等大栏目框架,每个框架下又分门别类,事无巨细地分享每一个部位的化妆技巧,观众可以根据自身需求快速搜索到讲解某类妆容或某个部位应该如何处理的短视频,精准匹配用户需求。

不可否认,创作者在策划技能分享类短视频时,将分享实实在在的干货知识以及观众需求大的技能要领放在首位是正确的,但随着该赛道逐渐趋于饱和,新入门的创作者想要在美妆教程分享赛道出圈格外艰难。视频的内容质量和呈现方式非常重要,而精心策划、造势营销、寻找爆点更为重要。在策划时,创作者尤其要注重创新视频的表达形式。

例如,博主"陈圆圆超可爱"凭借与粉丝连线,现场一对一解说化妆技巧的形式为自己造势,收割一大批粉丝;"崔佳楠"(见图8-4)通过讲述自己的战"痘"历程,为自己打造鲜活丰富的IP形象——"战痘楠妈",从主打教学祛痘技巧逐步延伸到男女妆容教学分享上,轻松获得流量;"阿蛮"和"啊来"两位主打反差感素人妆教分享的博主,将妆前妆后的反差感作为自身的爆点,将博主素颜原相机开场的镜头和化妆后的镜头进行对比,营造改头换面的效果,引起观众关注,此时创作者只需要进一步推出该妆容的详细教程,便可实现轻松引流。

图8-4 "崔佳楠"美妆技能分享类短视频

2. 美食烹调技能分享类短视频

在美食烹调技能分享类短视频中,创作者主要以分享美食的制作方法为主,策划重点放在如何更好地分享膳食烹饪技能,用最简易的讲解方式将家常菜、甜品零食、各地各国料理等美食的制作步骤清晰明了地展现给观众,观众能够轻松复刻创作者分享的美食。早期的美食烹调技能类短视频主要以制作家庭美食为主,创作者在策划时将烹调技能植入在一些普通的家常菜或网红美食的制作过程当中,通过记录给家人、朋友做饭的过程,传递一种积极向上、热爱生活的态度,这种颇具治愈力的生活化短视频,更易于被观众接纳。

例如,博主"噗噗叽叽"(见图8-5)通过记录给丈夫林先生制作便当、请朋友来家里吃饭的烹饪日常,将出众的烹调技能展现在短视频当中,极其诱人且装盘美观的食物迅速俘获了观众的味蕾,截至2023年5月,博主噗噗叽叽收获1890.5万粉丝,发布的作品获得2.9亿点赞量。随后,该类短视频赛道涌现出一批模仿博主"噗噗叽叽"做饭的同类型衍生博主,即运用头部美食创作者分享的烹调技能一比一还原或是二度创作其他美食教学视频,这些博主也收获了大批的粉丝。可见,在策划该类短视频时,对于塑造个人形象IP、传递积极的生活态度是十分重要的。

在策划美食烹调技能分享类短视频时，创作者要善于利用自身的年龄优势或职业优势。早期发布该类短视频的博主多为较年轻的专职人员或者顶级大厨，但是教学美食烹调技能从来都不是某一部分人的特权，只要有好的策划和内容，任何人都可以出圈。

图8-5 "噗噗叽叽"美食烹饪技能分享类短视频

比如，曾经担任游戏原画师的"江寻千"凭借自己常年积累的审美经验，将自己的房子打造成古色古香的中国风场景，尽可能呈现较好的拍摄环境，同时凭借一双善于制作、绘画的巧手潜心学习制作中华传统经典美食，将传播中华优秀传统文化作为核心策划思路贯穿作品始终，这种分享中华料理传统技法的操作方式，获得了广泛关注。又如，已经退休的"高彩萍和乔老爷夫妇"更是以一种诙谐幽默的方式出现在镜头前，夫唱妇随制作美食的温馨画面从某种程度上让观众产生了"家的味道""长辈的味道"等感受，截至2023年5月，他们收获了926.4万粉丝。

当下，在该类短视频领域火出圈的博主呈现低龄化、反差化等特点，小朋友分享烹饪技能的短视频正在打破"孩子年纪小不会做饭""小孩子做饭很危险"等刻板印象。比如，"张颜颜"和"小惠家的暖男"两位短视频创作者在父母的帮助下拍摄记录给家人做饭或者制作零食的日常，主打寓教于乐，视频营造出温馨、欢乐的氛围，而独属于孩子的稚气与天真更是吸引网友纷纷为其点赞，成为他们的粉丝。这种极具人设反差感的策划打破了人们的"认知冲突"，有助于创作者开辟自己的新赛道。

3. 游戏技能解说类短视频

游戏技能解说类短视频因充满科技感的酷炫画面和一系列令人意想不到的走位操作，深受游戏爱好者的追捧。当下市面上游戏种类繁多，游戏主播数量庞大，在策划时，创作者所选择的游戏类型和技能分享形式尤为重要。

(1) 创作者需要明确，游戏技能分享的关键是让受众学得会、易上手。除了职业游戏选手，大部分网民的游戏水平处在中下层次，策划时选择难度系数中等偏下的游戏会更受观众青睐。比如，2023年寒假由网易推出的蛋仔派对游戏，因其可爱的卡通形象、简单的操作方式以及多人竞技类型，成为深受游戏博主喜爱的游戏之一，创作者纷纷在短视频平台分享自己迅速通关的操作技能以及卡bug技能，供观众学习实战，部分博主甚至自己开发新游戏地图供网友娱乐，一时间该类短视频和游戏同时爆火，成为网友茶余饭后讨论的焦点。

(2) 将创作者自身的游戏水平通过适配的策划剪辑展现出来，也是策划案的关键一环。例如，博主"大司马解说"(见图8-6)录制完游戏全程后，会将本局游戏的精彩画面进行拼接，并通过特殊的动画效果来体现游戏技能的高超之处，并讲解如何学习掌握这些技能。游戏技能解说类短视频常用的剪辑策划效果为变速效果，即蒙太奇剪辑、慢速回放等，可以帮助受众更加清晰地捕捉该技能的操作要领。此外，背景音乐的选择也是格外重要的，适配的音乐可以提升短视频的传播效果，因此创作者在策划时需要考量背景音乐的契合度。

4. 摄影技能分享类短视频

摄影技能分享类短视频主要采用创新的选材构思或者新颖的拍摄手法，通过展示不同风格的摄影技巧、拍摄手法、相机参数、摄影姿势以及后期调色技巧等，满足观众日常拍照修片需求，以此激发观众的创作欲和学习兴趣，进而产生流量和关注度。创作者在策划摄影技能分享类短视频时需要注意与观众之间的互动和联系。

图8-6 "大司马解说"游戏技能解说类短视频账号

例如，截至2023年5月，拥有173.6万粉丝的创意摄影短视频创作者"东东枪drincool"(见图8-7)通过发起名为"三秒考考你有没有摄影眼"的挑战，在短视频片头快速建立与观众之间对话的桥梁，随后通过极具反差感、超现实主义、数字化的后期技能，对所构图像进行合成，并对视觉画面进行二度构造，前后的反差对比不仅增强了作品的感染力，还给观众带来了震撼的视觉享受。

创作者在策划摄影技能分享类短视频时，需要注意拍摄地所处的环境，这直接关系到作品的立意是否可以借势传播。当下，不少学生也成为摄影技能分享类短视频的主要创作群体，那些极具青春气息的校园环境和宿舍氛围让不少观众感受到重回校园的美好。创作者通过在校园内随机抓取路人来拍摄青春大片，展示拍摄技能、构图方式之余，还讲解了此类照片适配的妆容、穿搭等，多管齐下，使得短视频更加生动丰富、颇具特色。

图8-7 "东东枪drincool"摄影技能分享类短视频

二、智体技能分享类短视频

智体技能分享类短视频的内容主要与学习技巧、运动健身技能相关，包括但不限于认证资格考试、雅思托福考试、四六级考试等的解题技巧与学习方式分享，以及日常运动、健身、瘦身等的经验分享。在策划时，应加大讲解、传授环节所占的比重，依据内容的重要性安排先后顺序等，还应打造IP人设，用大量的实践经历作为背书，提高内容的可信度。

1. 学习技能分享类短视频

学习技能分享类短视频是指在学习领域颇有建树的人，将自己的备考方法、学习技巧、面试经验等通过短视频的形式分享到互联网上，供人们选择性观看。由于此类短视频具备一定的门槛限制，创作者可能无法同时分享很多学习科目的学习技巧，在策划时，必须做好前期规划，形成一定的周期性，并构建连贯的技能分享脉络。

例如，雅思考试获得8分的小红书博主"imleafsun"（见图8-8），采用实战教学和技巧分享的形式讲述自己学习雅思的技巧，她在拍摄初期便已策划好想要分享的知识类别，包括雅思阅读得分技巧、她对话雅思口语前考官、雅思听力提升的秘诀以及雅思写作的心得等。在每一个门类下，大量整合实战技巧的精华，并在每一条短视频的文字区域标注清楚该视频涵盖的内容，供学习者轻松寻找自己所需要的知识。此外，博主"imleafsun"在策划时兼顾学习的周期性，一系列口语带读领学的视频鼓励了许多处于放弃边缘的人，帮助他们一同"上岸"。又如，试讲博主"花花"在前期策划时，将账号定位为教师资格证面试技能分享博主，在自己的账号里开设了百分百试讲视频、说课视频以及面试技巧三个门类，采用真人出镜、实战讲课的形式，一比一还原考场现状，分享自己的讲课技巧和面试经验，帮助正在准备或即将考试的观众适应考场环境，学习考试方法。由于采用了生动且形象的分享方式，博主"花花"的短视频不仅被大批粉丝争相转载，还被许多考试机构当成范例进行播放学习。

图8-8 "imleafsun"学习技能分享类短视频

2. 运动健身技能分享类短视频

运动健身作为人们日常生活中不可或缺的一部分，受众群体广泛，但层次和需求参差不齐。因此，运动健身技能分享类短视频的创作者在策划时需要具备分层意识，针对不同年龄段的观众制订不同的计划，根据不同人群的需求，以及按照技能对应的训练部位划分视频的类别和适用范围。例如，运动减脂技能分享类短视频的头部网红"帕梅拉"和"周六野Zoey"发布的短视频适配的受众群体就存在很大的差异。前者主打进阶运动，分享的均为进阶的强力塑形和全身燃脂技能，强度等级较高，适用于小基数的进阶运动人群；而后者主要分享较为轻松的减脂操等，适合新手入门及减肥人士突破平台期，对于大基数的人群也十分友好。这两位创作者都关注到自身特点和优势，合理地规划出适配自己视频和粉丝群体的教学方案。如今，全民健身已成为当今社会的新风尚，健康向上的生活方式是人们一直以来所追求的，因此创作者在策划运动健身技能分享类短视频时，还应关切全社会群体的需求，短视频的内容应贴近生活，分享的技能应简单易学，分享的形式应兼具生活化和实用性。运动健身博主"刘畊宏"(见图8-9)在短视频平台掀起全民健身热潮，用人们耳熟能详的音乐作为运动伴奏，将动作分组编排成运动操，带领大家一起运动。不仅如此，博主"刘畊宏"还带着家人一起出现在短视频当中，一起跳健身操，"和家人一起运动"瞬间成为"刘畊宏"运动视频传递的核心理念，带领越来越多的家庭参与到健身打卡的行列，从2022年2月18日到2023年5月1日，该抖音账号粉丝量激增到6738.7万人，视频获赞超2亿。

图8-9 "刘畊宏"运动健身技能分享类短视频

第三节 技能分享类短视频的市场分析

随着媒介技术的不断发展，新媒体短视频领域形成了新的网络文化形态以及特殊的传播方式，尤其是在泛娱乐化现象十分严重的时代，短视频内容生产存在泛生活化、泛知识化的问题。伴随着人们对短视频质量要求的不断提高，以及娱乐需求的不断扩大，受众对自我观照与自我价值实现的需求也在逐步增高，越来越多的人愿意为知识花费时间、精力和金钱。2022年12月28日，抖音联合巨量算数发布的《2022抖音知识数据报告》显示，抖音知识类作品发布数量增长35.4%，知识类创作者单月直播场次增长72.7%。在前十个月，抖音的用户在检索栏查询了160亿个与知识技能相关的问题，相当于每个抖音用户都会搜索27个与知识技能相关的问题[①]。不仅如此，有关技能、知识分享的相关短视频等作品，总分享次数达到了126亿次，相当于每个用户都至少分享了20条技能与知识类短视频给自己的亲友。根据报告提供的数据可以看出，新媒体平台中的技能知识类短视频呈现稳步增长态势，未来将会有更多的创作者凭借其丰富的技能和知识策划出独具匠心的内容，以吸引大批用户前来学习。

一、技能分享类短视频的市场需求

伴随着社会大环境要求的不断提高，人们对短视频的要求和需求也在不断攀升。就技能分享类短视频而言，创作者在策划时需要找准用户关切的话题，兼顾生活性、情感积极性以及实用性，根据市场需求来选择与技能分享相匹配的场景和拍摄地，其目的是

---

① 中国新媒体营销策略白皮书 2020年[C]//上海艾瑞市场咨询有限公司. 艾瑞咨询系列研究报告(2020年第7期)，2020：8-36.

还原真实的技能使用场景，满足受众的可视化需求。根据相关数据，短视频的受众群体以泛一线和二线的年轻用户为主，这些受众往往因为生活或工作等需求，需要快速学习相关技能知识，创作者在策划时应善于使用多变的字幕文本、不同的镜头景别以及打破常规的剪辑手法甚至是同期声、音效等来丰富受众的视听体验，快速帮助有实际需求的观众获取信息。

在内容互动与推广层面，创作者可以通过观看大量的同类型技能分享类短视频，分析头部网红作品的组成形式；通过评论区了解人们重点关注的话题，紧跟最新热门话题，预测未来动向；根据市场需求加强与粉丝、路人的全方位互动，进而打造受人喜爱的KOL(key opinion leader，关键意见领袖)人设，凭借自身的可信度和品牌影响力吸引黏性强度较高的粉丝群体，并逐步发展粉丝经济，收获忠实粉丝和私域流量。由于技能分享类短视频赛道中达人众多，市面上已有的短视频内容几乎涵盖人们实际需求的方方面面，创作者想要破圈，就必须创新作品的表现形式，推陈出新，通过关注Tiktok、Youtube等外国媒体平台来开阔眼界，更新作品切入视角，进而增强自身作品的吸引力。其实，创作者满足市场需求的主要目的是发展自己的账号，并逐步实现流量变现。因此，完善互动机制、打造传播矩阵、实现内容差异化分发、利用粉丝经济更好地服务于社会公益是技能分享类短视频未来发展的必由之路。

二、技能分享类短视频的市场前景

根据智研咨询提供的数据，截至2023年10月，我国智能手机普及率已达103%，平均人手至少一部手机。各种自媒体平台、短视频作品层出不穷，短视频平台当前在我国发展势头良好，短视频赛道种类繁多且趋近于饱和状态。由于近年来短视频的门槛逐渐放低且缺乏相对应的管理制度对其进行约束，短视频行业仍处于一种相对混沌的状态，质量参差不齐、内容枯燥乏味等问题比比皆是。与此同时，公众对于短视频的质量要求也在逐渐提升，经过精心策划、由专业团队制作、寓意深刻的精品短视频，正逐渐进入公众视野，成为网民广泛关注的对象。

1. 受众群体画像

从实际需求角度出发，技能分享类短视频的受众群体是非常广泛的，包括但不限于学生群体、职场人群、创业者和技能爱好者等。创作者需要根据每条短视频的用户画像思考视频受众群体的迫切需求以及痛点。比如，智体技能分享类短视频创作者的受众群体普遍是学生，因为他们可以通过知识技能分享类短视频或者生活技能分享类短视频来提升自身的考试、面试技能，以及提高学习成绩等。又如，职场人群可能存在应酬或出席活动的需求，这类人群往往需要通过短视频快速学习一些相关技能，帮助他们顺利完成工作。根据《2023KOL营销白皮书》提供的主流平台用户数据，各平台之间的用户性别比例较为平均。从性别TGI(target group index，目标群体指数)角度来看，微博和小红书的"她"属性较强,占据整体数据的70%,因此美妆技能分享类短视频、美食技能分享类短视频可以优先考虑将短视频投放至上述两个平台;从年龄分布TGI角度来看,B站的青年用户占比较高,达到74.6%,因而学习技能分享类短视频、运动健身分享类短视频等应当最先投放至B站;从城际分布TGI角度来看,快手平台显著偏向下沉市场,微博、抖音平台的用户更加偏向泛一线和二线城市的受众群体[①],创作者不仅需要根据自己账号的内容和定位选择合适的市场,还需要根据受众群体的画像和实际需求进行短视频策划。

2. 互联网红利及商业蓝海

随着互联网技术的不断发展,短视频行业的市场准入门槛不断降低。技能分享类短视频缺乏统一的赛道标准,短视频内容只要不违背法律法规和公约良俗,几乎不会有专业人士来质疑其专业性和正确性。在这一背景下,许多高校学者和专家加入到技能知识分享行列之中,基于自身的学历和专业知识背景,策划出他人难以复制的短视频,向广大观众普及科学知识,深受观众的喜爱和欢迎。观众不仅积极点赞、转发这类短视频,还愿意购买创作者在短视频中使用的同款产品。

例如,拥有290.2万粉丝的学习知识技能分享类博主"李嗲Lydiaaa"(见图8-10)和她的男友——来自北大光华管理学院的大神付铁寒,他们在策划创作短视频时,就将知识原理剖析作为技能分享卖点,在分享护肤技巧时,讲解面膜的化学原理和护肤效果,以实验的形式告诉观众,以实际理论征服观众,许多网友更是在评论区为其@品牌方,呼吁其抓紧来投放广告,并赞叹该博主创作的视频质量高,这是任何人无法抄袭和夺走的财富。

图8-10 "李嗲Lydiaaa"技能分享类短视频

创作者在策划技能分享类短视频时,应将专业性和可信力放在第一位,只有让自身成为不可替代的存在,以及受众所需要的存在,用户、流量、品牌方才会被作品吸引,才会实现短视频变现。技能分享类短视频赛道的传统人群和近几年新增的受众群体有一些共同点,即消费能力较强,爱尝鲜也热衷于社交。这些特征对于短视频的传播具有积极意义。可以说,泛一线或二线城市的年轻用户是创作者实现作品"破圈"的突破口,也是商业蓝海。

---

① 中国KOL营销策略白皮书2019年[C]//上海艾瑞市场咨询有限公司.艾瑞咨询系列研究报告(2019年第3期),2019:17-45.

第四节 技能分享类短视频的系统策划

技能分享类短视频内容精简、节奏较快、视觉冲击力较强，创作者需要在短时间内快速传递相关技能的核心要点，帮助受众快速掌握学习方法。因此，创作者在策划这类短视频时需要考虑多方面因素。创作者选择展示的技能、采用的叙事结构和视觉效果、与受众交流与互动的方式，共同决定了短视频发布后的效果。创作者在策划技能分享类短视频时，应从主题选择、风格策划、内容分布策划三个方面进行综合考量，制定合适的拍摄方案，以紧凑、有趣、强互动性的内容吸引受众的注意力，采用有新意、有内涵的话题引发受众情感共鸣，搭配多样的音效，大胆选择色彩拼接或者其他构图方式，以视听结合的形式留住粉丝，同时吸引新粉丝的关注。

此外，创作者在策划技能分享类短视频时，应该确保短视频分享的技能的适用范围以及传递的主题思想符合相关法律法规的规定，主旋律应当是积极向上的，不得违背公序良俗，不得传播含有色情、暴力、反动等负面敏感的内容。同时，创作者应当树立版权意识，因为在短视频创作中，创作者一般会先浏览海量的短视频，极易受到他人创意的启发，进而通过二度创作产生新的作品，那么此时，创作者在短视频内容中必须注明相关来源或者事先获得授权，避免出现因内容雷同而产生的相关纠纷。

一、技能分享类短视频的主题选择

技能分享类短视频能否出圈，与创作者选择的主题息息相关。一个好的主题是创意的基础和开端，创作者需要对自身优势和技能进行定位，发扬自己的长处。

1. 操作技能分享主题

摄影技巧分享类短视频博主"良田"在全网拥有868.6万粉丝，他是杭州师范大学传媒相关专业的学生，他创作的短视频主题就是在校园内抓取路人拍摄大片。"轻写真"是博主"良田"策划并选择的最终主题，如何通过摄影师的引导和操作将大片呈现出来便是博主"良田"传播的内容。博主"良田"在创作时关注到市场及受众的需求，即随着古风等国潮文化兴起，以及消费升级时代下消费者对自我关照与自我价值实现的需求增加，越来越多的人愿意为写真买单、为颜值买单。这种不受时间节点限制，随时都可以拍摄美图大片的技巧正是人们所需要的。除此之外，写真的受众涵盖各个年龄层，风格更为多元化，因此以"轻写真技能分享"为主题的短视频广受欢迎。

2. 智体技能分享主题

比如，传媒或者艺术影视专业的学生通常会选择成为摄影技能分享类短视频的博主或者美妆技能分享类短视频的博主，教育学专业的学生或者高校的讲师普遍会选择成为考试、考证、面试技能分享类短视频的博主，这是因为他们可以用所学的专业知识，为其后期创作保驾护航，也更容易收获受众的信赖。与此同时，市场需求、受众需求以及政策的发展也影响着创作者的主题选择。相较于其他话题，热点话题更利于短视频的传播发展，技能分享类短视频切实满足群体需求、让受众轻松收获知识和储备技能的这些特性，决定了创作者在策划主题时需要紧跟热榜的步伐。

二、技能分享类短视频的风格策划

风格鲜明的短视频往往更容易被人们记住，尤其是在体系庞大的技能分享类短视频赛道。在确定短视频主题后，创作者需要针对主题，结合自身的性格特点、长相特点来策划短视频的风格。常见的技能分享类短视频的风格有幽默诙谐搞笑式、正经说理式、温馨感人式、竞技式等。

1. 幽默诙谐搞笑式

该风格的技能分享类短视频旨在以轻松愉快的方式，帮助观众从繁忙的工作学习中走出来，快乐学习博主分享的技能。这种风格的短视频比较容易收获观众的点赞，但也很难留住观众，观众只会为其停留片刻。为了避免出现这种情况，此类风格短视频的创作者应保持内容输出，持续产出系列短视频，形成较为垂直的账号风格，固化诙谐幽默的风格特征，这样才能吸引并留住更多的观众。

2. 正经说理式

该风格的技能分享类短视频着重突出分享的技能及其背后的理论逻辑，旨在帮助急需获得技能的观众快速获得知识，以满足他们的需求。值得注意的是，这种风格的短视频很容易产生说教之嫌，如果博主分享的技能不易记忆或者丰富程度不够，都可能导致短视频内容枯燥，令人厌倦。

3. 温馨感人式

该风格的技能分享类短视频的核心是抓住观众内心的"痛点"，寻找情感共鸣。创作者在策划这类短视频时，需要格外注意背景、音乐等要素的外在影响，以及内容本身、画面视觉给用户带来的冲击力。比如，美食技能教学博主"噗噗叽叽"在拍摄短视频前，特意将家中装潢布置成温馨的风格，精心挑选餐具，并注重美食搭配和摆盘。"噗噗叽叽"的短视频画面干净明媚，温馨不失可爱，吸引了大批观众的关注，一跃成为头部网红。当人们提到美食博主时，脑海中会迅速出现"噗噗叽叽"的身影和相关的短视频画面，该博主以鲜明的风格走入观众的心里。

4. 竞技式

这里的"竞技式"特指游戏技能分享类短视频，创作者在创作后期需要配合相应的剪辑手法、与画面适配的音效等，着重体现游戏竞技的魅力和乐趣。比如，英雄联盟的技能分享类短视频的创作者在选择不同英雄人物进行操作时,选用的配乐风格都是不同的,但不变的是,创作者在短视频中都会着重强调技能的特点,并以实战形式将走位、步骤等要素直观呈现在短视频当中。这样一来,除了极其爱好游戏的玩家,一些不是很懂游戏规则的观众也会因为创作者营造的竞技氛围而爱上游戏竞技,他们被博主创作的短视频吸引,从而成为粉丝。

三、技能分享类短视频的内容策划

1. 明确创作意图

内容策划是技能分享类短视频策划中最为重要的环节,短视频内容的新颖程度的高低直接关系到观众的去留。在内容策划环节,创作者应在正式安排内容、拍摄作品之前根据账号的风格以及短视频的主题来确定创作意图,明确想要传达的最终理念是什么、这种技能可以满足观众的哪些需求、观众可以在哪些地方运用到这种技能。想明白这些问题,就可以在一定程度上避免短视频内容单调、立意浅显等问题,以免因盲目跟风热点话题而弱化了自身作品的风格特点。

2. 创新短视频的内容结构

创作者应具备创新能力和较为广阔的眼界,这是吸引观众、提升观众黏性的基础。创作者可以大量观看同类短视频,了解其内容结构,着重留意短视频的前2秒、前5秒以及结尾部分的内容。创作者还应将视野放宽到国外的短视频网站,学习外网博主在策划技能分享类短视频的做法,同时学习一些新颖、有趣的呈现方式,努力让自己创作的话题成为热榜议题。一般来说,技能分享类短视频前2秒和前5秒的内容基本决定了观众的去留,也会直接影响整体视频的播放量、平均播放时长以及完播率。

创作者普遍采用的片头创作方法有以下两种:一是采用快剪的形式,以秒为单位,每秒呈现一个或多个镜头画面,以快节奏、充满特色的开头吸引观众的眼球;二是截取短视频当中最具戏剧效果的片段作为片头,或者将分享的技能技术含量最高的部分展现出来,以内容吸引观众的眼球。短视频的片尾部分决定了观众会不会点赞、评论并转发甚至加关注,创作者可以适当地增加引导性话语,比如强调制片的不易、分享技能的重要性等,请求观众为其点赞和收藏,或者在片尾预告即将发出的短视频的核心问题,以此来激发观众的好奇心,引导观众关注博主,以便在博主更新短视频时第一时间收看。

比如,拥有210.3万粉丝的美妆技能分享类博主"MAJOONE是阿蛮"的短视频作品通常以AB组合的形式出现。其中,A视频以变妆的形式,将妆前妆后的反差感和氛围感展现给观众,起到视觉冲击的作用。当观众对这个短视频感兴趣时,便会在评论区讨论,催促博主抓紧更新妆容的详细教学视频,那么B视频便可以顺理成章地在观众充满期待的目光中上线。

3. 提升创作者的技能水平

技能分享类短视频的创作者应具备一定的生活经验和技巧，只有了解所分享技能的原理和相关制作方式，才能更好地在短视频中融入自己的想法和思考，才能让观众感觉到短视频的真实和创作者的真诚。

例如，文化技能分享类短视频博主"江寻千"原是具备深厚美术功底的游戏原画师，她为了弘扬中华优秀传统文化，花费了大量的时间学习相关技能，将美术、美食、手工、文化多方面相融合，从而创作出他人难以复刻、独一无二的短视频。又如，游戏技能分享类短视频博主"大司马解说"在成为职业短视频博主前是竞技游戏职业队的教练，他凭借老练的操作手法和游戏思维，快速适应市面上不断推出的新游戏，并快速找到对应的破解技巧、玩法等，形成自己的短视频风格。

4. 合理安排内容排版

创作者应当分清短视频内容的主次关系，按照重要程度排布内容，这样能够提升观众的观看体验。创作者还可以在视频下方或者上方设计制作进度条，在文案中标明每一个节点讲解的内容和要领，帮助观众快速寻找自己所需的内容。

5. 选择适配的创作环境和设备

选择适配的创作环境和设备也是技能分享类短视频内容呈现策划的重要部分。适配的创作环境能够提升短视频内容品质，提升观众的观看体验；合理利用相关设备有助于短视频的顺利拍摄和制作，提高创作者的工作效率。

第五节 技能分享类短视频的发布策划

技能分享类短视频因其节省受众的学习时间和成本、要点清晰明了、方便易学等优势而成为市场需求度极高的短视频类型。在发布策划环节，创作者应牢牢把握观众的猎奇心理和探索欲望，为观众提供更多选择的余地。在作品发布时，创作者需要格外注意短视频的封面、关键词条、定位等形式因素是否齐全、正确，还需要针对短视频发布后的效果反馈，以及可能出现的突发情况制定相关预案，以确保账号长期拥有稳定的粉丝群体。不仅如此，短视频短、平、快的传播特征，容易导致赛道的玩法和规则经常改变，创作者在发布策划阶段做好短视频账号的长期规划和管理，有助于将来平稳度过赛道玩法的变更时期。

一、技能分享类短视频的发布形式

在发布技能分享类短视频时，创作者需要格外注意呈现形式，具体应关注：视频封面是否突出；视频分享的技能是否明确；技能的特点和学习要领是否简明扼要地出现在封面页；封面页的设计是否精美；匹配的文案是否抓人眼球；关键词条是不是讨论度较高的热门词条；作品发布的地点定位是否准确；发布的时间是否恰当。

创作者在设计技能分享类短视频的封面页时，可以采用纯色背景，辅以简单明了、能够概括短视频内容和传播理念的文字说明；也可以由真人出镜，展示技能的精髓或者极具视觉冲击力的画面，辅以文字简述。无论采用哪种形式，技能分享类短视频的封面页都应满足讨论度高、形式新颖、内容凝练、一目了然的特征要求，以便直观地告诉观众短视频的内容是什么，观众也能迅速做出是否点击观看短视频的决定。

与封面页相关联的文案具有十分重要的作用。优质的文案能够引发观众产生情感共鸣，从而与创作者共情。创作者在策划技能分享类短视频的文案时，应该说明观众能通过短视频获得的便利和好处，潜移默化地改变观众的思维，引导观众迫切地想要从创作者分享的短视频中获取技能，激发观众的兴趣。文案后面可以添加带#号的关键词条，这些词条往往反映了当下的一些热点话题和关键趋势，创作者需要根据短视频分享的技能特点，匹配相对应的词条，从正确的赛道将短视频的内容分发给有需求的观众。

此外，创作者在恰当的时间发布短视频，同时附上合适的定位，更有利于短视频的传播。普遍来说，中午十一点、傍晚六点以及晚上九点均为短视频发布的黄金时间，在这三个时间点前后，大部分观众都处于休息和空闲的状态，平台用户较多，可以避免观众"2秒跳出"等情况。合适的定位是指创作者应该选择周围人流较多的地点投放短视频，这样做是为了吸引更大的第一波流量，避免限流等情况出现，有助于短视频被更多的观众看到，发挥其全部的实际效能。

二、技能分享类短视频的营销方式

"一个成功的短视频账号想要长久地存活下去，仅仅拥有优质的创作内容是远远不够的，必须配合团队的有效运营和全方位的维护"[1]。创作者精心策划制作的短视频能否收获大批量的点赞和转发，以及运营的账号能否跻身赛道前列，不仅取决于短视频质量的高低，更与创作者的营销策划方式息息相关。短视频的前期策划是为了让短视频自身具备竞争力，但单纯依靠自然流量出圈的短视频仍是少数。因此，根据后台的实时数据监测、运营账号，巧妙地借助运营技巧实施后期策划，这已成为短视频策划中不可或缺的一环。

创作者在策划技能分享类短视频线上推广方案时，需要格外注意目标观众和潜在观众的需求度和满意度，从自身优势入手，打造极具影响力的KOL形象，在提高账户垂直度的同时，还需要获得该领域较高的话语权，并不断提高自身影响力。创作者应具备矩阵意识，以多平台全屏分发的方式，将作品分批投放到不同的短视频平台上，增加自身曝光量，达成规模效应。针对后台数据评估的观众群体，在精准进攻本地市场的同时，还应注重评论区的互动营销策划，真实地走进观众群体中，与观众建立相应的联系，调动观众的积极性。

---

[1] 杨晓杰. 剖析短视频创作过程 探讨新媒介运营策略——评《短视频策划、制作与运营》[J]. 传媒，2021(24)：100.

1. 新媒体平台的引流

随着信息化时代的发展以及生活节奏的不断加快，人们在获取信息时习惯性追求高效、迅速的优质信息源。技能分享类短视频的数量体系十分庞大，如果没有经过合理的推广策划来帮助作品引流，再优质的短视频作品都极有可能石沉大海、无人问津。创作者应输出兼具反差感、创新度、差异性的内容，抓住夺人眼球的黄金前2秒和5秒；还应合理安排内容的框架与顺序、所占时长等，争取在短视频作品发布后的24小时内凭借短视频内容本身收割第一波流量。短视频作品发布后的第1小时、第12小时、第24小时、第48小时都是创作者需要格外注意的时间节点。其中，前两个时间点由于后台数据量较小，仍在生成中，可能无法直观地看到相应的作品数据反馈，那么此时分析作品是否限流、是否正常、是否具备出圈的潜质，就需要依靠点赞量、浏览量、评论区的数据。创作者可以通过在评论区与粉丝互动或者发起抽奖等活动，鼓励粉丝在收看短视频后，亲自动手操作短视频中所分享的技能并上传相关视频，从而增加视频互动活跃度和曝光量。此时，浏览量将显著提升，越来越多的粉丝也将参与进来，短视频作品可获得平台提供的第二波辅助流量。后两个时间点的后台数据已经较为完备，创作者可以根据实际需求决定是否花钱投放一定的流量，帮助作品登上热门，以此收割第三波流量。

例如，拥有125.2万粉丝的美妆(生活)技能分享类短视频的创作者"满意仔"，就极其善于利用新媒体平台为自己的账号作品引流。"满意仔"最初以"毕业倒计时"为主题，凭借分享大四生活必备技能来塑造校园气息十足的大学生KOL形象，之后开始分享自己在护肤、化妆等方面的技巧。她的每一个作品都充满了活力，选择的主题和立意也十分有特色，轻松获得第一波自然流量。而后"满意仔"会在评论区积极回复粉丝的问题，并发起与短视频相关的话题讨论或在短视频中进行产品抽奖，吸引路人在刷到短视频时为此停留，参与其中，以此收割第二波平台用户流量。除此之外，"满意仔"根据自身账号的定位，寻找到合适的公司为其运营引流，适时投放流量，辅助作品登上热门。

2. 同类型广告商品的引流

当技能分享类短视频的创作者按照前期策划的框架将短视频发出后，该账号便会形成较为垂直的特色，众多的品牌方PR(public relations，公关)也会因此认识、了解到创作者，并以邮件、私信的形式与创作者联系，洽谈商务合作。此时，创作者应利用好广告商带来的第四波流量，选择与所分享技能或者传播理念适配的产品进行植入，借品牌自身的热度或广告商预留的流量资助额度来帮助作品引流。

例如，拥有2962.7万粉丝的美妆技能分享类短视频的创作者"程十安an"(见图8-11)，在短视频中介绍打造裸感底妆手法技巧的时候，推荐了相关的产品，并在分享裸感底妆技能的短

图8-11 "程十安an"美妆技能分享类短视频

视频评论区,发起了与其短视频内容相关联的产品抽奖。"程十安an"选择的广告产品本身属于网红产品,加之广告商又为其提供了流量或者产品扶持,这使得该短视频经发布便迅速走红,不仅为她的账号带来了大量的流量,还帮助她收获了一大批新粉丝。

三、技能分享类短视频的效果反馈

观众的反馈和满意度决定了技能分享类短视频的实际效果,因此在作品发布后,创作者需要格外关注观众的互动信息,从观众的评价中总结经验,并逐步优化新作品。例如,在短视频中添加互动环节,或者在评论区发起问题讨论,并建立粉丝群,在群内与粉丝互动,收集粉丝呼声较高的技能进行分享,这样不仅有利于作品的传播,还能获得更多的正向反馈。值得注意的是,创作者要善于借助头部网红或知名专家的流量,以作品共创的形式为自己带来更多的效果反馈。

图8-12 "唐毅TangYi"和"谢欣桐"共创美妆技能分享类短视频

例如,拥有400.9万粉丝的知名化妆造型师"唐毅TangYi",与美妆技能分享类博主"谢欣桐"共同策划创作了"姐系女明星妆容思路"的短视频(见图8-12),"谢欣桐"在短视频中作为模特,给出上妆后的真实反馈,帮助粉丝询问化妆技巧,一时间被大量粉丝点赞,称其是"美妆界的互联网嘴替"。两人互相借助对方的优势和特色,引来了双倍流量,同时获得了较多的正向反馈和点赞。

四、技能分享类短视频的账号管理

一般而言,创作者分享的技能数量是有上限的,但是通过呈现形式、话题热点等创新,策划出的技能分享类短视频是无限的。但需要注意的是,毫无章法、东拼西凑地更新内容会导致短视频账号层次混乱,内容不垂直,从而导致系统无法定位短视频账号的类别,也不能第一时间将短视频精准推送给适配的用户。所以,创作者在入门前就需要为自己的账号以及未来团队的运营模式做出合理的规划,明确主要分享的技能类型、主打的分享风格、推出的系列作品、传播的核心理念以及团队管理模式和任务分配方案等。除此之外,为了保证短视频账号的长远发展,与品牌的合作和互动,以及与企业、官媒的合作也是创作者需要考虑的重要方面。

第九章 剧情类短视频策划

案例9-1 剧情类短视频《逃出大英博物馆》

剧情类短视频《逃出大英博物馆》(见图9-1)由博主"夏天妹妹"和"煎饼果仔"联合创作。该短视频于2023年8月30日在B站首播,随后在抖音、微博、小红书、快手等平台上线。截至2023年10月,该剧在抖音平台的总播放量达2700万次。

本剧共有3集,全剧采用拟人手法,善用隐喻修辞,主要讲述了由"夏天妹妹"饰演的中华缠枝纹薄胎玉壶化身人形后逃出大英博物馆,与由"煎饼果仔"饰演的中国驻外记者张永安在英国街头相遇,随后开启了中国文物"归乡"征程的故事。

本剧饱含中华传统文化底蕴,传承中华民族的家国情怀,提醒国人谨记"落后就要挨打"的历史教训,并从民间视角呼吁海外流失文物归国。

图9-1 剧情类短视频
《逃出大英博物馆》

案例9-2 竖屏短剧《冯宝宝与张楚岚》

《冯宝宝与张楚岚》(见图9-2)是由小说《异人之下》衍生的竖屏短剧。该剧于2023年在腾讯视频平台发布,共30集,并附加10集彩蛋,每集时长控制在6~8分钟。

该剧讲述了大学生张楚岚与神秘少女冯宝宝相遇后,平静的校园生活被颠覆。为了解开张楚岚身世之谜及其爷爷的秘密,两人在各方势力的关注和争夺下,开启了"异人"世界之旅。

该剧第1集以诡秘的中式恐怖氛围开场,在音效制作、氛围呈现、演员表演、角色配音等方面颇具专业性。截至2023年10月,该剧已在腾讯视频平台获得14 180热度值。

图9-2 竖屏短剧
《冯宝宝与张楚岚》

案例9-3 都市爱情悬疑短剧《套路先生请指示》

都市爱情悬疑短剧《套路先生请指示》(见图9-3)改编自"云起莫离"原著的恋爱类漫画《套路先生的恋爱游戏》(该漫画载于快看漫画网站),于2023年在腾讯视频平台发布。全剧共20集,每集时长10~12分钟。该剧主要讲述了在一场酒后狂欢中,莫素情(徐紫茵饰)设计接近叶钟珏(李歌洋饰),只为将母亲当年车祸死亡真相公之于众,借叶钟珏之手毁掉绝世集团。但她万万没想到，一切计划的顺利推进，竟都源于叶钟珏设下的重重套路。"白切黑"的狡黠小白兔莫素情，"黑切白"的老实大灰狼叶钟珏，两人各怀心思地接近对方，坐等对方落入爱情"陷阱"。在这场恋爱游戏里，两人不仅是彼此的猎物，也是彼此的白月光和救赎。截至2023年10月，该剧在腾讯视频平台已获得8452热度值。

图9-3　都市爱情悬疑短剧《套路先生请指示》

如今，媒介形态的短视频化趋势助推电视剧、电影等媒介内容生态呈现短、平、快的移动化特征，剧情内容短视频化促使短视频内容创作与影视业发展实现合流式演进。内容故事化、叙述简短化、观看便捷化符合当前媒介用户移动化与碎片化的生活方式。如今的用户拿起手机即可通过传统影视客户端平台(如腾讯、优酷、爱奇艺等)以外的社交媒体或短视频平台(如抖音、快手、B站、小红书)观看剧集。这些平台打破了传统影视客户端功能单一的局限性，更加注重移动性、趣缘性、交互性与移动性。不但题材内容丰富多样，而且沿袭了影视剧题材的丰富性与剧情完整性。传统影视客户端平台为适应短、快的内容生态趋势，也在逐渐推行短剧情内容的创作与培植，向短视频时代靠拢。

第一节　剧情类短视频概述

一、剧情类短视频的概念

从电视到电脑，从电脑到手机，伴随媒介形态的变革，媒介承载的内容及形式亦在不断创新。过去，官方媒体机构或商业性媒体机构制作电视剧、电影等传统媒介内容；如今，用户个体开始创作短视频，新的媒介内容不断涌现。这些短视频的内容涉及电影、电视剧或动画片等元素，通过剧情的开展为观众讲故事，从穿越到警匪、从恐怖到悬疑、从情感到校园……题材丰富，形式多样，观众只需一部手机即可观看。可以说，短视频改变了娱乐的媒介，深刻地改变了我们的生活。

剧情类短视频是剧情与短视频的耦合，从名称的符号学意义来看，它应兼具剧情与短视频的双重内涵。因此，在界定该类短视频概念前，有必要对"剧情"进行阐释，然后将其与短视频这一媒介形态、内容相勾连，以便深入理解何为"剧情类短视频"。

什么是剧情？谈到剧情，就不得不提及"故事"这一概念。"故事"是关于个体、社群或组织、民族或国家等多级行动者之行动的叙述。"但凡我们认为重要、有意义或有趣的事，或一些善意、恶意的提醒、宣传、质问与警告，都形成了我们所听、所讲的故事内容。"[①]当我们把故事传播出去，向我们身边的人讲述，或者借助网络向素未谋面的网友讲述，是为叙事，即叙述我们想要他人知道的、有意思的、有吸引力的内容。其中，有意思、有吸引力表征着故事的戏剧性程度，即冲突、矛盾或张力之间的关系[②]。如何组织故事，使其具有戏剧性就是创造剧情的过程，因此剧情就是对故事的戏剧化叙事，它能够让故事更具吸引力、更加有趣和好玩。

剧情类短视频是剧情与短视频的结合，也是当下短视频垂直细分领域中颇为重要的一个类别，具有轻量化、通俗化、娱乐化的媒介特征[③]。首先，剧情类短视频延续了剧情的叙事特征，通过视听化策略向观众讲述有意思的故事；其次，剧情以短视频作为嵌套版式，其时长较短、叙事节奏较快、叙事结构较为简洁，"短"成为其关键特征。需要注意的是，剧情类短视频篇幅虽"短"，但内容应"完整"，即有"麻雀虽小，五脏俱全"之意，还需要具备故事主题、叙事线索与脉络、演员、叙事艺术性等剧情内容的一般性要素。由此，本节对剧情类短视频做出如下定义：剧情类短视频是指时长较短且围绕某一主题展开的小型戏剧故事，即由角色参演的、按照一定叙事脉络与结构展开的且具有一定叙事逻辑的短视频形式。

二、剧情类短视频的特征

剧情类短视频延续了短视频短、平、快的风格特征，同时融合了具有叙事结构与内容线索的电影、电视剧、动漫等长视频的要素。通过考察抖音、快手、小红书、B站等(长)短视频平台中的剧情类短视频内容，本节总结出剧情类短视频的五个方面的特征。

1. 创作风格方面的特征是多样化与融合性

剧情类短视频的一个重要特征就是其创作风格的多样化与融合性。创作风格多样化是指创作者在创作过程中采用多种不同的风格元素或创作方式，以呈现各种不同的艺术风格和表现形式。这种多样化可以体现在两方面：一是创作题材，即创作者决定要探索和呈现的主要议题，包括社会问题、人际关系、人生经历、文化差异、文化传承、烧脑

[①] 臧国仁，蔡琰. 叙事传播：故事/人文观点[M]. 杭州：浙江大学出版社，2019：1-11.
[②] 刘俊，胡智锋，陈旭光，等. 传媒艺术的戏剧性问题四人谈[J]. 学习与探索，2020(3)：118-124+175.
[③] 李天羽. 论剧情类短视频《朱一旦的枯燥生活》的视听符号构建[J]. 南京艺术学院学报(音乐与表演)，2022(2)：155-158.

推理、悬疑惊悚等抽象性、娱乐性或具有实际意义的主题；二是内容呈现，即创作者承载议题的形式，如现代写实、古代写实、现代科幻、古代幻想、动画卡通等。

创作风格融合性是指创作者在创作过程中将不同的风格元素、技巧或风格特点融合在一起，形成独特而富有个性的创作风格。它强调将多种风格相互融合和交融，创造出独特的艺术表达方式。比如，民国主题类剧情的短视频融合了爱情的悲欢离合；青春校园类剧情的短视频融合了校园爱情与校园暴力等；都市情感类剧情的短视频融合了婆媳关系、夫妻关系、工作关系等。这种融合性的特征使得剧情类短视频更加丰富多样，基本上延续了影视剧、动漫卡通等长剧情形式的媒介内容。

2. 人物刻画方面的特征是简单鲜明与情感指向

在剧情类短视频中，由于时间限制，创作者需要在有限的时间内传达故事情节和角色形象。为了使观众迅速理解并带入角色，人物刻画需要简单明了，以便在有限的时间内传达人物的特点和性格。相较于影视剧中所传递的角色复杂性和塑造的人性多维度特征，剧情类短视频往往聚焦某一个点，即使剧情多次反转，人物的性格特征也主要通过前后对比来体现，以凸显人物的正面或反面形象特点的深刻落差。由此，短视频中由人物所串联起来的故事节奏也会愈加紧凑，易于观众理解并产生代入感。从刻画手段来看，人物简单鲜明主要体现为特征突出，即外貌特征与性格特点鲜明；行为举止，即人物的对话、动作、表情等，能够传达人物的性格和情感。

短视频中的人物应具备的另一个特征是具有鲜明的情感指向，即角色所具备的情感特点、情感表达和情感体验，重在表现人物角色在故事中的情感状态、情绪变化以及与其他角色之间的情感互动。通过细致入微地描绘人物的情感指向，观众能够更加深入地理解并代入角色所处的情境。

3. 剧情节奏方面的特征是明快起伏与强代入感

相较于时长较长的电视剧和电影，剧情类短视频的内容体量较小，系列剧类短视频整体时长甚至短于电视剧一集的时长。这种微短特征对叙事节奏提出了更高的要求，创作者需要兼顾时长与节奏，以吸引观众观看，因此在剧情创作时，创作者需要考量开头、主体和结尾之间的衔接与起伏。为了抓住观众眼球，创作者在开头即设置冲突，这种冲突既有内容上的冲突，如伦理冲突、感情冲突、环境冲突、文化冲突，同时也要和观众产生"观看"冲突，给其带来视觉或听觉的感官冲击。这种冲突往往在短视频开场的1秒内完成，其表现形态具有多模态特征，如人物肢体迅速变化、人物神态迅速变化、增加悬疑式配乐等或集齐所有因素，以此来制造悬念并激发观众的观看兴趣，营造契合主题的观看情境。

4. 主题呈现方面的特征是娱乐化与严肃性并存

剧情类短视频的主题塑造往往兼顾娱乐性与严肃性。娱乐性是指剧情内容更加具有消遣意义，观众在观看过程中或观看结束后沉浸于剧情所带来的气氛当中，如爱情的甜蜜与苦涩、亲情的悲欢离合、悬疑内容的离奇与反转等。在具体表现方面，娱乐化内容多以情感性特征为依托，重在塑造情感的双向或多向关系间的碰撞、疏离与和解。严肃性是指剧情所呈现的议题具有正面性、主流性、教化性。正面性是指具有正义感或正义行为的角色与持相反立场的角色间的对垒，如反诈宣传、打击拐卖妇女儿童；主流性是指剧情中所传递的价值观念符合主流价值观，如人民警察精神传承、尊老爱幼、桑榆非晚等精神意旨；教化性是指以主流价值观为基础所产生的正确价值观的输出与输入。

5. 变现广告方面的特征是嵌套性与故事化

除了平台基于播放量、点赞量、收藏量等数据给予的流量支持外，创作者在积聚一定数量的粉丝后，还会吸引商家前来投放广告。以抖音为例，这种广告多以链接的形式分别出现在手机屏幕左下角、短视频创作者名称上面，或在评论区置顶链接。此外，创作者还会通过剧情将广告插入到短视频中，主要包括两种方式：一是直接在剧中插播一段广告，这种广告投放方式较为生硬，但是需要付出的时间成本、资金成本与知识成本较低；二是将广告嵌套进故事化的剧情脉络中，形成一种故事广告，即将广告中产品的作用、理念植入到剧情中，将广告故事化。在故事广告中，同样可以将其分为两种亚类：一是广告产品适配剧情内容，部分剧情围绕广告产品展开；二是剧情通篇围绕广告产品进行创作，以产品为核心。

第二节　剧情类短视频的类型与定位

一、剧情类短视频的类型

短视频的内容定位是指确定短视频所要表达的内容，以及传达的思想、理念或现实意义。内容定位将决定剧情类短视频题材的选择方向，因此创作者在撰写脚本、拍摄视频前，需要选择适当的题材进行定位。通过重点关注抖音、快手等短视频平台上剧情类短视频的内容和主题属性，结合我国主要影视剧播放平台(爱奇艺、腾讯视频、优酷等)及影视学界相关研究界定，本文将剧情类短视频分为如下几种类型。

1. 剧情类短视频的类型细分

(1) 古装类。在古装电视剧中，人物角色穿着古装，借古人表现现代人的思想感情，服从于现代社会的审美趣味，历史化或自由地虚构剧情内容，使之具有娱乐性、商业性或文化性，并结合民间传说与神话故事，进行一定的艺术加工[①]。古装类剧情短视

---

① 张智华. 论古装剧的主要特征[J]. 中国电视，2008，No.258(7): 26-30+1.

频延续了古装电视剧的类型特征,以小剧场的形式展示古代社会和人物的故事。这里的"古代"有两层意涵:一是指再现我国古代传统风貌,其衣着配饰、场景布置等较为考究,比如演员服饰以较为考究的汉服形制为主;二是指一种架空的时空观,这类古装剧常涉及"妖精""法术""武侠""穿越""宫斗"等元素。这两种意涵虽然不涉及具体的历史议题,但也囊括古代社会或东方幻想下古代社会的政治斗争、宫廷生活、爱情故事、武侠江湖等元素,均表现出一种东方文化观。该类剧情短视频通常注重场景的美学呈现、服装的精细设计或语言的韵味,以营造出适配古装韵味的独特氛围。

图9-4 古装类剧情短视频
《千年万岁,椒花颂声》

例如,某古装类剧情短视频的案例题为"千年万岁,椒花颂声"(见图9-4),源自《唐昭容上官氏墓志》,即上官婉儿墓志铭。该句中的"椒花颂"含有知己之情,从女性史的角度关注女性的亲密关系,如《新出魏晋南北朝墓志疏证》中"李椿妻刘琬华墓志"章节就有记载"词发椒花之颂,文摘秋菊之铭"①。本案例以上官婉儿墓志铭为故事原型,主要阐述了上官婉儿与太平公主之间的羁绊回忆,展示了赠诗、附簪、打趣儿、画钿等场景,从童趣间的相互玩伴到朝野间的相互扶持,再到唐隆政变后上官婉儿被处死,太平公主为其操办葬礼、收编遗诗、平反翻案。就叙述线索而言,唐史中太平公主与上官婉儿之间的关系的相关学术研究②③为本案例中描绘二人亲密关系的剧情提供了一定的事实依据。此外,从两位演员的装扮来看,衣着服饰以唐制汉服为主,并辅以大袖衫、斗篷等古韵形制服饰,整体较为考究。

(2)幻想类。幻想类剧情短视频重在表现幻想类内容,主要包括童话、神怪、灵异,还有宗教传奇、史诗神话等亚类型④,以及以技术为想象蓝本的科技幻想,即借由高科技(多为现阶段无法实现或者超出现有认知的技术)实现的世界观建构与剧情延展。幻想类剧情短视频通常包含令人惊奇、超乎寻常和非现实的情节和场景。从创作要求来看,创作者不仅需要具有想象力与创造力,能够构思出虚拟世界、奇幻场景与具有特殊能力的角色,还需要注重特殊效果与视觉效果的运用。特殊效果是指在拍摄前或拍摄过程中借助装置操作、角色妆造等手段实现的幻形、爆炸等特效,以方便后期制作;视觉效果是指通过后期制作,对短视频中的影像进行修改、增添或改进,以创造出无法在实际拍摄中实现的效果,比如变形、魔法、虚拟场景、特殊天象、超自然等元素。这两种

---

① 罗新,叶炜.新出魏晋南北朝墓志疏证(修订本)[M].北京:中华书局,2005:558.
② 仇鹿鸣.碑传与史传:上官婉儿的生平与形象[J].学术月刊,2014,46(5):157-168.
③ 胡可先.上官氏家族与初唐文学——兼论新出土《上官婉儿墓志》的文学价值[J].求是学刊,2014,41(5):163-172+5.
④ 陈奇佳.奇幻电影:我们时代的镜像[J].文艺研究,2007(1):19-25.

效果对人力成本与技术成本的要求相对较高。此外，在后期制作过程中，创作者需要选择与幻想场景适配的音效与配乐，使短视频内容具有沉浸感与代入感。

例如，对于幻想类剧情短视频《星座审判》(见图9-5)的世界观设定，可以将其理解为一套系统，处于该世界的人类则是一行行代码、一条条数据。其中"星座审判"是一款游戏类App，这款App背后的开发者或执行者会给出游戏规则，比如"选出你最讨厌的星座"，通过全民投票选出得票最高的星座，而该星座的人类会全部死亡。这款App的本质是得到该系统授权的一款杀毒软件，将该系统内的所有人类视为病毒，软件开发者握有控制系统的权力。除设定外，该剧在特效场景、角色装扮方面均体现出科技感和代码感，将世界隐喻为数据和系统，重在揭露人性。

图9-5　幻想类剧情短视频《星座审判》

(3) 青春类。青春类剧情短视频以青年群体为关注对象，观照青年群体的生活、思想、情感与经历[①]。从情感表达来看，这类剧情短视频的主题以爱情为主，并借以阐述在青春期该群体的学习生活、家庭生活与成长之间的碰撞与挣扎。这类短视频多延续青春偶像类电视剧或电影的创作风格与套路，创作者需要考虑如何呈现青春期特有的情感状态与成长过程。在角色塑造与呈现中，创作者应注重塑造有代表性的角色，并突出角色间的关系，如父母与子女、恋人与朋友、老师与学生，在关系的冲突与调和中凸显角色的立体性与真实性，从而引发观看者产生共鸣。

《假如你被同学孤立，会怎么做？》(见图9-6)是《麻辣教师2》系列短剧中的其中一集。本集主要讲述了女同学因举报同班同学考试作弊而被全班同学孤立并遭受校园暴力，被贴上"叛徒"的标签。剧中的主角月野老师是一名性格直爽、充满正义感的女骑手，她挺身而出，勇敢地保护女同学免受校园暴力，并将其调入自己的班级。

(4) 悬疑类。悬疑类剧情短视频是一种带有一定悬念、剧情较为曲折的影视类型[②]，剧情通常包括犯罪、推理、心理、灵异、隐秘等元素。由于短视频时间有限，创作者需要在开篇突出悬疑要素，常见方式为开篇节奏的急剧变化(通常在2秒内)，如突发事件(关房门前突然被门外人挡住)、提出疑问(问人、问路、问事)、神秘人物现身(身份不明或者身份反转)、关键线索

图9-6　青春类剧情短视频《假如你被同学孤立，会怎么做？》

---

① 曾一果，蔡哲. 社会转型中的不同"青春偶像"——中韩都市青春偶像剧的比较[J]. 中国电视，2008，No.258(7)：31-35.
② 何美. 类型、媒介和审美：近年国产悬疑网剧的破圈之道[J]. 当代电视，2021(4)：99-102.

(冰箱便利贴上的文案、小纸条、聊天界面)、跳跃式场景等，并配以悬疑式音乐。此外，整体情节结构亦应紧凑有力，避免冗长的叙述和情节拖沓，通常情节为多次设疑与反转(2次以上)，在多次反转后即交代结尾，结尾部分可以通过多次反转来呈现出乌龙、惊喜或解谜的效果。

悬疑类剧情短视频《你睡上铺时掉下去过吗？》(见图9-7)，是《老师的猜想》系列短剧中的第一集，该系列共12集，主要以校园背景为依托，涉及办公室场景、宿舍场景、教室场景与操场场景，还包括部分非校园场景，如教师出租屋。从内容来看，该系列剧主要设置两种联想叙事结构。一是受害人的无意识行为造成的人身安全威胁。比如第1、2集，李老师有用舔湿的手指翻阅试卷的习惯，主角小宇老师便联想到高中时期的同学中毒事件，最后发现该中毒事件由试卷剐蹭滴水观音导致。二是分析坏人可能带来的伤害或威胁。比如第5、6、7、8集，第一次反转为小宇老师和另一位女老师晕倒，小宇老师以为是坏人了解其独居后，在饮食中下药，其实为一氧化碳中毒，独居习惯与中毒之间并无直接关联；第二次反转为一氧化碳中毒的原因不是围炉煮茶，而是坏人的谋划。在两次反转后，小宇老师模拟坏人制造密闭空间致使两人一氧化碳中毒的过程并抓到凶手。从叙事节奏来看，这两种叙事结构整体节奏较快，且多次反转，往往前期铺垫较多，最后反转为意想不到的意外或危险事件，反转内容多与开始事件并无直接关联，但通过联想的手段推进故事主线，可以增加悬疑趣味。

图9-7 悬疑类剧情短视频《你睡上铺时掉下去过吗？》

(5) 都市类。都市类剧情短视频以都市生活为背景和主题，重在展示现代都市中的人际关系、情感问题、工作生活等内容，常涉及爱情、职场、友情、家庭关系、城乡碰撞等元素，反映现代都市人(尤其是青年群体)的生活状态和情感体验。概而言之，都市类剧情短视频以都市生活和都市环境为依托，以都市人物为建构对象，以个人历史为叙事动力[①]。

通过对都市人关注点的差异性描述，可以将都市类剧情短视频细分为以下几个维度。

恋爱婚姻类——以都市爱情为主题，关注男女主角之间的感情发展和情感纠葛，涉及初恋、暗恋、失恋、婚姻、离婚等情节，阐述男女主角之间的爱恨纠葛。

职场商战类——以都市职场为背景，描绘职场工作者的工作压力、工作竞争与成长，多涉及职场升迁、办公室政治、团队合作等职场情节，并且多有反转，如公司老板是男朋友或老公、保洁阿姨是大股东等。

友情(兄弟或闺蜜)——以都市青年为主要角色，多涉及朋友之间的默契、互助、争

[①] 秦琼. 策略·问题·文化：新世纪国产都市剧叙事研究[J]. 当代电视，2017，No.351(7)：22-23.

吵和背叛等情节。

家庭亲情——以家庭关系为主题，探讨家庭成员之间的争执、分离与和解，多涉及父母子女关系。

生活类——以都市生活为背景，展现都市人(多为小人物)在城市中的日常生活，多涉及街头巷尾的人物故事、邻里关系、打工仔等情节。

成功励志——以主人公的成长和奋斗为核心，具有网络文学中复仇网文的快感特性，轻描淡写主人公在奋斗中克服困难、实现梦想，重在阐述成功前后的人情冷暖与世态炎凉，并借此"复仇"，如收购对家公司、成为仇人上司等情节。

人性类——以探索人性为主题，多涉及道德困境、人性善恶等情节。

例如，《老板别惹我！》系列剧(见图9-8)以职场为背景，情节涉及职场中的勾心斗角，但由于加入了偶像剧的色彩，如老板是我男友，在戏剧化表达上更为突出，职斗因素多通过爽文喜剧元素稀释。

当前，都市类剧情短视频是剧情类短视频市场的创作主流，具有易取材、生活化、成本低等特征，但由于市场趋于饱和，对创作者在创作新意与创作深度方面提出了更高的要求。

图9-8 都市类剧情类短视频《老板别惹我》

(6) 教育类。教育类剧情短视频是指具有教化作用或者目的的短视频形式，其在意涵传达方面与主旋律影视剧类似，并在寓教于乐的基础上唤起、培植观众对主流价值观与主流意识形态的认同和体悟①。该类短视频通过故事情节中的人物冲突和问题解决来传达警示与教育理念。就主题而言，教育类剧情短视频大多将关爱老人、警惕诈骗等议题以新形式来呈现，在教化意义上更具贴近性特征，以传播和沟通的形式进行观念阐述。因此在创作该类作品时，创作者需要平衡娱乐性和教育性、说理性与传情性之间的辩证关系。

例如，图9-9《为你写个故事2》系列剧集中的单元剧集，其题为"当警察牺牲的时候，他的警号会被封存，再次启用时说明……"，该剧的主人公之一是一个小女孩，她的父亲因公逝世，十五年后她重拾父亲的警号，成为一名人民警察。但后来这名女警也因公逝世，警号再次被封存，独留奶奶两次白发人送黑发人。从教化意义上来看，该剧主要表现了对人民警察的敬重、热爱，也展现了警察这份光荣职业的危险性与人民性。

图9-9 教育类剧情类短视频系列剧《为你写一个故事2》

---

① 杜芳，戴艳军.主旋律影视剧的思想教育价值及其实践途径[J]. 文艺理论与批评，2015，No.172(2)：123-127.

(7) 乡村类。乡村类剧情短视频以农村为背景，重在展现乡村生活、风土人情、社会关系的千姿百态与农乡变革。乡村类剧情短视频的特点与乡村剧(如《乡村爱情》)类似。具体而言，乡村类剧情短视频的剧情多发生在农村地区，以农田、农作物、农民等农村元素为背景；主要角色通常为农民和乡村居民，其生活、工作和人际关系构成主要描绘元素。从内容上看，乡村类剧短视频倾向于将乡土风情和地方特色作为底板，如方言、饮食等，并将生活化元素作为故事发生情境，这与乡村剧中强调以独特的地域韵味吸引观众的创作导向相悖；从题材上看，故事情节通常涉及农业生产、土地(财产)纠纷、乡村发展、农民命运等与农村生活相关的方面。在相关视频创作中，乡村类剧情短视频多围绕一对矛盾关系展开，即情与理。这也恰恰契合乡土社会的某些特征，即存在传统观念和现代理念之间的冲突，尤其是在涉及家庭利益、社会关系和传统习俗的情境中。因此，创作者可以从这一角度出发，在传统理念与现代观念的碰撞关系中切入创作视角。

例如，在短视频《这样的亲戚关系，你们怎么看？》(见图9-10)中，主人公的丈母娘与大舅哥在主人公家里吃饭，丈母娘向其讨要大舅哥结婚费用，主人公欣然答应后找妻子要存折，以给大舅哥包红包，不料其妻子已将存折里的十万元送给大舅哥当彩礼，并且大舅哥表示这钱不会归还，但主人公表示这笔钱要给孩子交学费。剧情围绕这一矛盾展开。

图9-10　乡村类剧情类短视频《这样的亲戚关系，你们怎么看？》

(8) 小剧场类。小剧场多为一人饰多角，人物的服装发饰比较简单，且场景变换较多，一般采用虚拟背景或简单搭设场景。Papi酱、毛毛姐、芋头快跑、王乃迎、毛光光、梅智贤、晓凡凡、郑丽芬er、董代表、王梓陌等均为小剧场的代表性创作者。这种剧情类短视频需要重点突出角色个人特性，注重创意性表演，并且需要保持用户特性与角色特性间的一致性，更适合打造网红IP。

小剧场类剧情短视频成本较低，是当前剧情类短视频的主流形式之一。在创作这种短剧时，创作者应注意紧跟热点话题，同时保持创新思维。表演者应尽量采用微夸张或夸张的形式来呈现日常生活中的状态，凸显剧情的戏剧性和趣味性。

例如，在《当班里转来了新同学》(见图9-11)中，主人公王梓陌扮演了五个角色，分别是老师、转学生、两个女生及一个男生。该案例将场景定位于教室，围绕着现实学校生活中、影视剧中、网络小说中经常发生的情节，呈现了班里转来新同学之后众人的反应。在剧情中，转学生刚开始是高

图9-11　小剧场类剧情短视频《当班里转来了新同学》

冷的、不易亲近的，但后来与大家相处三天后暴露出"沙雕的"一面。小剧场多围绕日常生活中常见的情境展开剧情，具有生活化、贴近化、热点化的特点。

2. 剧情类短视频类型可行性分析

在实际的策划创作中，创作者应在选择具体类型前对其进行可行性分析，以确保所选择类型能够在可控范围内创作。

(1) 创作者需要进行资源可行性分析与评估，考虑剧情类短视频拍摄所需的资源是否与创作者的能力和所持资源相匹配，主要包括预算、时间、人力和技术等方面。具体来看，一是要考虑资源可行性，评估剧情拍摄所需的各种资源，包括资金、人力、技术设备、场地等，确定是否有足够的物质基础支持剧情类短视频的创作和制作。比如，古装类短视频的角色设计需要考虑妆造、发饰、衣着、配饰等，场地布景也要符合剧情设定和背景要求，因此创作者不仅需要考虑资金问题，还需要掌握一定的创作知识，具备一定的艺术审美水平。再如，幻想类剧情短视频要求创作者具有丰富的想象力，还要具备一定的技术条件，如特效制作、声像呈现等，以便给观众带来一种奇观感。二是要考虑时间可行性，即考虑拍摄策划、脚本写作、现场拍摄、后期制作全流程所需要的时间成本。三是要考虑内容可行性，既要确保内容符合国家法律法规的要求，又要避免出现庸俗、低俗、媚俗的情节与设定，保证内容符合道德标准。

(2) 创作者需要关注市场可行性。创作者需要关注想要生产的剧情类型在市场上是否多见或少见，"多见"指向市场是否饱和问题，"少见"指向市场是否可行问题，即有没有观众买账。据此，创作者需要关注细分市场，即"对某种商品的消费者按照某种标准加以分类，将之分为具有不同需求特点的消费群体"[①]。作为剧情类短视频的消费者，观众的喜好各不相同，创作者可以通过不同题材对观众进行初步划定，比如古装类市场、青春类市场、乡村类市场等，在具体类型化生产框架下挖掘不同题材的具体叙述方式，如聚焦情感叙事，借助一个日常场景、一段简短的对话、一种特殊的动作表达、一次眼神交流、一组动作等细节，展示角色之间的情感和关系，即以小事传情。概而言之，创作者需要关注市场中的长尾部分，从小且独特的视角切入主题，力求打造标新立异的风格，兼顾市场效益。

在新媒体背景下，"受众"的概念迭代为"用户"，突出媒介产品接收者的主动性与主体性，在接收内容过程中创造生产者的存在价值。因此，短视频的用户定位，简单来说就是要知道自己的视频是拍给谁看的[②]。剧情类短视频的类型划分提供了目标用户定位的类型化市场，但在用户定位上尚不精确。创作者除了需要关注前文介绍的几种短视频类型外，还需要考虑不同类型的短视频围绕什么主题展开剧情、借助什么承载方式，这就需要创作者对用户市场有一定的了解，从而有针对性地制定策划方案。

---

① 王培才. 市场细分理论的新发展[J]. 中国流通经济, 2004(04): 35-37.
② 王哲平. 电视节目策划解析[M]. 杭州: 浙江大学出版社, 2021: 5.

二、剧情类短视频的目标用户定位

目标用户定位是指定位类型用户,旨在为创作进行铺垫。首先,创作者在初创期间需要进行类型生产定位,如古装、都市等,通过聚焦某一具体类型,初步汇聚一定类型的观众;其次,构建用户画像,如观众的年龄、性别等;最后,根据点赞、收藏、转发的综合数量判断哪一种风格的短视频剧情更受欢迎,据此为账号定性,即明确剧情类短视频的风格,并将其作为维系运营的主导风格。

用户对某种产品的需求和使用频率往往与人口统计变量密切相关,人口统计变量比其他类型的变量更容易测量,因此,人口统计因素是最常用的市场细分方法。创作者在进行目标用户定位时,可重点考察年龄、性别等人口统计变量,据此将观众划分为多个群体[①]。

1. 年龄

不同年龄段的观众对于剧情节奏、情感表达和主题关注点存在差异,具体而言,这些差异主要表现在以下三个方面。

(1) 观众喜好差异,即不同年龄段的观众对剧情、情感和故事主题的喜好可能不同,如年轻人多关注青春、爱情、友情、志怪等主题,而中年观众可能更多关注教育类主题。

(2) 情感共鸣与代入感,即不同年龄段的观众对于剧情中的情感体验和代入感可能有所差异。

(3) 社会价值观,尤其是爱情观、事业观、友情观等观念,青少年观众与中年观众存在差异。

2. 性别

性别是影响观众观看类型的重要变量,男性与女性观众对剧情类短视频的需求偏好有所差异,例如,女性观众更喜欢看情感剧,男性观众更喜欢看刑侦警匪剧。年龄与性别两者实际上属于一种结构性区隔,即在不同社会轨迹下所构筑的文化资本和习性所导致的趣味差别[②]。

3. 兴趣爱好

男性与女性观众、青年与中年观众由于各自的社会经历与生活经验存在结构性差异,这些差异直接影响他们对不同类型剧情短视频的观看旨趣,即兴趣。兴趣爱好是影响观众选择剧情类短视频的重要因素之一。例如,喜欢推理的观众会选择悬疑类剧情短视频,喜欢贴近化叙事或者回忆青春的观众更喜欢青春类剧情短视频。据此,在进行选

---

① 菲利普·科特勒,加里·阿姆斯特朗. 市场营销:原理与实践[M]. 楼尊,译. 16版. 北京:中国人民大学出版社,2015:195-196.
② 宋巧丽,田辉."表征"与"超越":"土味视频"与"区隔"研究[J]. 新闻与传播研究,2022,29(2):58-74+127.

题策划与剧本创作前,创作者需要准确定位目标用户类别。

三、剧情类短视频的创作平台定位

完成目标用户定位后,创作者还需要考虑短视频作品的发布平台,即平台定位。不同的社交媒体平台或短视频平台的市场定位与经营战略存在差异,因此主要用户群体也存在差别。这里重点选取三个平台,即抖音、快手、小红书作为探讨对象。这三个平台为当前较为主流的短视频或剧情类短视频的生产与发布平台,但三者的战略定位与市场目标相去甚远,创作者需要找到适合自身定位的短视频平台,以形成短视频生产的导向性布局并对焦用户观众群。

1. 快手

"快手"的用户结构呈现以下特点:一是地域分布多集中在二线及三线城市及较为偏远的城镇乡村;二是用户学历(文化)水平普遍不高;三是低幼年龄用户相对集中[①]。从产品定位上看,快手主打"农村包围城市"[②],宣扬"每个人都值得被记录""生活,没什么高低",面向大众用户,鼓励各种原创生活类短视频,其内容特点更趋向于平民化且接地气[③]。结合既有研究和实践观察,快手的剧情类短视频风格特征多具有"土"的特征,其有两层意涵:一是乡土,即多关注乡村生活的千姿百态与生活景观,如邻里关系、叔侄妯娌、母女婆媳、遗产继承等;二是土味,即具有草根精神与地方特征,并涉及一定的丑、土、疯、傻四元素[④]。

2. 抖音

抖音于2016年进入短视频平台市场,重塑了原有的竞争格局,成为短视频平台市场具有标杆意义的代表性企业[⑤]。QuestMobile数据显示,截至2023年9月,抖音以7.43亿月活、同比5.1%增速独占鳌头,人均单日使用时长从2022年9月的108.4分钟提升至115.2分钟[⑥]。抖音平台上的剧情类短视频创作风格多样,综合性更强,兼顾一线及二线与三线及四线和更为下沉的市场。QuestMobile数据显示,截至2023年12月,抖音短剧类小程序有超8千万的用户规模,成为短视频应用行业的主要应用渠道,其中百万级以

---

① 刘蕾,史钰莹,马亮."公益"与"共意":依托移动短视频平台的公益动员策略研究——以"快手行动"为例[J]. 电子政务,2021,No.219(3):112-124.
② 王小芬. 从"快手"看短视频行业的机遇与挑战[J]. 传媒,2018,No.291(22):43-45.
③ 宋晓洁,周洁如. 基于移动社交网的短视频商业模式创新研究——以快手为例[J]. 管理现代化,2020,40(4):43-46.
④ 刘文帅."土味文化"传播研究——基于讲好乡村中国故事的视角[J]. 社会科学研究,2021(6):186-196.
⑤ 吴义爽,朱学才,袁海霞. 平台市场后发上位的"根据地"战略研究:抖音案例[J]. 中国工业经济,2022,415(10):155-173.
⑥ QuestMobile2023年新媒体生态洞察:行业用户规模10.88亿,用户流转、分流进入新阶段,平台以两大途径谋增长、冲变现[EB/OL]. https://www.digitaling.com/articles/1005199.html,2023-11-21.

下规模的平台占比超6成①。

3. 小红书

QuestMobile数据显示，截至2023年9月，小红书App覆盖用户规模达到1.99亿，同比增长率分别为20.2%②。小红书的目标市场定位关键词为青年和女性，其剧情类短视频有创意、有反转、有质量、有意思，符合青年用户的消费习惯与文化实践。需要注意的是，小红书并不主打剧情类短视频，平台上这类短视频的流量相较于抖音有较大差异。

创作者了解特定平台一直以来或近期的战略主导思路，可以使策划内容与平台在特定维度上相匹配，从而有助于把握机会，避免做无用功。在此基础上，创作者可以根据剧情内容及风格选择适合或相应的平台，也可以根据自身使用意愿选择合适的平台。

第三节　剧情类短视频的选题策划

故事是人类交流和传播信息的基本形式之一，而剧情类短视频正是利用故事的力量来吸引观众，它通过情节变换与角色冲突来引发观众的情感共鸣和思考。创作者需要考虑的问题是讲什么故事，即选题。选题是指创作者在创作过程中选择适合拍摄的故事或主题，它是确定剧情类短视频内容和方向的起点。创作者通过对潜在故事或主题进行筛选并细化，确定剧情创作的重点和价值意涵。

找选题就是找故事，找故事的关键是找看点，找到那个吸引视线、摄人魂魄的钩子，也就是找世相百态③。对于剧情类短视频来说，故事是核心和灵魂，承载着情感、价值观、思想和观点，通过情节的发展和解决冲突的过程，给观众带来情感共鸣和思考的空间。选题的目的是确定一个具有故事性、情感张力和吸引力的主题，从而为剧情的创作提供基础和方向。针对剧情类短视频的选题，创作者可以从以下几个方面进行策划。

一、剧情类短视频的选题来源

1. 现实生活

现实生活是观众和创作者最为熟悉的领域，这是因为观众和创作者都会受到日常生活的直接或间接经验的影响。生活经验是指个人在日常生活中所积累的各种经历、感悟和体验，涵盖创作者或观众在现实生活中与他人互动时面对的各种情况和挑战下所获得

---

① QuestMobile 2023全景生态流量年度报告："五大应用"模块筑牢流量城堡，内容价值站上峰顶，品牌私域玩法初步成型……[EB/OL]. https://www.questmobile.com.cn/research/report/1742448355718565889，2024-01-03.
② QuestMobile 2023中国移动互联网秋季大报告：全网用户稳定增长，三大特点支撑回暖，00后与60后持续增长[EB/OL]. https://www.questmobile.com.cn/research/report/1719277873330753538，2023-10-31.
③ 庄永志. 毕业设计如何找选题[J]. 青年记者，2022，No.736(20)：128.

的阅历与情感体验，如家庭经验、社交经验、感情经验、校园经历、职场经验、旅行经验、成长经验、社会观察等(见表9-1)。在剧情类短视频市场中，现实生活经验具有重要的指导作用，很多创作者多以日常生活场景作为叙述视角。因此，创作者可以在生活实践中随笔记录日常经验，以便为创作提供灵感。

表9-1 现实生活经验类别①

经验类别	含义	案例
家庭经验	创作者在家庭环境中所积累的生活经历和感受，涵盖个人在家庭中成长、互动与家人共处的经历，以及对家庭成员之间的关系、价值观和生活方式的理解与感知	子女与家长之间就是否结婚与生子的观念碰撞
社交经验	创作者在与他人建立和维持关系的过程中所获得的经验和感受，涉及与朋友、同学、同事、邻居等人的互动和交流，包括建立联系、共享经历、相互支持、解决冲突、建立信任等方面的经验	兄弟或闺蜜间的帮扶与反目
感情经验	创作者在情感关系中所经历和积累的感受与触动，涵盖创作者对爱情、友情、亲情等各种人际关系的理解与感知	恋爱和婚姻中所经历的情感起伏、浪漫体验、挫折和成长
校园经历	创作者在学习和教育过程中所获得的知识、技能和体验，包括在以学校为主导的教育环境中所获取的各种学习经历、扮演教育角色所获得的经验以及相关的生活经历	校园暴力、校园爱情
职场经验	创作者在工作环境中所获得的经验，重在展现职业发展、职位晋升、工作挑战和职场政治等方面	职场搞笑经历、办公室政治、实习生逆袭
旅行经验	创作者在旅行过程中所积累的体验和收获，如在不同地方体验的风土人情、观赏的沿途风光	旅行见闻
成长经验	创作者在成长中所积累的应对挑战、克服困难与积极探索的经验	对亲情、爱情、学习、实践的体悟
文化体验	创作者由于欣赏文化活动或艺术作品而对其产生的经验与感受	弘扬戏曲文化、中西文化对抗、传承非遗文化
社会观察	创作者对社会现象、人际关系和社会问题的观察、参与和体验，包括创作者对社会中各种现象和事件的观察和反思，以及参与社会活动的经历和体验	人情冷暖、坑蒙拐骗与社会险恶、人性复杂、守望相助

将现实生活中的故事化为多种视频剧情类型，可以使具有相同或者类似现实生活经验的观众产生共鸣。因为这样的故事更具可信度与真实感，人物形象更接地气，即围绕我们的生活展开。剧情类短视频的创作内容多以青年群体为对象，其创作内容也多具"网感"，具体体现为对年轻人的思维和欣赏习惯的敏锐追踪或者适应②，选题也多具新鲜感和时效性，即围绕年轻人在现实中所遇到的与自身观念不和谐的因素展开。为此，创作者应多关注社交媒体中的网络话题，了解网络热点、梗、迷因等内容，探知年轻人的现实心态，关注与自我和解、躺平、校园暴力与网络暴力、青年打工人日常、职

---

① 笔者根据自己细读剧情类短视频经验自行整理。
② 周云倩，常嘉轩. 网感：网剧的核心要素及其特性[J]. 江西社会科学，2018，38(3)：233-239.

场压力等议题。这些议题延续了当代青年的网络观与生活实践,如果创作者以此为主题创作剧情内容,就能够很好地抓住青年人的痛点。

2. 文学与影视作品

文学与影视作品中的故事和主题可以成为选题的灵感源泉,创作者可以参考其中的故事情节、角色设定、场景描写等,在构思剧情时从中提取改编元素,创造出新的故事和观点。同时,创作者要注意对主题和意义的探索,如农民生活、社会问题、人性、情感、道德等。在从这些作品中提取元素时,创作者不仅要提取,更要"提纯",即取其精华将其改写,但在使用作品中的元素时,要确保遵守法律法规。在此基础上,创作者还可以加入个人创意,使作品呈现出创作者的观念、审美和创造力。

3. 原创创意

原创创意是指创作者基于思考、观察和创造力,在创作过程中独立产生的独特想法和创意。原创创意强调创作者的独特性和创造力,通过创新和个人表达来呈现新颖的艺术作品。从构成要素来看,首先是独特性,即创作者的思考、观察与表达具有独特性,要形成自身的风格;其次是创新性,即创作者能够以新颖的方式表达和呈现想法,给观众带来新的感受和体验,尤其是要注重视觉叙事的冲击性,如镜头衔接与转场、特效呈现等。这就要求创作者应培养自身的观察力和思考能力,一是要多看,即看其他创作者如何制作同类型的优质剧情类短视频,看其他优秀的同类型文学作品与影视作品;二是要多想多记,即将观看过程中或思考过程中的灵感记录下来,形成自己的创意创作簿,在不断学习与探索的过程中,形成个人叙事风格。

4. 历史传说和神话故事

历史传说通常源于历史事件或人物,经过时间演绎和口耳相传,逐渐融入虚构的元素和传说情节,如英雄事迹、神秘事件、神奇力量等元素,从而丰富和诠释历史的意义。神话故事涉及对神灵、英雄、神秘生物或超自然力量的描绘,用以解释世界起源、(非)自然现象、道德规范等。不同文化和民族背景的国家或地区有着各自独特的神话体系,如希腊神话、北欧神话、中国神话等。

这两种文化类型能够作为选题,尤其是玄幻类、奇幻类等幻想类作品,其中所涉及的情节,如神话创世、君王英雄、人与神仙、人与妖魔等均能为创作者提供经验参考与设计来源。创作者可将其中所涉及的元素进行改编与再创作,设计出具体议题,如"爱情悲欢离合""我命由我不由天"等观念。此外,这些故事也反映出某种文化信仰或价值观,观众通过故事中的主题能够感知到生死观、命运观、道德观等重要议题,从而拓展剧情的深度与广度。

二、剧情类短视频的选题标准

1. 小切口

小切口是指在大方向或主题下选择一个相对特定、狭窄的角度进行创作或研究，即将一个宽泛的主题或领域(如古装)缩小范围，聚焦于某个具体的方面或问题(如古装爱情)，以便深入探索和呈现。小切口的选择有助于创作者深入挖掘一个特定的话题或领域，表达独到的创意或见解，避免过于笼统或泛化的议题，以摆脱空洞无实的内容产出。

2. 立意"有趣"与角度新颖

立意"有趣"指的是剧情类短视频的选题或其表现形式有趣味性和吸引力；角度新颖则强调从与众不同的视角或独特的角度来创作剧情类短视频。两者均强调选题的创意性，只有选题有所创新，剧情才能有所创新，故事才会有意思。这意味着创作者应选择那些在故事叙述、表达方式或观点上与传统观点不同的语义。从剧情视角来看，创意选题无外乎两点，要么是有新鲜的人或事，要么是换个新角度阐释旧人旧事，即新观察与新体会[①]。在这两点基础上，本节通过对较有新意的短视频剧情设定与选题意旨的观察，总结出四个选题设定框架(见表9-2)。

表9-2 选题设定框架[②]

主题	含义	案例
非线性时间流	采用非线性叙事，通过跳跃、回溯或交叉叙述等手法，以非连续、非顺序的方式呈现故事情节或展现时间线索	通过回忆推动事件的发生与解决，"戏中戏""梦中梦""无限流"强化叙事趣味性，细节特写镜头凸显紧张感。例如，系统类短剧中，主角借助系统穿越不同时空或不同历史时期来展开剧情，涉及前世今生、恩怨情仇、无限穿越等
角色刻画变化性	角色的身份特性与性格特征受到剧情情节影响产生某种变化，常见手段为黑化或两极反转，以增强叙述冲突、强化人物吸引力	身份翻转：某个角色的真实身份或背景在故事的某个阶段被揭示出来，与之前的设定或暗示产生巨大反差，如保洁阿姨竟是公司CEO
		命运翻转：角色经历命运逆转，从被动者变为主动者。这种逆转可通过角色努力、意外机遇或其他剧情设定来实现，如职场小白逆袭为海归高管
		角色变化：某角色从善变恶，彻底改变原有性格或行为方式，如角色因某事黑化
社会议题再现与背离	以社会问题、争议话题或热点事件作为创作素材，通过再现和背离的方式来探讨和呈现	再现：将真实的社会问题或事件在剧情类短视频中还原，以真实的情节和角色展现问题的本质和影响。通过细腻的刻画和真实的情感表达，引发观众对社会议题的思考和共鸣
		背离：通过改变或扭曲现实情境和角色行为，创造出与现实不同的情节发展和结局。可以采用夸张、反讽、荒诞或反向的处理方式，以引起观众的注意和思考

---

① 周建青.新媒体视听节目制作[M].北京：北京大学出版社，2014：93.
② 笔者根据细读剧情类短视频经验自行整理.

(续表)

主题	含义	案例
跨文化碰撞	不同文化背景的主体由于价值观、信仰、习俗、语言等方面的差异，可能会产生误解、冲突或不适应的情况，即跨文化碰撞	年龄结构：青少年群体与老年群体、晚辈与长辈等，由于年龄和成长背景的差异，在对待同一现象或行为时可能产生不同的看法或态度，如cosplay、婚娶生子等
		性别角色：两性之间由于生活环境和文化背景的不同，导致观念差异，如千金小姐、富家公子在婚姻关系中的自我定位与角色特性，比如温良贤淑、矜名妒能、跋扈善妒、温婉如玉、拈花惹草、风流成性
		家庭关系：多体现在重组家庭，尤其是富裕家庭与一般家庭或贫穷家庭间的重组所产生的生活观、消费观、人生观、价值观、道德观、恋爱观以及为人处世、职业发展等方面的差异
		行为规范：通常与年龄结构、性别角色以及家庭关系等多重文化背景相关，如千金大小姐和落魄乞丐、家奴丫鬟与铁骑将军、奶娘与帝王等，二元甚至多元差异在个人成长背景中持续涵化其角色特性，导致其产生行为差异

3. 主题明确

主题可以视为创作方向或核心思想，涉及基本的情感、观念或价值观等。在剧情类短视频中，主题可以是一种情感(如爱情、亲情)、一种人生哲理(如乐世)或一种社会问题(如城乡差异)等，贯穿于整个创作过程中，通过情节、人物、对话、象征等元素来视觉化，并将其传达给观众。剧情类短视频中的主题设置可以参考电影、动漫与电视剧等视听内容的设计，具体包括：爱情、友情、亲情等感情类；惩恶扬善、发现真凶等悬疑侦查类；成长、挫折、勇气与自我成长等治愈励志类；道德与法治、文明与文化等探究复杂人性类。

由于剧情类短视频篇幅较短，其主题设定相较于电视剧、电影等长媒体内容更为聚焦，需要在有限的时间内准确传达和呈现主题，即关注一个话题，以确保故事的完整性并抓住观众的注意力。即使存在其他思想的阐述与表达，也不宜过长，可作为一个小情节或插曲穿插在剧中表现，并服务于核心主题。

4. 内容要有故事性

写剧情本质上是在讲故事，即向观众传达故事内容与主旨，因此剧情类短视频需要向故事化叙述方向靠拢。故事化叙事是影视界的基本概念，其包含两个基本要素：其一，事件本身具有故事潜质，即故事是一个事件但并非一般性事件；其二，事件叙述方式会影响叙事效果，如顺序、倒叙、插叙等叙述顺序，你我他、参与者与旁观者等叙述视角[①]。沿着该思路，创作者可以挖掘具有故事潜质的事件性内容，关注具有对立性、对抗性、情感性且涉及人的事件性信息。例如老人这一角色，我们通常将其与年龄大、

---

① 冉光泽. 电视策划实务[M]. 成都：四川大学出版社，2021：79-81.

爱操心、守旧等刻板元素联系起来,但如果用"作精""爱打扮""时髦"等代表年轻人的符号标识老年人,就会产生一种观念与现实的对抗。创作者可以综合采用叙述视角与叙述方式来加工具有故事潜质的事件,这就涉及如何讲故事的问题,我们会在下一节具体论述。

三、剧情类短视频的选题呈现

1. 列大纲

剧本大纲是在确定选题后、剧本创作前,对故事情节、人物设定和剧情发展进行概括和总结的内容,可以将其视为剧本的骨架或框架,用于规划和组织故事的结构和内容,以明晰构思并组织故事,确保剧本的逻辑连贯、情节完整,并突出主题和角色的发展。从选题到大纲,创作者需要将策划阶段构想的创意点,落实到人物和故事上,并按起承转合的规律交代人物的意图、困境,破除困难的过程和最终的结果[1]。从剧本大纲(见表9-3)来看,其通常包括主题与核心思想、故事概述、人物设定与关系、故事结构、叙述情节、对白和场景。

表9-3 剧本大纲[2]

维度	含义
主题与核心思想	明确故事所要探讨和传达的主题、核心观点和情感,以确保故事叙述一致性和主题有深度、有内涵
故事概述	简要介绍故事的背景、时间和地点,概括故事主线和基本情节
人物设定与关系	介绍主要角色的背景、性格特点、目标和动机,以及他们在故事中的身份和相互关系
故事结构	概括整个故事的起承转合,包括关键事件、开头、高潮和结局,以及主要情节的发展、衔接与收束
叙述情节	列举关键的情节转折点和冲突,展示人物的成长和故事的紧张程度
对白和场景	简要描述重要对白和关键场景,以及它们在故事发展中的作用和意义

在编写剧本大纲前,创作者应对故事和人物有清晰的构想和规划,并思考故事的结构和发展方式。剧本大纲可以作为创作的参考和指导,帮助创作者在后续的剧本写作中有条不紊地展开故事,并确保故事的内在逻辑和完整性。同时,剧本大纲也为创作者与团队成员之间的沟通提供基础,确保大家对故事的理解和共识,降低修改成本。

---

[1] 乔新玉. 电视节目策划[M]. 北京:社会科学文献出版社,2019:163.
[2] 顾仲彝. 论剧本的情节结构[J]. 戏剧艺术,1978(2):76-90.
悉德·菲尔德. 电影剧本写作基础:从构思到完成剧本的具体指南[M]. 鲍玉珩,钟大丰,译. 北京:中国电影出版社,2002:158-202.
约翰·霍华德·劳逊. 戏剧与电影的剧作理论与技巧[M]. 邵牧君,齐宙,译. 北京:中国电影出版社,1989:203-373.

2. 编剧本

在完成选题和大纲规划后，创作者即可写剧本。写剧本的目的是将故事内容转化为可供演员表演和制作团队拍摄或制作的具体指导，剧本通过文字叙述、对白、场景描述和动作指示等方式，展示了故事的结构、情节发展、角色性格和对话等要素。因此，写剧本就是将故事、情节、对白和场景等元素以书面形式表达出来。剧本的结构与大纲大体一致，均涉及主题、人物设定与关系、故事结构与叙述情节、对白和场景等元素。相较于大纲，剧本的内容更为全面、具体、翔实。剧本以叙述的形式呈现，并且内容更为细致全面，既要精确到每一个场景、每一组人物对话与全部细节，又要统筹好每一位工作人员，包括演员、声控、场控、导演等，工作职责精确到人。

3. 写脚本

如果剧本解决的是如何演、演什么的问题，那么脚本解决的是如何拍、怎么拍的问题。剧情类短视频的脚本是指导创作者按照剧情发展和视觉呈现的需要进行拍摄的大纲，包括后期制作的问题也是脚本应该考虑的。剧情类短视频脚本一般分为拍摄提纲、文学脚本和分镜头脚本三种，其中前两种脚本类型在剧情创作中较少使用，创作者多采用适用于故事性较强的短视频的分镜头脚本，一般包括镜号、画面内容、景别、镜头运动、持续时间、对白、音效七个部分。

第四节　剧情类短视频的叙事策划

剧情是叙述的戏剧，如何叙事是其重点。无论是选题操作、剧本创作还是后期制作，创作者均需要关注叙事的力量，即如何组织不同元素(文字片段、视频片段)使之成为有逻辑、有意思的情节。剧本要求文字叙述的逻辑一致性，后期要求视听叙述的逻辑一致性。如何将文字、图像、声音或场景有机地组织在一起，形成一个整体的叙事结构，包括开始、起伏、转折、高潮与结尾，并使用各种叙事技巧来强调关键时刻或表达情感，也就成为创作者在撰写剧本和后期制作过程中需要重点考虑的问题。为此，本节结合叙事学的研究框架和短视频作为视听叙事的特点，将叙事策划划分为叙事视角与叙事手法两部分。

一、剧情类短视频的叙事视角

叙事视角是指叙述时观察故事的角度，包括观察者处于故事之中的内视角与观察者处于故事之外的外视角，两者又可细分为九个子类，详见表9-4。

表9-4 叙事视角[①]

视角	子类	含义
内视角	全知视角	作为观察者的全知叙述者处于故事之外，全知叙述者既说又看，可以从任何角度来观察事件，透视任何人物的内心活动，也可以偶尔借用人物的内视角或佯装旁观者
	选择性全知视角	全知叙述者选择限制自己的观察范围，往往仅揭示一位主要人物的内心活动
	戏剧式或摄像式视角	故事外的第三人称叙述者，类似剧院里的一位观众或一台摄像机，客观观察和记录人物的言行
	第一人称主人公叙述中的回顾性视角	作为主人公的第一人称叙述者从自己当前的角度来观察往事，即现在的"我"处于往事之外
	第一人称叙述中的见证人的旁观视角	剧情中的"我"旁观他人经历与命运，处于他人经历与命运之外
外视角	固定式人物有限视角	叙述者(剧情人物)并非无所不知，其视角会受到不同程度的限制，即"有限"视角
	变换式人物有限视角	观察者为故事内的不同人物，而全知叙述者于故事之外，这一模式的本质特点也是用人物的感知取代全知叙述者的感知
	多重式人物有限视角	采用几个不同人物的眼光来反复观察同一事件
	第一人称叙述中的体验视角	叙述者放弃当前的观察角度，转而采用当初正在体验事件时的眼光来聚焦。这种视角是第一人称回顾性叙述中的一种修辞技巧，往往只是局部采用

叙事者是故事的讲述者，叙事视角是叙事者带领观众切入故事发生的观看视角，即以什么身份去讲述故事。根据上述视角划分，在剧情类短视频中，由于剧情短、平、快且节奏起伏较大，创作者常用的视角有全知视角、选择性全知视角、第一人称叙述中的见证人的旁观视角、固定式人物有限视角，较少采用变换类或多重式视角。在进行视角创作时，创作者需要根据创作类型、情感设定等选择合适的视角，并形成个人叙事风格。

二、剧情类短视频的叙事顺序

叙事顺序是指剧情中关键事件和主要情节发生的时间先后顺序，即故事中事件的时间线和排列方式，涉及故事的时间结构。从叙事理论看，叙事顺序涉及的主要是叙事事件、叙事文本与叙事时间的关系问题[②]。根据亚里士多德的观点，完整的事件由起始、中段和结尾组成。起始指不必承继前情，但在后续发展中需要融入其他已经存在或后来发生的与起始内容相干的内容；与之相反，结尾必须承继前情，并且不再需要融入任何其他已经存在或后来发生的与之相关的内容，结尾就是结束，象征着故事的终结；中段指自然地承上启下的部分。因此，结构精良的情节不应随意开始和结束，其结构和内容

[①] 申丹，王丽亚. 西方叙事学：经典与后经典[M]. 2版. 北京：北京大学出版社，2023：104-108.
[②] 谭君强. 比较叙事学[M]. 北京：中国社会科学出版社，2022：83.

应该符合上述要求①。由此观之,叙事强调完整性,即能够将剧情脉络完完整整地顺下来,并能让人知道头、身、尾分别讲了什么,这就是传统的线性叙事。从具体手法来看,线性叙事包括顺序、倒叙、分叙、类叙、追叙、暗叙、借叙、补叙、特叙九种,即根据时间倒错进行排列和分序。线性叙事是当前短视频剧情的叙事主流顺序,其中常见的顺序手段为顺序、倒叙与插叙三类。

由于剧情类短视频仍作为一种视听内容而存在,除线性叙事顺序外,非线性叙事也存在于创作中。非线性叙事打破了自然时间走向,多事件并发,突出了大量偶然事件交汇所体现的非线性规律,并进行"叙事"化设置②。从具体手段来看,剧情类短视频中的非线性叙事手段主要包括闪回、前瞻、平行叙事、时间跳跃及戏中戏五类(见表9-5)。需要注意的是,由于短视频体量较小,在进行非线性叙事时,创作者可以将其作为叙事主线的一个片段或一小段情节,这样能够达到有趣的目的,如果将其作为叙事主线,可能会导致叙事混乱或剧情过于"烧脑",不利于观众在短时间内消化。

表9-5 非线性叙事③

类别	含义
闪回	逆时序叙事,即在故事中插入过去发生的事件,让观众回顾或了解主角过去的经历或背景,为故事提供补充信息
前瞻	在故事中提前暗示或预示将要发生的事件或情节,增加悬念和预期效果
平行叙事	同时呈现两个或多个平行的故事线,它们在主题、情节或情感上存在联系或相似性,可通过交错切换的方式展示不同故事线的进展
时间跳跃	将事件按照非线性的方式进行组织,跳跃地呈现故事中的不同时间段或时间点。时间跳跃可以是前后错乱的,或者以非传统的方式展示故事的时间流,引导观众在观影过程中进行思考和拼凑故事片段
戏中戏	在一个剧情中再创造出另一个小剧情,形成两个层次的叙事架构

第五节 剧情类短视频的风格策划

风格是指在剧情创作或内容表现中所塑造的独特风貌或彰显个人身份的独特标识。在剧情类短视频中,风格有两种指向:一是指内容风格,即剧情中借助叙事艺术、音乐与音效、画面剪辑所建构的剧情呈现特点;二是在上述基础上,借助矩阵式剧情类短视频内容呈现所建构的短视频账号特征。为此,创作者在进行创作时需要将上述两个维度纳入自身运营战略中。从具体的风格策划而言,创作者可以考虑从以下几个方面进行策划。

---

① 亚里士多德. 诗学[M]. 陈中梅, 译. 北京: 商务印书馆, 1996: 74.
② 黄媛媛. 复调与合力: 非线性叙事的话语指向[J]. 现代传播(中国传媒大学学报), 2017, 39(7): 99-101.
③ 於水. 从非线性叙事电影到交互叙事电影[J]. 当代电影, 2012(11): 101-106.
敬鹏林. 非线性叙事: 电影叙事范式的异变与扩展[J]. 重庆邮电大学学报(社会科学版), 2015, 27(4): 142-146.
孙为. 新媒体语境下的非线性叙事时间初探[J]. 东北师大学报(哲学社会科学版), 2013(2): 123-126.

一、类型垂直化

剧情类短视频按照风格类型划分,可分为搞笑、残酷、励志、温暖、怀旧、伤感、文艺、清新、催泪、冒险、写实、惊悚、热血等类型;按照情感类型划分,可分为希望、欢乐、震撼、喜悦、恐惧、忧郁、绝望、勇气、可爱、感动、暧昧、幸福等类型。创作者在进行类型创作时,除内容定位外,还要打造出具有个人风格取向的短视频作品,弱同质、重专精,即从泛化题材转向垂直内容生产。

所谓垂直内容生产,即指通过小众化内容定位深耕专精领域,从而集聚起"智慧的长尾"[①]。垂直内容生产的目的是满足特定细分用户的需求,提供有针对性、有深度、高质量的内容体验。通过深入研究用户群体的兴趣、需求和行为,创作者可以有针对性地开发内容,提供与用户相关的故事体验。得益于此,垂直内容生产能够建立更具深度与独特性的类型特征,即深挖类型划分市场。

二、视听艺术的叙事美学

故事情节、角色刻画、叙事视角与顺序、语言运用、剧情主题等元素均是形成剧情叙事美学的基本点。此外,作为一种视听内容,剧情类短视频可以借助视听表现手法来增强叙事效果并表现出一定的美学特征。从视觉表现手法来看,除叙事技巧外,创作者还应考虑拍摄和后期制作中的运镜、特效、剪辑、转场等元素,使画面衔接顺畅、内容逻辑一致,并为观众提供一种视觉奇观。与之相配的是听觉创作,在后期制作中,创作者可以加入音效、背景音乐、画外音等内容,使视觉内容更具代入感与体验性。以悬疑类剧情短视频为例,悬疑类剧情作品的叙事美学关键点在于隐秘、悬念甚至吊诡,需要传达出诡异的气氛,因此在开场、转场等关键环节,应配以渲染紧张或恐怖氛围的背景音乐或音效,以拉动观众情绪。

三、账号人格化

大众传媒具有与人际传播相类似的角色,且具有不同类型的"人格特征"[②],呈现出人格化传播的特点。所谓人格化传播,是指"真实或虚拟的媒介代言人综合使用人格化的语言和视觉符号,在传播过程中凸显人的情感、个性和魅力的内容呈现策略"[③]。此处的媒介代言人,即媒体背后的操控者、掌握者与行动者。从短视频平台来看,这里

---

① 陈淼,贾舟洲. 类聚与分化:综艺节目垂直化趋势下趣缘群体的圈层呈现[J]. 中国电视,2022,No.431(1):79-84.
② 陈作平. 论传媒的"人格特征"[J]. 现代传播(中国传媒大学学报),2011,No.177(4):6-10.
③ 吴晔,樊嘉,张伦. 主流媒体短视频人格化的传播效果考察——基于《主播说联播》栏目的视觉内容分析[J]. 西安交通大学学报(社会科学版),2021,41(2):131-139.

的媒介代言人指平台账号。在进行剧情内容生产时，创作者要考虑如何使平台账号富有人味儿，即将其人格化。账号人格化是指在短视频平台上，创作者将其账号赋予一定的个性和人格特征，使其具有一定的形象特征，可以与观众进行互动和沟通，其目的在于增加账号的吸引力和可信度，并建立和维系观众与账号之间的情感连接。在人格化过程中，创作者可以采用以下策略(本章以悬疑类短视频《你睡上铺时掉下去过吗？》的账号持有者"名侦探小宇"为例进行说明)。

1. 命名和标识

创作者应选择一个独特而有吸引力的账号名称，并设计专属头像与封面图等标识，以便观众能轻易辨识。从账号名称上看，"名侦探小宇"包含两层信息，一是名字，即"小宇"，这不仅是账号名称，亦是剧情中主角的名称，账号就是角色，角色就是账号；二是"小宇"作为一名侦探，强调小宇的人格或身份特质，即擅长推理、逻辑缜密。从头像上看，"小宇"穿黑色连帽卫衣，并用卫衣帽遮住半张脸，微垂头，戴黑色口罩，双手遮住帽檐，整体给人一种神秘感。

2. 语言和风格

创作者通过账号与观众互动和沟通的过程中应采用特定的语言风格，比如幽默、友好、专业等，以塑造特定的形象和品牌。"小宇"在剧情中的人物特征是聪明、有逻辑，条理清晰，有理有据，且十分冷静。

3. 互动和回应

创作者通过账号与用户互动、给予用户回应是账号人格化的重要方面。"小宇"经常会针对视频主题在评论区向观众发问，以增强视频代入感，加强与观众的联系。

4. 内容风格和话题选择

创作者通过账号发布内容时应保持一致的风格和话题选择，形成独特的内容风格，这样观众能够预期并期待账号发布的内容。在选择话题时，"小宇"的话题包括：视频类型，如悬疑；类型所涉及的主题、主要内容或主要相关事件，如梦游、监控、外卖、安全、独居；热点话题，如围炉煮茶。

第六节　剧情类短视频的发布策划

短视频的发布流程为平台选择、上传视频、填写短视频信息、内容预览与编辑、选择发布时间、监测和反馈。基于此，本节主要从平台选择、信息流搭乘、视听呈现三个方面进行短视频发布策划。

一、剧情类短视频的平台选择

创作者在发布短视频前需要选择发布平台,发布平台应与短视频的内容和风格适配。创作者可以根据目标用户及内容类型和风格,选择最适合的短视频平台。常见的短视频平台有抖音、快手、小红书等。在前文中,笔者已阐述三个平台间的区别与各自的特性,创作者在选择时可以有所取舍,根据自身是否在平台有账号、风格是否与平台相匹配来进行选择。此外,创作者亦可在多个平台开设账号,形成矩阵式剧情类短视频传播模式,以此打造个人风格IP。

二、剧情类短视频的信息流搭乘

在互联网时代,"人们采用各种方式来实现信息交流,从面对面的直接交谈直到采用各种现代化的传递媒介"[①]。信息流已成为流量与曝光的主要根据地与聚合地。在抖音、快手等短视频平台,信息流的主要形式为关键词与标签,创作者在发布作品时可以重点围绕这两个维度展开设计。

1. 关键词

关键词是节点化的用户数据,也是算法传播发生的基础。在用户发生搜索行为后,算法会对用户的浏览足迹进行记录,并建立一个用户数据库,对用户数据进行分析与文本化处理,最后在用户信息、网络行为及历史足迹的基础上通过数据分析筛选出专属于用户的关键词[②]。创作者应当选择合适的关键词,一方面,当用户主动检索相关关键词时,平台会主动提供给用户相关内容;另一方面,当用户经常观看某类剧情短视频时,算法会为其提供数据画像,并为其推送指定类型的剧情内容。由此,好的关键词对短视频曝光具有重要意义。何为好的关键词?一是有吸引力和定位明确,关键词应具有独特、引人注目的特点,能够吸引目标观众群体的注意;二是具有描述性,好的关键词能够准确地描述短视频的内容和主题,让观众了解到他们将在视频中看到什么,即简明扼要地传达短视频的核心信息,避免误导观众;三是能触发情感,好的关键词能够引发观众的情感共鸣,激发他们的好奇心与观看欲望。

关键词有两种实现方式,第一种是直接写出来;第二种是通过修辞的形式呈现,即不直接指出关键词的意义是什么,而是通过设悬念、提问题等手段来实现。比如,教育类剧情短视频案例文案为"当一位警察牺牲时,他的警号会被封存,再次启用时说明……",该文案关键词为"警察""牺牲""警号""封存""再次启用",而这些

---

① 胡媛. 微博客中基于时序的非正式信息流机制研究——以sina微博为例[J]. 图书情报知识,2011,No.142(4):111-117.

② 全燕,张入迁. 关键词、内容生成与算法重组的传播格局[J]. 苏州大学学报(哲学社会科学版),2021,42(2):157-165.

关键词均指涉一种悬念,即这一连串关键词有何意义或创作者如何组织这种意义。

2. 标签

标签是社交媒体的一个基本功能,它允许用户围绕单一的主题、问题或焦点精简他们的推文,通过索引、排序将公共对话累积成连贯的主题线[1]。在剧情类短视频中,标签往往是某一类型的流量汇聚,其基本格式为"#+关键词",如#剧情、#抖音短剧、#悬疑、#反转、#亲情。标签的主要作用在于对短视频内容进行分类和描述,以标记和分类短视频内容,有助于用户快速搜索、筛选和浏览感兴趣的短视频,也有助于平台通过算法将同类标签内容的短视频推荐给用户。

在选择短视频标签时,创作者应考虑以下几点。一是相关性,标签应与短视频内容相关,准确地描述短视频的主题和特点,避免误导和不相关的标签,例如,古装类剧情短视频《千年万岁,椒花颂声》的标签就涉及#古风、#上官婉儿、#太平公主,能够吸引混迹于古风圈或对这段历史与人物感兴趣的观众,其标签内容即视频中所涉及的主角;二是多样性,创作者可以选择多个标签来描述短视频的维度,如短视频类型、主要事件、核心主题,可以用1～4个标签来阐述,如小剧场类案例《当班里转来了新同学》的关键词就涉及#沙雕、#搞笑以及#剧情、#校园这些类型元素;三是热门标签,创作者可以适当选择一些热门标签,不仅有助于增加视频的曝光,还能吸引更多的观众,如教育类剧情短视频案例《当一位警察牺牲时,他的警号会被封存,再次启用时说明……》中,涉及#抖音短剧新番计划,可为创作者提供流量扶持。

三、剧情类短视频的视听呈现

封面设计在一定程度上影响短视频的点击量与播放率,为此创作者需要增强画面构图意识及整体布局考虑,重点突出主题文字(即字幕)、人物、图像,增强封面的识别性,不必过多装饰[2]。概而言之,封面创作需要与短视频内容相符,并且突出重点文案或主题。以乡村剧情类短视频《这样的亲戚关系,你们怎么看?》的封面(见图9-10)为例,该图分为三个板块,涉及四个人物,通过封面的构图和特征传递出一股"火药味儿",同时配以大字"灾舅子"。"灾舅子"是四川方言,可以简单理解为既生气又无奈,直指剧情中主人公的思绪与家庭情景。笔者认为,"灾舅子"在这个短视频语境下亦含有一种隐喻,即大舅哥给主人公家庭所造成的危害。

此外,创作者亦可采用设计悬念、引导观众的方式,即在封面中提出问题或者是表达一种不可思议的感觉,让观众在看完封面后想要知道创作者会给出什么答案,激发其

---

[1] 赵蓓,张洪忠,任吴炯,张一潇,刘绍强. 标签、账号与叙事:社交机器人在俄乌冲突中的舆论干预研究[J]. 新闻与写作,2022(9): 89-99.
[2] 夏磊. 新闻短视频中视觉效果优化策略[J]. 青年记者,2022,No.738(22): 114-116.

探索(即观看短视频)的欲望。以教育剧情类短视频《当一位警察牺牲时,他的警号会被封存,再次启用时说明……》封面(见图9-9)为例,该封面中,奶奶站在身后,孙女站在身前手举警号牌,并配以"我讨厌我的奶奶"的文案,为什么讨厌?如果不看文案,仅看封面,观众可能会认为奶奶对孙女不好,如存在打骂、重男轻女等行为或思想;如果看完文案,观众就会将其与警察尤其是警察牺牲这一事件联系起来,产生观看短视频的欲望。

第七节　剧情类短视频的效果反馈策划

效果反馈是指针对发布的剧情类短视频收集和分析观众的反馈和互动数据,以评估短视频的表现和效果,并根据结果进行调整和优化。概而言之,效果反馈涉及三个步骤,即收集数据、分析数据、针对数据采取行动。创作者可以依据视频内容数据分析结果,对账号进行内容化、粉丝化运营。

一、数据监测与分析

1. 了解数据布局

数据布局主要涉及两个维度:一是数据指标,包括点赞数、评论数、收藏量、转发数、播放量;二是指标百分比,包括点赞率、评论率、收藏率、转发率、完播率。从数据指标获取途径来看,无论是抖音、快手还是小红书,均设置有创作者服务平台,分别为抖音创作者服务平台、快手创作者服务平台、小红书创作者服务平台。创作者可以在网页端检索上述关键词查找相关创作者服务平台。从平台功能来看,三者均提供作品数据,如播放量、点赞量、分享量、评论量等,其中抖音服务平台还提供完播率,即在观看某视频的总人数中,有多少观众看完该视频。

了解短视频的基本数据指标后,创作者可以对具体短视频作品进行评估,预测短视频的受欢迎程度。由此判断短视频作品的成功与否,为剧情策划和创作运营决策提供数据支持。

2. 分析数据态度

除数据布局外,创作者还需要关注观众态度,预测有多少人会进一步关注相关问题,即明确观众怎么看的问题。为此,创作者可以收集观众评论数据,并对其进行文本分析,了解观众的态度、观念,据此制定优化策略。具体而言,创作者可以通过作品平台的互动管理功能来了解观众的评论与私信的内容倾向。此外,创作者还可以通过大数据手段进行详细的数据分析,基本手段主要分为两种:一是借助社交媒体数据平台,如飞瓜数据等获取评论态度；二是借助爬虫和文本分析手段获取评论态度。第二种手段的基本操作流程为：创作者先通过爬虫获取评论数据内容，待清洗完数据后对其进行情感极性分析，包括消极、积极与中性三种基本情绪及喜怒哀乐四种具体情绪。需要注意的是，创作者要注意区分观众情绪的作用对象，即因什么产生情绪，是作品还是作品所传达的剧情。然后，创作者需要对评论的文本内容进行分析，可运用词频统计、主题聚类等文本分析手段，以了解观众主要关注什么、围绕哪些问题展开讨论。

通过对观众数据进行态度分析，创作者可以进行作品内容与剧情维度的反馈优化，即发现观众对短视频的反应和需求，从而有针对性地优化短视频内容、调整叙事手法、改进发布策略等。这一过程是持续性的，需要创作者在发布作品后进行持续监测和不断改进。

二、账号运营与维系

1. 搭建粉丝群，注重沟通反馈

群聊是短视频创作者维系粉丝的重要工具，它是指人们因共同的兴趣、爱好及其他旨趣在网络空间中聚合到一起，形成聊天群，人们在群里沟通信息，表达情感。聊天群通常结构松散，同一社群成员之间形成"弱联系"[①]。如何维系这种关系并将其转化为观看量、点赞量、收藏量与评论量，是创作者应该重点考虑的问题。创作者可以在账号所在平台创建粉丝群，并以人格化账号的身份介入群聊中。这样做能够引导粉丝的情绪，有助于粉丝代入日常情境，从而将自己的生活经历与观看短视频的感受结合起来。此外，创作者还可以在群聊的过程中发布一些独家内容，比如剧情拍摄的幕后花絮、未公开的剧情片段、策划的特别活动、粉丝献礼等内容，这样做有助于维系粉丝，并吸引潜在粉丝，增强粉丝黏性。

2. 描绘数据画像，打造"专属"剧情

数据画像主要是指对观众进行数据描绘，包括性别、年龄、地域分布等基本指标。抖音服务平台的粉丝画像功能，除提供上述基本指标检索功能外，还增加了设备、粉丝兴趣分布、粉丝关注热词、新增粉丝关注热词、活跃分布等详细指标。通过这些具体的指标能够了解到观众的兴趣所在和具体议题。此外，创作者也可以通过数据分析了解观众对何种剧情选题、主题设计最感兴趣，并将其作为分析点。通过对这两种数据画像的描述，创作者可以据此选择观众感兴趣的主题和题材，设定观众喜欢的剧情情节，打造出符合观众旨趣的"专属"剧情。

---

① 赵如涵，吴心悦. 短视频文化内容生产：虚拟社群的传播特质与平台策略[J]. 电视研究，2017(12)：30-32.

参考文献

1. 期刊类

[1] 王汶成.文学话语类型学研究论纲[J].中国文学批评,2016(3):46-59+126.

[2] 刘冰.时政新闻的可视化叙事:途径、网络因素及融合探索[J].现代传播(中国传媒大学学报),2021,43(8):104-109.

[3] 陈星.时政新闻报道的"加减法"[J].新闻与写作,2014(2):80-82.

[4] 侯良健.时政微视频的创作理念与主题表现[J].中国编辑,2019(11):72-76.

[5] 胡泳,张月朦.互联网内容走向何方?——从UGC、PGC到业余的专业化[J].新闻记者,2016(8):5.

[6] 田维钢,王梦媛.媒体融合背景下资讯类短视频的内容特征分析[J].东南传播,2018(5):1-4.

[7] 潘曙雅,王睿路.资讯类短视频的"标配"与前景[J].新闻与写作,2017(5):75-78.

[8] 张晗.探析短视频在新闻资讯表达上的应用前景——以"梨视频"为例[J].新闻爱好者,2018(7):39-41.

[9] 李鑫.从梨视频实践看资讯短视频标准的确立[J].南方传媒研究,2017(3):53-59.

[10] 郭全中.MCN机构发展动因、现状、趋势与变现关键研究[J].新闻与写作,2020(3):75-81.

[11] 杨名宜,喻国明.赋能与"赋魂":数字虚拟人的个性化建构[J].编辑之友,2022(9):44-50.

[12] 彭兰.短视频:视频生产力的"转基因"与再培育[J].新闻界,2019(1):34-43.

[13] 刘战伟,李嫒嫒,刘蒙之.平台化、数字灵工与短视频创意劳动者:一项劳动控制研究[J].新闻与传播研究,2021,28(7):42-58,127.

[14] 翟趁华.哔哩哔哩UGC内容营销的品牌特色[J].传媒,2021(12):74-75+77.

[15] 陈赛金.近三十年中国网络青年亚文化变迁研究[J].中国青年研究,2023(3):83-89+99.

[16] 芦何秋,徐琳.网络"恶搞"视频的文化考量[J].电影艺术,2008(1):125-130.

[17] 朱清河,张俊惠."草根文化"的媒介依赖及其社会效用[J].现代传播(中国传媒大学学报),2013,35(6):16-20.

[18] 王杉. 从编纂电影到混剪视频——基于现成物的拾得影像文化研究[J]. 当代电影，2022(12)：136-143.

[19] 孟建，张剑锋. 数字人文：中国短视频研究的学术地图与脉络[J]. 现代传播(中国传媒大学报)，2022，44(8)：127-137.

[20] 曾国华. 重复性、创造力与数字时代的情感结构——对短视频展演的"神经影像学"分析[J]. 新闻与传播研究，2020，27(5)：41-59+126-127.

[21] 王蕾，许慧文. 网络亚文化传播符码的风格与转型——以哔哩哔哩网站为例[J]. 当代传播，2017(4)：69-72

[22] 齐伟. "臆想"式编码与融合式文本：论二次元粉丝的批评实践[J]. 现代传播(中国传媒大学学报)，2018，40(10)：113-119.

[23] 万锦祥，叶婷，彭璇璇. 网络恶搞文化的本质、危害及消解[J]. 新闻爱好者，2017(11)：66-68.

[24] 王建磊. 空间再生产：网络短视频的一种价值阐释[J]. 现代传播(中国传媒大学学报)，2019，41(7)：118-122.

[25] 周志强. 否定性的批判实践——论文化研究与文化批评的分立[J]. 南京社会科学，2019(1)：125-133.

[26] 何志武，葛明驷. 网络原创视频话语形态的转向[J]. 当代传播，2014(1)：74-76.

[27] 杨国斌. 悲情与戏谑：网络事件中的情感动员[J]. 传播与社会学刊，2009(9)：39-66.

[28] 王欢妮. 短视频的媒介时空对公众文化创造影响研究[J]. 中国电视，2022(2)：68-71.

[29] 王建磊，冯楷. 从补偿到泛在：短视频的媒介演进与价值转向[J]. 中国编辑，2023(Z1)：100-104.

[30] 张健，刘勇然. "制播分离"还是"制播合一"——媒介融合背景下电视剧与网络自制剧的制播模式考察[J]. 中国电视，2015，357(11)：47-52.

[31] 陈永东. 短视频内容创意与传播策略[J]. 新闻爱好者，2019(5)：41-46.

[32] 刘俊，胡智锋，陈旭光，等. 传媒艺术的戏剧性问题四人谈[J]. 学习与探索，2020(3)：118-124+175.

[33] 陈奇佳. 奇幻电影：我们时代的镜像[J]. 文艺研究，2007(1)：19-25.

[34] 曾一果，蔡哲. 社会转型中的不同"青春偶像"——中韩都市青春偶像剧的比较[J]. 中国电视，2008，258(7)：31-35.

[35] 何美. 类型、媒介和审美：近年国产悬疑网剧的破圈之道[J]. 当代电视，2021(4)：99-102.

[36] 秦琼. 策略·问题·文化：新世纪国产都市剧叙事研究[J]. 当代电视，2017，351(7)：22-23.

[37] 杜芳，戴艳军.主旋律影视剧的思想教育价值及其实践途径[J].文艺理论与批评，2015，172(2)：123-127.

[38] 宋巧丽，田辉."表征"与"超越"："土味视频"的"区隔"研究[J].新闻与传播研究，2022，29(2)：58-74+127.

[39] 王小芬.从"快手"看短视频行业的机遇与挑战[J].传媒，2018，291(22)：43-45.

[40] 刘文帅."土味文化"传播研究——基于讲好乡村中国故事的视角[J].社会科学研究，2021(6)：186-196.

[41] 刘丽艳.短视频如何传播正能量——以小红书Vlog短视频创作为例[J].传媒，2020(9)：67-68.

[42] 庄永志.毕业设计如何找选题[J].青年记者，2022，736(20)：128.

[43] 周云倩，常嘉轩.网感：网剧的核心要素及其特性[J].江西社会科学，2018，38(3)：233-239.

[44] 黄媛媛.复调与合力：非线性叙事的话语指向[J].现代传播(中国传媒大学学报)，2017，39(7)：99-101.

[45] 陈淼，贾舟洲.类聚与分化：综艺节目垂直化趋势下趣缘群体的圈层呈现[J].中国电视，2022，431(1)：79-84.

[46] 陈作平.论传媒的"人格特征"[J].现代传播(中国传媒大学学报)，2011，177(4)：6-10.

[47] 吴晔，樊嘉，张伦.主流媒体短视频人格化的传播效果考察——基于《主播说联播》栏目的视觉内容分析[J].西安交通大学学报(社会科学版)，2021，41(2)：131-139.

[48] 全燕，张入迁.关键词、内容生成与算法重组的传播格局[J].苏州大学学报(哲学社会科学版)，2021，42(2)：157-165.

[49] 赵蓓，张洪忠，任吴炯，等.标签、账号与叙事：社交机器人在俄乌冲突中的舆论干预研究[J].新闻与写作，2022(9)：89-99.

[50] 夏磊.新闻短视频中视觉效果优化策略[J].青年记者，2022，738(22)：114-116.

[51] 赵如涵，吴心悦.短视频文化内容生产：虚拟社群的传播特质与平台策略[J].电视研究，2017(12)：30-32.

2. 专著类

[1] 米尔佐夫.视觉文化导论[M].倪伟，译.南京：江苏人民出版社，2006.

[2] 王国平.中国微影视美学地图：短视频、微电影、形象片、快闪、MV之发明与创意[M].上海：文汇出版社，2020.

[3] 张健.短视频类型创作导论[M].苏州：苏州大学出版社，2021.

[4] 司若，许婉钰，刘鸿彦.短视频产业研究[M].北京：中国传媒大学出版社，2018.

[5] 大卫·奥格威.一个广告人的自白[M].林桦，译.北京：中国物价出版社，2003.

[6] 张斌.新媒体微视频[M].北京：中华工商联合出版社，2015.

[7] 李彪，吕澜希.短视频策划、拍摄、制作与运营[M].北京：清华大学出版社，2021.

[8] 梁艳春，等.视频创推员实务：短视频策划与制作[M].福州：福建美术出版社，2021.

[9] 陈放.策划学[M].北京：蓝天出版社，2005.

[10] 王吉方.现代广告策划实务[M].北京：电子工业出版社，2009.

[11] 罗伊玲，刘亚彬，等.节事活动策划与管理[M].武汉：华中科技大学出版社，2016.

[12] 冯健.中国新闻实用大辞典[M].北京：新华出版社，1996.

[13] 曾庆香.新闻叙事学[M].北京：中国广播电视出版社，2005.

[14] 李良荣.新闻学概论[M].上海：复旦大学出版社，2001.

[15] 张健.视听节目类型简析[M].上海：复旦大学出版社，2018.

[16] 郑昊，米鹿.短视频：策划、制作与运营[M].北京：人民邮电出版社，2019.

[17] 彭兰.网络传播概论[M].北京：中国人民大学出版社，2017.

[18] 曹书乐.云端影像：中国网络视频的产制结构与文化嬗变[M].上海：华东师范大学出版社，2020.

[19] 曾一果.恶搞：反叛与颠覆[M].苏州：苏州大学出版社，2012.

[20] 约翰·费斯克.理解大众文化[M].王晓珏，宋伟杰，译.北京：中央编译出版社，2006.

[21] 汪民安.文化研究关键词[M].南京：江苏人民出版社，2006.

[22] 亨利·詹金斯.文本盗猎者：电视粉丝与参与式文化[M].郑熙青，译.北京：北京大学出版社，2016.

[23] 王静.自媒体微叙事[M].北京：中国传媒大学出版社，2020.

[24] 伊莱休·卡茨，等.媒介研究经典文本解读[M].常江，译.北京：北京大学出版社，2011.

[25] 胡智锋，刘俊.网络视频节目策划[M].上海：复旦大学出版社，2021.

[26] 周建青.新媒体视听节目制作[M].北京：北京大学出版社，2014.

[27] 刘瑞一.中国网络视频的缘起与流变[M].北京：人民日报出版社，2021.

[28] 保罗·莱文森.数字麦克卢汉[M].何道宽，译.北京：社会科学文献出版社，2001.

[29] 邓烛非.蒙太奇原理[M].北京：中国电影出版社，2019.

[30] 臧国仁，蔡琰.叙事传播：故事/人文观点[M].杭州：浙江大学出版社，2019.

[31] 王哲平.电视节目策划解析[M].杭州：浙江大学出版社，2021：5.

[32] 冉光泽.电视策划实务[M].成都：四川大学出版社，2021.

[33] 乔新玉.电视节目策划[M].北京：社会科学文献出版社，2019.

[34] 申丹，王丽亚.西方叙事学：经典与后经典[M].2版.北京：北京大学出版社，2023.

[35] 谭君强.比较叙事学[M].北京：中国社会科学出版社，2022.

后　记

　　本书是《短视频类型创作导论》(苏州大学出版社2021年10月出版)的伴生物或姊妹篇，也是"网络原住民"与"网络移民"再次合作的智力结晶，合作的主要步骤依然是首先由本"网络移民"提出全书的内容框架、研究方法、写作时间安排等；其次由"网络原住民"曹云龙、齐博宇、周平天、吴慧敏、彭诗宇、汪瑰、高辰、刁卓八位同学查找文献、研读案例，开展田野式观察与剖析，分别完成时政类、资讯类、微纪录片类、网红IP类、草根恶搞类、创意剪辑类、技能分享类和剧情类共八类短视频相关内容的策划初稿，其中绪论、第一章、第三章由博士生曹云龙完成；最后由本"网络移民"按照最初设计的内容框架、研究方法等进行统稿，就概念界定、类型特征、演进简史、策划要点、案例举证以及篇章逻辑等进行推敲、选择与订正并定稿。感谢上述八位同学的踊跃参与和热情支持！本书的任何错误与不妥之处均由本"网络移民"负责，还请各位方家、读者反馈宝贵意见到邮箱：shuangyuezj@163.com。

　　感谢本丛书总主编王国燕教授将本书列入普通高等院校网络与新媒体专业系列教材，感谢清华大学出版社以及责任编辑施猛先生为本书付梓所付出的努力与辛劳！当然，更要感谢读者您选中本书，预祝您在本书的助益下早日打造出成功的短视频产品！

"网络移民"张健
2023年12月初于苏州金鸡湖畔